高职高专旅游与酒店管理专业规划教材

旅游市场营销

高职高专旅游与酒店管理专业教材编写组　编

主　编　卢俊莉
副主编　荣培君　牛海燕
参　编　张宾宾　韩欢乐

河南大学出版社
HENAN UNIVERSITY PRESS

·郑州·

图书在版编目（CIP）数据

旅游市场营销/高职高专旅游与酒店管理专业教材编写组编.--郑州：河南大学出版社，2017.6（2022.7重印）

ISBN 978-7-5649-2940-4

Ⅰ.①旅… Ⅱ.①高… Ⅲ.①旅游市场－市场营销学－高等职业教育－教材 Ⅳ.①F590.82

中国版本图书馆CIP数据核字（2017）第155336号

责任编辑　郑　鑫
责任校对　林方丽
封面设计　郭　灿

出版发行　河南大学出版社
　　　　　地址：郑州市郑东新区商务外环中华大厦2401号　邮编：450046
　　　　　电话：0371-86059712（高等教育与职业教育出版分社）
　　　　　　　　0371-86059701（营销部）
　　　　　网址：hupress.henu.edu.cn
排　　版　郑州金点图文设计有限公司
印　　刷　广东虎彩云印刷有限公司
版　　次　2017年8月第1版　　　印　　次　2022年7月第3次印刷
开　　本　787mm×1092mm　1/16　印　　张　14.5
字　　数　361千字　　　　　　　定　　价　36.00元

（本书如有印装质量问题，请与河南大学出版社营销部联系调换）

前　　言

随着中国旅游休闲体系的建设，国民休闲制度的完善，到 2020 年，中国旅游业不仅在总量规模上，在质量、效益等方面都将基本达到世界一流水平，从而实现中国旅游业发展的战略目标。

旅游业的快速发展，在给旅游目的地和旅游企业带来经济效益的同时，也使旅游目的地和旅游企业在国内、国际面临激烈的竞争，旅游目的地和旅游企业要在激烈的市场竞争中求生存、谋发展，必须以市场营销理论作为经营指导。市场营销作为管理科学中的一个重要组成部分，已受到全社会越来越广泛的重视与认可。市场营销已经成为旅游企业管理的核心，并且也是决定旅游企业经济效益与市场竞争实力大小的关键。正确掌握和运用旅游市场营销理论，对旅游目的地和旅游企业的生存与发展起着决定性的作用。

本教材在编排上注重易理解、易掌握和易复习。运用市场营销的基本理论、基本方法，结合旅游业的实际需要和最新进展，体现高职高专特点。在内容选取上，选择市场营销的核心理论，以通俗易懂的语言、配以生动实际的案例、知识链接、阅读材料、图片等，力求使教材内容简洁、易学、实用，激发学生的学习兴趣。

本教材分为三大模块，十个项目。每个项目都设置了学习目标、案例导入、项目小结和综合能力训练，便于学生能全面理解和掌握教材内容。本教材所涉及的知识和技能适用于旅游行业中的旅行社、酒店和景区等相关行业。

本教材在编写过程中，参考了大量教材、著作、论文、报纸及网站，并引用了部分资料。在此，谨向所引文献的作者表示衷心感谢！

由于时间和编者水平有限，书中难免存在不足和疏漏之处，敬请各位专家和读者批评指正。

编者

2017 年 7 月

目　录

模块一　旅游市场营销基础知识　　1

项目一　旅游市场营销导论　　2
学习目标　　2
任务一　市场营销的基本概念　　2
任务二　市场营销观念的演变　　6
任务三　旅游市场营销及其基本内容　　12
项目小结　　16
综合能力训练　　16

项目二　旅游市场营销环境　　19
学习目标　　19
任务一　旅游市场营销环境　　19
任务二　旅游市场营销宏观环境　　21
任务三　旅游市场营销微观环境　　25
任务四　旅游市场营销环境的SWOT分析法　　30
项目小结　　33
综合能力训练　　34

项目三　旅游市场营销调研与预测　　36
学习目标　　36
任务一　旅游市场营销调研的内容及程序　　36
任务二　旅游市场调研的技术　　44
任务三　旅游市场营销的预测方法　　49
项目小结　　53
综合能力训练　　54

项目四　目标旅游市场的选择与定位　　56
学习目标　　56
任务一　旅游市场细分概述　　56
任务二　旅游市场细分的依据及方法　　60
任务三　旅游目标市场的选择与定位　　66
项目小结　　78
综合能力训练　　78

模块二　旅游市场营销战略与组合策略　　81

项目五　旅游市场营销战略　　82
学习目标　　82
任务一　旅游市场营销战略　　82
任务二　旅游市场竞争战略　　87
任务三　旅游市场营销组合战略　　92
项目小结　　98
综合能力训练　　98

项目六　旅游市场营销产品策略　　101
学习目标　　101
任务一　旅游产品概述　　101
任务二　旅游产品生命周期及其营销策略　　112
任务三　旅游新产品开发策略　　119
任务四　旅游产品品牌管理　　124
项目小结　　130
综合能力训练　　130

项目七　旅游市场营销价格策略　　133
学习目标　　133
任务一　旅游产品价格　　133
任务二　旅游产品价格的制定　　140
项目小结　　150
综合能力训练　　150

项目八　旅游产品销售渠道策略　　153
学习目标　　153
任务一　旅游产品销售渠道的本质与类型　　153

任务二 旅游中间商	159
任务三 旅游产品销售渠道策略	163
项目小结	169
综合能力训练	169

项目九　旅游市场营销促销策略　　172

学习目标	172
任务一 旅游促销概述	172
任务二 旅游广告	177
任务三 旅游公共关系	184
任务四 旅游营业推广	188
任务五 旅游人员推销	194
项目小结	199
综合能力训练	199

模块三　旅游市场营销管理及应用　　203

项目十　旅游市场营销管理及应用　　204

学习目标	204
任务一 旅游市场营销管理	204
任务二 旅游市场营销策划	213
项目小结	219
综合能力训练	219

| 参考文献 | 222 |

模块一　旅游市场营销基础知识

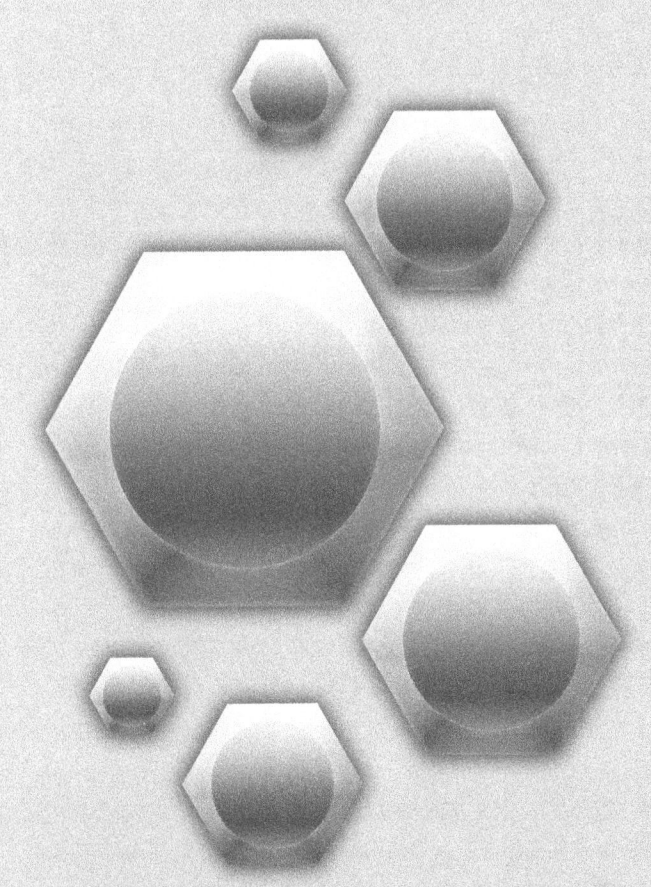

项目一
旅游市场营销导论

学习目标

通过本项目学习，你应该能：
1. 了解市场营销的基本概念
2. 理解市场营销观念的产生与发展过程
3. 掌握旅游市场营销的概念及其基本内容

任务一　市场营销的基本概念

案例导入

武夷山双世遗精品旅游景区营销

武夷山市位于福建省北部，1998年获得首批中国优秀旅游城市称号，1999年被联合国世界遗产委员会正式批准列入《世界自然与文化遗产名录》，一直以来都是福建旅游对外宣传促销的王牌标志。2005年7月武夷山又获得"中国顾客十大满意风景名胜区"的荣誉称号。旅游业不仅为武夷山市创造了巨大的经济效益，为武夷山旅游生态环境和人文环境的保护提供了强大的物质支持，还为社会提供了就业机会，武夷山旅游真正意义上实现了"三大效益"的有机统一。

武夷山旅游成绩如此斐然，与其市场营销战略的成功选择有着紧密的关系：

1. 清纯玉女，形象突出——形象制胜战略

旅游形象是旅游地区别于其他旅游地的标志。对一个旅游地而言，良好的旅游形象有助于旅游地彰显自身特色，建立顾客忠诚，从而成功实现旅游市场营销的最终目标。

武夷山从发展之初就特别注重旅游形象的建立与推广，一直以来结合自身的资源优势，以"玉女峰"为形象标志对外进行宣传促销，始终给旅游者以一种清新纯净的形象感知。除了"玉女"品牌外，武夷山还针对不同的细分市场推出不同的分体支撑形象，例如：针对青年旅游者武夷山给出的是"浪漫牌"，对以学生、学者为主体的客源武夷山则以"科考牌"取胜等。

2. 品牌扩展，保持强势——品牌支撑战略

随着世界经济一体化和信息技术的不断演进发展，同类旅游产品在质量、功能、价格等方面的差异越来越小，品牌作为一项无形资产便应运成为提升旅游地旅游竞争力的一个重要砝码。一个知名度与美誉度较高的品牌可以为旅游地带来无限经济效益。

武夷山旅游经过多年来的发展，已经培养、塑造了一个完整的旅游品牌，在近年来的发展中不断地进行品牌扩展，结合市场发展前沿趋势，相继推出武夷山绿色生态旅游品牌、武夷山红色旅游品牌、武夷山茶文化品牌等高品位的旅游品牌，树立了鲜明、多元的旅游地品牌形象，得到广大旅游者的强

力支持，形成了强大的竞争优势。

3. 不懈创新，强化质量——产品升级战略

创新是产品的灵魂所在，武夷山旅游在其发展过程中不断进行创新，不断提高产品的质量。例如：从2005年6月开始，武夷山景区实行新票制，将武夷山景区门票分为三类，即110元人民币的一日有效票、120元的两日有效票和130元的三日有效票，九曲溪竹筏漂流票价未发生变化，还是每人100元。实行新票制后，游客无论买任何一种门票都可游览景区所有景点，且多次进入景区不需重复购票，从三类门票的价格上看，旅游天数越长越划算，真正体现"游超所值"。按原来旅行社设计的游览线路，游客通常在武夷山平均逗留1.9天，而实行新票制之后，游客在武夷山逗留至少3天，无疑会给旅行社增加收入。不仅如此，武夷山还将采取资金补贴的形式，鼓励国内外旅行社组织游客包机和旅游专列到武夷山旅游观光。另外，实行新票制后，还将对武夷山人游武夷山提供更为方便、灵活、人性化的优惠政策。

武夷山旅游的不懈创新还体现在不断顺应市场需求，结合本土资源特色推出了风光旅游、民俗旅游、古文化旅游、茶文化旅游等一系列富有鲜明武夷特色的主题旅游，并且举办"武夷山旅游节"等重大节庆活动，以节庆促旅游发展。

4. 多元营销，灵活组合——营销组合战略

在营销组合上，武夷山最为讲求灵活多样。例如，武夷山市政府与中国康辉旅行社集团签署了"年度协议书"，双方商定，在2005年6月1日至2006年5月31日期间，中国康辉旅行社集团将向武夷山发送客源达6万人次。武夷山给予中国康辉旅行社集团的系列旅游团以景区优惠门票。如此大规模的团购项目在福建省旅游界尚属首次，在国内也尚属罕见，团购销售模式有利于当地旅游业做大做强。这种短渠道的销售方式既给旅游地以客源保证，亦在一定程度上降低了产品成本，有助于实行强强联合共创品牌，经济利益上能达到双赢。

另外，武夷山还散发武夷山画册、折页、武夷风光VCD片和旅游报价等各类旅游宣传品，在各种旅游交易会上进行直接宣传促销，以拓展客源市场。

(资料来源：http：//jpkc.jnu.edu.cn/2007/jqgl/cailiao/anli/06.htm)

思　考
1. 武夷山市场营销战略的成功之处在哪里？
2. 旅游市场营销包括哪些内容？

一、市场和营销

（一）市场的概念

1. 经济学中市场的概念

在经济学中，研究市场就是要研究买方和卖方的交易活动及交易方式。因此，经济学中所指的市场是某一类商品的买、卖双方及其商品交易活动，而并非传统意义上所指的买方和卖方在一定的时间、聚集在一起进行商品买卖的场所。

2. 市场营销学中市场的概念

在市场营销学中，市场是专门指对某一类产品有着相同需求的特定顾客群体。主要由以下三个基本要素构成：

（1）人口

人口是构成市场的最基础要素之一，人口的规模、结构及分布决定着市场规模的大小和类型。

（2）购买力

购买力即人们购买商品的能力，主要取决于人们的收入水平，并且与收入水平成正比。

（3）购买欲望

人们购买商品的意愿就是购买欲望，很大程度上取决于人们对该商品的需求，同时也与人们的购买力密切相关。

（二）营销的概念

有着"现代营销学之父"称号的美国市场营销专家菲利普·科特勒（Philip Kotler）在其著作《营销管理》（Marketing Management）中将营销定义为"营销是个人和团体通过为他人创造产品和价值并进行交换而满足其需要和欲望的社会过程和管理过程。"

在现代市场经济中，营销是一种组织的行为和职能，其目的是满足社会的需求。同时，营销过程又是一个社会交换的过程，在这个过程中，营销的主体通过将自己所生产的产品和服务提供给社会其他成员，而获得其他成员即顾客某种方式的回报，这种回报通常是以货币形式表现。

二、市场营销

（一）市场营销的相关概念

1. 需要、欲望和需求

需要是指人们没有得到某些基本满足的感受状态。需要存在于人类生理特征和社会氛围当中，是人类与生俱来的，不需要人为去刻意创造的。例如，当人们饥饿时，就会想要吃东西；当晚上困了的时候，就会想要睡觉。需要的基本特质是它不需要依赖于营销活动而存在。

欲望是需要的具体满足方式或是某种手段，也可以说是一种需要。例如，当人们口渴时需要喝水，但有的人想喝饮料，有的人想吃水果，满足此需要的方式会因人而异。由此可见，在同一需要的基础上会产生不同类型的欲望。因此，企业进行市场营销要综合考虑社会、经济、政治、文化等因素的影响，才能通过相应的产品或服务来满足这些欲望，从而创造经济效益。

需求是指人们有支付能力并愿意购买某种商品和服务的愿望。换句话说，需求就等于"欲望"加上"购买力"，两者应同时具备，缺一不可。例如，很多人都有出国旅游的愿望，但是出国旅游或环球旅游的费用并不是所有人都能承受得起的。因此，没有支付出国旅游的能力，光有出国旅游的欲望，是不能形成需求的。从市场营销的角度出发，要想让顾客购买你的产品

或服务，可以通过市场营销的手段来引导、挖掘和创造。

需要、欲望和需求是了解、认识市场营销的一组基本概念。通过以上分析，可以知道，企业市场营销的前提是需要，需要是不能被创造出来的。但是，市场营销活动可以刺激欲望的产生，并促使欲望转变为需求；消费者有了需求，才会去购买产品和服务，企业才能生存和发展。

2. 产品

产品是能够用以满足人类各种需要或欲望的任何东西。产品是价值的载体，想要获得某种价值，就需要通过购买某种产品来实现。作为价值载体的产品可以是有形的，例如住房、汽车、生活用品等；也可以是无形的，例如旅游、教育、心理咨询等。经济学中一般将无形的产品称为服务。

3. 价值、顾客满意度和质量

价值在很多领域有特定的形态，如社会价值、个人价值、经济学价值、法律价值等。市场营销学中所涉及的价值，是经济学范畴中的价值，它是指凝结在商品中的一般的、无差别的人类劳动。价值量的大小取决于生产这一商品所需的社会必要劳动时间的多少。

从本质上说，顾客满意度反映的是顾客的一种心理状态，它是基于顾客对购买企业提供的某种产品或服务所产生的感受，与自己的期望进行对比后的一种心理表达。也就是说"满意"并不是一个绝对概念，而是一个相对概念。因此，企业不能单纯考虑自己的产品和服务质量、服务态度、价格等的指标是否具有竞争优势，而应考察所提供的产品和服务与顾客的期望、实际要求等吻合的程度如何。

质量是指产品或服务满足人们欲望的程度。全面满足明示的（例如明确提出的要求）、隐含的（例如一般习惯）或必须履行的（如合同规定、法律法规、行业规则）需要和期望的产品或服务，才能评定为好的质量。

4. 交换、交易

交换是人们相互交换活动或交换劳动产品的过程，是指从他人那里取得想要的物品和服务，同时以某种物品和服务作为回报的行为。主要包括各种活动和能力的交换，以及一般产品和商品的交换。

交易又称贸易，是买卖双方对有价物品及服务进行互通有无的行为。它可以是以货币为交易媒介的一种过程，也可以是以物易物，它是双方价值的交换，是买卖的通称。

（二）市场营销的概念

市场是现代社会经济生活的综合体现，也是经济活动的主要调节者和社会资源的主要配置者。市场营销（Marketing）已经成为现代企业的一种经营活动，同时也是企业在市场营销观念影响下产生的一种现代企业行为。

在国内外的学术界、理论界以及商界，对市场营销的概念有着多种不同的阐释和表述。美国市场营销协会（American Marketing Association，AMA）2004年更新了市场营销定义，指出：市场营销是一种组织职能，是为组织自身及利益相关者利益而创造、传播、传递客户价值，管理客户关系的一系列过程。世界营销大师菲利普·科特勒（Philip Kotler）则在注重价

值导向的基础上来界定市场营销。他认为"市场营销是个人和集体通过创造产品和价值，并用于与别人交换，以满足其需求的一种社会和管理过程。"

（三）市场营销的基本内容

现代市场营销是以消费者为中心，以满足消费者的需求为出发点而形成的，是促进企业发展的综合性的经营活动。

1. 市场营销的出发点是顾客需求

市场环境是一个动态变化的过程，顾客的消费需求也受到多种因素的影响而多种多样。企业只有基于顾客需求，及时判断、刺激和挖掘市场需求，甚至创造市场需求，才能通过有效的市场营销手段引导企业的生产和经营，从而创造效益。

2. 市场营销由一系列相关的经营活动所构成

在复杂多变的市场经济活动中，企业的市场营销活动想要取得期望的成效，必须通过一系列的相关业务过程，制定科学合理的营销策略才能实现。市场营销包括了市场环境分析、市场调研、目标市场选择与市场定位、市场营销组合策略等经营活动。

3. 企业通过市场营销满足顾客的需求，并以此获得利润

企业的最终目的是获取利润，市场营销的过程就是为企业创造利润服务的。市场营销就是企业通过把产品和服务推介给消费者，使消费者认知、熟悉并购买产品或服务，满足消费者的需求，最终获得相应的利润的一个过程。

任务二　市场营销观念的演变

 案例导入

AMA 对市场营销的定义

美国市场营销协会（American Marketing Association，AMA），是由致力于营销实践和教学的人士组成的非营利专业组织，为参与市场营销实践、研究和教学的人士提供了一个信息发布、知识共享的平台。其宗旨就是捕捉最新市场营销动态，发布最新市场营销研究成果。协会陆续出版了《营销学杂志》、《营销研究杂志》以及一份每月两期的新闻快报，帮助营销人员掌握最新的营销学知识。该协会的定义委员会在 1935 年就给市场营销下了定义：市场营销是把商品和服务从生产地流向消费地所从事的各种经营活动。随后在 1960 年修订为：市场营销是生产者引导产品和服务流向消费者或使用者所从事的各种经营活动。1985 年又公布了新的定义：市场营销是通过创造和实现交换，对创意、产品和服务的观念、价格、促销和分销进行计划和实施，以实现个人和组织目标。

2003 年夏天，美国市场营销协会启动了一个新的研究项目，其目的是基于市场营销的变革，重新定义市场营销。研究项目负责人罗伯特·卢斯领导的项目小组开始收集包括实践经验、学术观点等方面的信息。来自世界各地的市场营销专家及管理领袖对于市场营销的内涵都发表了各种不同的观点。经过反复的学术讨论和意见交流，研究项目小组最终将市场营销界定为一项管理职能，并在 2004 年 8

月举行的AMA夏季营销教学研讨会上，更新了使用近20年的市场营销的官方定义。将新的市场营销定义为：市场营销是一种组织职能，是为组织自身及利益相关者利益而创造、传播、传递客户价值，管理客户关系的一系列过程。

（资料来源：http://baike.baidu.com/view/3990413.htm）

思　考　　1. 对比AMA对市场营销的四次官方定义，你认为最新的定义在哪些方面有了进一步突破？
　　2. 你所理解的市场营销是什么？从最新一次的定义中，你能看出市场营销具备哪些特质？

市场营销观念是指企业决策者在组织和谋划企业的经营活动中所依据的指导思想和思维模式。自工业革命以来，市场营销的观念就一直在演变进化，经历了几个发展阶段。

一、市场营销观念的演变

企业的市场营销观念经历了从最初的生产观念、产品观念、推销观念发展到市场营销观念和社会市场营销观念，最后演化为大市场营销观念和全球营销观念的发展和演变过程。真正的现代市场营销观念形成于市场营销观念阶段，这是市场营销观念演变过程中最重要的一次历史性飞跃。

现代市场营销观念的发展主要经历了以下七个阶段：

（一）生产观念阶段（Production Concept）

生产观念是以生产为中心的一种经营指导思想，是企业生产经营活动中最古老的一种观念。其基本思想是生产出来什么，就卖什么；有什么服务，就提供什么。即有什么卖什么，这是一种"以产定销"的观念。在这种观念指导下的企业很少考虑自身以外的其他市场因素，因为大多数情况下，产品供不应求。但这样的卖方市场终究不能长久，必然会导致企业及其产品逐渐失去吸引力，最后丧失竞争力。随着社会经济的快速发展，生产力水平的不断提高，最关键的是市场供求状况的改变，使得企业在销售环节上面临严峻考验，这种营销经营观念逐渐被摒弃。

古代的旅店、客栈、驿站等都是生产观念的反映，经营范围狭窄，只提供简单的食宿服务。但由于旅游市场的产品和服务供应量小，旅游企业在市场上居于有利地位，客人的需求被放在不重要的位置。中国旅游业在改革开放之初，大量的海外旅游者涌入，交通和食宿都供不应求，旅游企业几乎不需为客源发愁，供不应求的状况使其自然地以生产观念作为经营指导思想。

（二）产品观念阶段（Product Concept）

产品观念是生产观念的进一步发展，但两者又极其相似，都是以产品或服务为中心作为经

营指导思想。产品观念是把提供产品质量、降低企业经营成本作为生产活动的中心任务,并不注重市场分析和开发相应的产品。其相比生产观念的优势在于:更加注重自身产品的质量,想依靠质量占领市场,但是依旧没有把市场需求考虑进去,显现出来的弊端就是过分地夸大了产品质量的作用,而忽视了市场需求的变化。结果仍然会陷入经营困境,从而导致失去市场。

随着生产规模的扩大和生产率的提高,旅游市场的供求增加,旅游经营者的注意力由关注旅游产品的数量转移到提高产品的质量上来。在产品观念指导下,旅游业的优质服务也得到了旅游者的肯定。高品位的旅游景点、快捷便利的交通工具、豪华舒适的酒店等,都体现出旅游经营者们重视质量的营销理念。但这种观念盲目地认为:只要旅游产品质量好、有特色,就能被旅游者接受。此时,经营者虽然关注产品的质量,却忽视了市场的需求及其变化。如一些地方盲目兴建大量高档酒店、高档餐厅,但由于价格太高只能成为少数客人的选择。

(三)推销观念阶段(Selling Concept)

推销观念产生于20世纪20年代末期,是在卖方市场向买方市场转变过程中形成的一种新的市场营销观念,它是生产观念和产品观念的发展与延伸。其主要思想是认为企业在提供高质量的产品和优质服务的同时,还应该主动走出去,推销自己的产品和服务。这种观念的重点已转移到消费者身上,认为消费者不会主动购买产品或者服务,需要对消费者进行推销、引导和刺激才能激发消费者的购买欲望。但对于市场供过于求,或者是供求不匹配的产品或服务来说,这样简单的推销也是徒劳的。因此,推销观念仍然没有从根本上解决企业产品和服务的销售问题。

在这一时期,旅游企业一方面增加设施,改进服务,另一方面成立销售部或招聘专门的销售人员,变过去的等客上门为主动出击进行推销。推销的目的是出于自身利益的考虑:旅游企业如果不加强推销,旅游产品销售量就低,收入就少,会影响旅游企业的正常运转。但如果不进行市场调研,了解旅游者需求,推销并不能达到理想效果。

(四)市场营销观念阶段(Marketing Concept)

市场营销观念的产生是以上三种营销观念的一次重大转变,是在基于买方市场的基础上形成的。最先出现在第二次世界大战结束后的美国。其核心原则是在20世纪50年代中期确立的,这种观念主要包括以下三个方面:首先,要以顾客需求为导向,从顾客出发,依据其需要制定相应的市场营销策略;其次,市场营销过程中的每一个决策都应该统一规划、相互协调,同时要求部门之间的协同分工与合作,实现整体营销;最后,企业从满足顾客需求中获利,即企业通过将自己生产的产品和服务销售给消费者,而获得相应的利润。它的突出特点就是企业的营销活动实现了从市场到市场的循环,这是市场营销观念出现以来在企业营销思想上最重大的一次突破,西方市场学者称其为"经营哲学的一次革命"。

随着旅游业的不断发展,旅游企业开始了解客人的需求、从客人的需求出发,来开发新产品和改造旧产品,旅游市场营销观念与方法开始为旅游业所认识,旅游企业的市场行为也从简单的销售转向调查、预测市场需求,确定目标市场,设计和更新旅游产品,实施促销策略,注

意客人对旅游产品的反映，注重售后服务。

（五）社会市场营销观念阶段（Social Marketing Concept）

社会市场营销观念是对市场营销观念的又一次新发展，产生于20世纪70年代。这一时期，由于环境污染、通货膨胀、资源短缺、失业增加以及企业误导消费者、提供不健康的产品、社会服务被忽视等问题越来越严重，引起了各国政府的关注。

社会市场营销观念就是要求企业在营销活动中必须承担起社会责任，对消费者和我们赖以生存的环境负责，兼顾企业利益、消费者利益和社会利益。与市场营销观念相比，社会市场营销观念在继续坚持以满足消费者的个人需求和欲望为基础、获取利润的同时，更加注重合理兼顾企业、消费者的眼前利益和长远利益的统一，更加深入地考虑到消费者需求和社会公众利益之间存在的矛盾，强调环保、绿色和可持续发展。

这一阶段，旅游业虽然带来了巨大的经济效益，但也带来了一些负面影响。越来越多的人认识到旅游业的经济效益应该与全人类的利益联系在一起。例如，旅游开发前，应该考虑可能引起的资源破坏和环境污染问题，将影响降到最低；旅游景区产生的垃圾污染、空气污染等须引起高度重视，加强整治。一些酒店也开始注意这方面的问题，如将一次性洗发、沐浴产品的小包装改为可重复使用的容器等。

（六）大市场营销观念（Mega Marketing Concept）

大市场营销观念是市场营销观念在20世纪80年代的又一次新发展。它是一种新的营销战略思想，核心内容是强调企业的市场营销活动既要适应外部环境，又要发挥自身能动性来改变外部环境，使其朝着有利于企业的方向发展。因此，大市场营销观念相比之前的市场营销观念，有两点创新：首先是大市场营销观念打破了可控制因素和不可控制因素之间的分界线，强调企业营销活动可以作用于外部环境，使其朝着有利于实现企业营销目标的方向发展；其次，大市场营销观念要求处理好各个方面的关系，扩大企业营销范围的覆盖面，才能有效地开展市场营销活动。

（七）全球营销观念（Global Marketing Concept）

全球市场营销观念是市场营销观念在现代市场经济中的最新产物，是20世纪90年代后期指导企业在全球市场范围内进行市场营销活动的一种新的市场营销观念。从某种程度上说，它抛开了企业的国界、市场的国界，把整个世界作为一个市场经济整体，其形成和快速发展也是由全球经济环境的变化决定的。近些年来，企业市场营销的国际化趋势已经成为主流，全球市场营销观念着重强调企业市场营销效益的国际化比较，要求企业在生产、流通等全部营销活动环节都从国际化角度考虑，按照资源优化配置的原则，把不同国家、不同企业的优势组合起来，以最低的成本，最优化的营销来满足世界市场的需求。

📖 阅读材料

酒店业经营理念的变化

世界酒店业，大体经历了客栈时期、大饭店时期、商业饭店时期和现代饭店时期几个阶段。不同时期，酒店有各自的特点，酒店的经营理念也在不断发生变化。

客栈时期：古代客栈与客店，规模较小，设备简陋，仅只是客人歇脚之处，无其他服务。有的客栈还悬挂着"未晚先投宿，鸡鸣早看天"。当客人嫌环境恶劣，想去改投他店时，常会听到客栈小二的提醒："过了这个村就没这个店"。

大饭店时期（豪华饭店时期）：酒店建筑与设施豪华高档，装饰讲究。多建在繁华的大都市，注重服务质量，主要接待王室、贵族、官宦和社会名流。这一时期，饭店经营者的代表人物里兹提出了"客人永远是对的"的经营格言。

商业饭店时期：服务对象为一般平民，经营者与拥有者分离，管理科学化，提出了"饭店从根本上说，只销售一样东西，这就是服务"的经营理念。

现代饭店时期：饭店类型多样化，经营方式更加灵活，高利润加剧了市场竞争。随着国际旅游业的发展，世界上一些大的饭店集团以出售特许经营权与签订管理合同等形式，进行国内或跨国的连锁经营，逐渐形成了一个个使用统一名称、统一标识，在饭店建造、设施设备、服务程序、管理等方面实行统一标准，共同进行宣传促销的饭店联号。每一个饭店联号的经营理念都不同，但都以关注客人的需求和满意度作为企业营销的出发点，如香格里拉酒店的"殷勤好客亚洲情"、洲际酒店集团的服务经营准则"一切为顾客着想，不断创新服务，并实施标准化的管理"。

二、市场营销学的发展

一百多年以来，随着市场经济的发展与变革，市场营销学从诞生之初到现在发生了根本性的变化。如今，市场营销学已经成为管理学、经济学、数学、人类学、行为科学等学科相互结合的应用边缘学科，同时也是一门主要运用于企业管理的管理学科。自其20世纪诞生以来，其发展经历了六个阶段：

（一）萌芽阶段：20世纪初—20世纪20年代

在这一阶段，各个主要资本主义国家都完成了工业革命，生产力得到显著提高，城市经济迅速发展，对商品的需求量也迅猛增加，市场需求急剧扩大，出现了供不应求的卖方市场情况。这一时期，市场营销的理论大多数是以生产观念为导向的，同企业的经营哲学相适应，其主要依据仍然是以供给为中心的传统经济学。

（二）应用研究阶段：20世纪20年代—40年代中期

这一时期，对市场营销的职能研究最为突出。克拉克和韦尔德认为销售就是寻找买主；亚历山大则认为销售应该更加富有主动性。1942年，克拉克在其著作《市场营销学原理》一书中提出，销售就是创造需求，这实际上形成了市场营销的雏形。他还把市场营销的职能归结为交换功能、实体分配功能和辅助功能等。

（三）形成和巩固阶段：20世纪40年代后期—50年代中期

在此期间，职能研究仍然占据重要位置。1952年，范利、格雷斯和考克斯共同出版了《美国经济中的市场营销》，系统阐述了市场营销是如何分配资源、指导资源使用的，并指出在指导稀缺资源的使用上市场营销起着关键性作用。同一年，梅纳德和贝克曼出版了《市场营销学原理》一书，将市场营销定义为影响商品交换或商品所有权转移，以及为商品实体分配服务的一切必要的企业活动。市场营销观念在这一时期开始逐渐形成，市场营销已经被明确认为是满足人类需要的一种行为。

（四）市场营销管理导向阶段：20世纪50年代后期—60年代中期

1957年，奥尔德逊在其出版的著作《市场营销活动和经济行动》一书中提出了"职能主义"，认为这是发展市场营销理论最有效的途径。霍华德出版的《市场营销管理：分析和决策》率先从市场营销管理的角度论述了市场营销的理论及应用，他从企业环境与营销策略的关系来研究营销管理活动，强调企业要主动适应外部环境。1960年，麦卡锡在其著作《基础市场营销学》中，提出了市场营销要以消费者为中心，全面考虑企业内部、外部条件，以此制定市场营销组合策略，并促进企业各项经营目标的实现。

（五）协同和发展阶段：20世纪60年代后期—80年代初

经过前面四个阶段的发展，市场营销学逐渐从经济学中独立出来，并且同管理学、心理学、行为科学等理论相结合，形成了较为成熟的市场营销学理论。菲利普·科特勒（Philip Kotler）是当时、乃至目前为止，在市场营销学领域最具影响的学者之一，他突破了传统市场营销学的观念，提出了营销管理的任务不仅是刺激消费者需求，而且还影响需求的水平、时机和构成，市场营销的实质就是需求管理，即通过创造、建立和保持与目标市场之间的有益交换和联系，以实现组织的各种目标而进行的分析、计划、执行和控制的过程。

（六）分化和扩展阶段：20世纪80年代至今

有了之前大量的成果作为基础，市场营销理论在此阶段又出现了丰富的新概念、新理论，促使市场营销这门学科出现了分化，其应用范围也在不断的扩展。1981年，克里斯琴·格罗路斯发表了有关"内部市场营销"的论文，科特勒也提出应该在企业内部创造一种市场营销文化，即使企业市场营销化。1983年，西奥多·莱维特提出"全球市场营销"的概念。1985年，巴巴拉·本德·杰克逊提出"关系市场营销、协商推销"等新概念。1986年，菲

利普·科特勒又提出了"大市场营销"概念。进入 90 年代后，有关市场营销、网络市场营销、政治市场营销、市场营销决策支持系统、市场营销专家系统等新理论如雨后春笋般涌现。到了 21 世纪，互联网的迅猛发展与广泛应用，推动了基于互联网的网络市场营销的进一步发展。

任务三　旅游市场营销及其基本内容

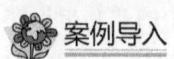 案例导入

携程旅行网的营销

随着网络通讯的迅速发展与广泛应用，网络正以革命性的力量改变着人们的生活方式。对于旅游业而言，其本身的特性与网络营销有着天然的耦合关系，利用互联网进行营销是旅游业的机遇也是挑战，更意味着对旅游业经营管理的考验。旅游网络营销是在网络经济条件下，基于传统旅游营销的基础之上而形成的。

携程旅行网是一家利用互联网等先进技术平台来为商旅客人及旅游爱好者提供旅行服务的公司。携程旅行网原是一家计算机网络公司，创建于 1999 年 5 月。短时间内，携程旅行网迅速成长并实现了旅行产品的网上一站式服务，业务范围涵盖酒店、机票、旅行线路的预订及商旅实用信息的查询检索。为更好地为会员提供服务并拓展经营范围，网站创办人又投资设立了商务有限公司，共同参与旅行网的开发建设。携程的综合宾馆和航班信息，使客户能够根据有关信息做出最符合成本效益的宾馆及机票预订。携程的目标是：利用高效的互联网技术和先进电子资讯手段，为会员提供快捷灵活、优质优惠、体贴周到又充满个性化的旅行服务，从而成为优秀的商务及自助旅行服务机构。目前，携程一个月仅在酒店预订上的交易额就接近六七千万，2011 年全年净营业额 35 亿元人民币（折合 5.56 亿美元），同比增长 21%。

携程通过与业务伙伴和旅游产品供应商的策略联盟，已建成了快捷有效、体贴周到的服务体系，并一直坚持"以客户为中心"的原则。该网站结合网上服务平台和网下的各种软、硬件设施，全方位地满足客户的旅行需求。不断创新和前瞻性的思考保证了携程能快速地成长，推陈出新的产品、服务和设施使其在日新月异的因特网时代能够满足日益多样化的客户需求。

携程旅行网是旅游业与网络的结合。它以强大的科技力量作为后盾，业务模式也区别于其他的传统旅游公司。携程成功地运用了互联网这个 IT 技术，全新演绎了旅游服务业这个最传统的商业模式，通过互联网平台为近 800 多万的携程会员提供专业、可靠的出行预订服务。也正是因为潜在的巨大的旅游市场，再加上互联网广泛的营销效应，才成就了携程率先走上纳斯达克的辉煌之路。

携程旅行网准确地定位于旅行服务，认为其优质的服务就是携程的生命线，甚至比营销更加重要。比如，携程内部有一句口号叫做"像制造业一样生产服务"，要求员工把服务当作产品去看待，并且统计次品率。制造业大规模集中的管理模式，使其能把握好任何一个细微的环节；服务虽然是感性的东西，可是携程旅行网把感性的服务分解成了理性的指标，希望自己能像制造业那样把服务流程分割为若干环节，从服务态度、回复速度等诸多因素着手，全面提高服务水平。

携程自 1995 年 5 月 10 日成立以来，不断地借助外力，使自己一跃而成为国内旅游电子商务的第一品牌。携程于 1999 年 10 月接受 IDG 的第一轮投资；次年 3 月接受以软银集团为首的第二轮投资；2000

年11月收购国内最早、最大的传统订房中心——现代运通,成为中国最大的宾馆分销商;并在同月接受以凯雷集团为首的第三轮投资,三次共计吸纳海外风险投资近1800万美金。2001年10月携程实现盈利;2002年4月收购了北京最大的散客票务公司——北京海岸航空服务公司,并建立了全国统一的机票预订服务中心,在35个商旅城市提供送票上门服务。2003年初,携程与翠明国旅开始洽谈战略合作事宜,双方形成有效的战略合作,优势互补、客源共享,对两家来说都是一件双赢的事。

从携程的发展来看,2004年前的携程业务重点主要倾向于为商旅散客提供商旅出行服务。2004年初,在酒店和机票预订业务达到双丰收后,携程旅行网与翠明旅行社积极合作,组成携程翠明旅行社,全面进军度假业务,短短1年时间,度假产品预订人数已与一般中型旅行社的组团总人数相当。同时,携程度假也以专注提供"机票 酒店"套餐新一代自由产品而成为业内一个新的亮点。

(资料来源: http://biyelunwen.yjbys.com/fanwen/shichangyingxiao/135947.html; http://tech.ifeng.com/internet/detail_2012_02_21/12658825_0.sht)

1. 你认为携程旅行网市场营销的特点是什么?
2. 通过携程旅行网成功的营销战略,你有何启发?

一、旅游市场的概念及特点

(一)旅游市场的概念

旅游市场是旅游产品和服务买卖的场所,是旅游企业产生各种旅游经济行为的领域,是旅游生产者与旅游消费者的中介。通常我们用以下四个因素来衡量旅游市场的大小:

① 存在具有购买意愿的人群,即旅游消费者。
② 要有一定的购买能力,即购买力。
③ 要有出游愿望。
④ 要有出游的机会。

因此,旅游市场是一定的时空条件下的旅游消费者群、购买力、出游愿望、出游机会的集合。从市场营销的角度看,旅游市场通常是指旅游需求市场或客源市场,即某一特定旅游产品的经常购买者和潜在购买者。

(二)旅游市场的特点

1. 异地性

旅游活动的完成伴随着旅游者地理位置的移动,因此旅游市场通常都远离旅游产品的生产地(即旅游目的地)。随着世界经济一体化的发展,国家与国家之间的交往增加,科学技术的发展和交通条件的改善,旅游者的活动不再受到地区和国界的束缚。一个旅游者可以在经济条件允许的情况下选择任何国家、任何地区作为目的地，世界各国的人民都可能成为客源市场的组成部分。旅游市场的异地性特点，增加了旅游者和旅游企业获取市场信息的难度，也增加了旅游企业经营的交易成本。

2. 波动性

旅游活动属于非生活必需品消费，因此，旅游需求受外部环境的影响非常明显，如国际局势发生变化、突发性事件、季节、重大社会活动、金融危机等都会影响旅游需求。从旅游业的发展来看，旅游业总体呈不断上升发展的趋势。但这趋势是波浪式的，而不是直线式的。任何一个国家或地区都可能受到外部因素的影响，在某些时期呈现出波动性。

3. 竞争性

随着经济的发展、人民生活水平的提高、闲暇时间的增加，旅游者人数越来越多，旅游业的发展前景良好。由于旅游业的市场进入壁垒较低，新的旅游经营者不断进入，开发出各种旅游产品，由于其中许多不具有垄断性，旅游产品容易被模仿，旅游市场的竞争也越来越激烈。

二、旅游市场营销的概念和内容体系

（一）旅游市场营销的概念

旅游市场营销是市场营销学的分支学科，是运用市场营销学的理论和方法，研究旅游经营主体的行为，即营销组织如何适应不断发展变化的旅游市场，满足旅游者的需求和欲望，以实现自己目标的过程和采取的手段。因此旅游市场营销可以定义为：旅游市场营销是旅游经济个体以获取经济效益和社会效益为目的，对旅游产品和服务的构思、定价、促销和分销的计划和执行过程。

（二）旅游市场营销的内容体系

旅游市场营销的内容体系就是旅游市场营销策略的构成体系，它是旅游市场营销学的核心部分，一般包括以下四种营销策略：

1. 旅游产品策略

产品策略应该说是市场营销组合的基础，也是支柱。旅游产品策略通常包括旅游产品的商标、旅游产品的生命周期及其营销策略、新产品的开发策略以及旅游产品的组合策略几部分，其可行与否将直接关系到旅游企业的整体经营格局。

2. 旅游价格策略

旅游产品的价格是旅游市场营销中最关键、最敏感、最易受波动的因素，在竞争激烈的市场环境下，市场供求的变化无时无刻不在左右着旅游产品的价格。旅游企业在制定产品价格时，必须充分考虑到影响旅游产品价格的各种因素，依据定价目标，利用适当的定价方法，采取有竞争力的定价策略。

3. 旅游促销策略

旅游产品在市场上的流通是通过旅游企业主动传递产品信息和旅游者向旅游目的地流动而实现的。因此，促销对于旅游营销活动来说是十分重要的。旅游促销策略一般包括广告宣传、人员推销、公共关系、营业推广、售后服务以及促销策略的制定和促销策略的组合等。

4. 旅游销售渠道策略

旅游产品的销售和其他商品一样，同样需要经过一定的中间商，尤其是跨地区或者是国际旅游产品，需要通过不同地区、不同国家的旅游中间商、旅行社等旅游企业作为销售渠道。旅游销售渠道策略包括旅游产品销售渠道的选择、旅游产品营销中介的选择以及营销渠道的计划制定几个方面。因此，旅游企业在营销过程中要善于选择、管理各种销售渠道，尤其是现代网络营销渠道。

三、旅游市场营销的作用

（一）旅游市场营销是旅游经营者在旅游市场中寻找市场机会的前提条件

旅游市场的特殊性、旅游消费者需求的多样性、以及旅游者购买行为的复杂性决定了旅游市场机会难觅。旅游市场营销的基本任务就是要分析旅游消费者的各种需求，从市场供求状况的动态变化中寻找市场机会。旅游业本身具有国际性质，因此，必须站在全球旅游市场的高度，才能充分把握市场变化，觅得良机。

（二）旅游市场营销是实现旅游经营者经营目标的根本保证

旅游市场营销以满足顾客需求为根本目的。把满足消费者的需求建立在创造利润的过程当中，旅游经营者才能够自觉进行市场营销、提升产品和服务质量，不断创新产品和服务，以适应消费者不断变化的新需求，从而通过产品和服务的销售实现自己的经营目标。

（三）旅游市场营销是合理调节旅游市场供求状况的重要手段

旅游产品具有不可贮藏性，旅游消费者需求的时间、地点变化不定，所以旅游市场的供求关系很难把握。然而，旅游经营者能否把握供求关系是决定经营成败、取得最佳效益的关键所在。例如，任何一个旅游城市的旅游供给在旅游淡季时都会出现供过于求的情况，此时，经营者如何通过市场营销手段创造需求及如何调整自己的经营策略，将影响整个企业的经营目标。市场营销的主要内容首先就是要研究市场需求，然后分析顾客的需求状况，引导、挖掘、创造顾客需求，在了解竞争对手的供给情况的基础上，决定自己的生产规模，以保证良好的经营状态。因此，有效的旅游市场营销可以充分调节旅游市场的供求状况。

 **知识链接**

旅游市场营销与旅游推销的区别

推销是经营者在旅游产品和服务生产过程结束后所采取的一系列广告、人员推销、营业推广活动；营销既包括经营策略部分，又包括经营战略部分，通过市场环境分析和市场调研，把旅游者需求加入产品设计，生产出适销对路的旅游产品（表1-1）。

表1-1 旅游市场营销与旅游推销的区别

表现方面	旅游市场营销	旅游推销
中心点	旅游者	旅游产品和企业
关注点	旅游者需求	旅游产品的服务销售
手段	重视营销战略与营销策略的整体配合	重视广告、公关、人员推销、营业推广等的作用
信息作用	重视调研、反馈、预测等基础工作	不重视调研、反馈、预测等基础工作

项目小结

市场营销是个人和集体通过创造产品和价值，并用于与别人交换，以满足其需求的一种社会和管理过程。在对市场营销学中市场、营销、市场营销的概念进行辨析，以及对市场营销观念的产生和发展学习的基础上，引出旅游市场营销的相关概念及其基本内容。旅游市场营销是旅游经营个体以获取经济效益和社会效益为目的，对旅游产品和服务的构思、定价、促销和分销的计划和执行过程。

旅游市场营销的内容体系包括了旅游产品策略、旅游价格策略、旅游促销策略、旅游销售渠道策略四个方面。旅游市场营销的作用表现在：是旅游经营者在旅游市场中寻找市场机会的前提条件，是实现旅游经营者经营目标的根本保证，是合理调节旅游市场供求状况的重要手段。

综合能力训练

 **基本训练**

一、名词解释

市场营销　　产品观念　　旅游市场营销

二、选择题

1. 市场营销的出发点是（　　）。
   A．企业需求　　　B．市场需求　　　C．产品特性　　　D．顾客需求
2. （　　）是企业营销思想上最重大的一次突破，西方市场学者称其为"经营哲学的一次革命"。

A．社会观念 B．市场营销观念
C．大市场营销观念 D．全球市场营销观念
3．社会市场营销观念认为（   ）。
A．在市场营销活动中应从社会利益出发
B．应统筹兼顾企业、消费者和社会的利益
C．满足了社会的利益，就可满足消费者和企业的利益
D．消费者是上帝，消费者的利益就是企业的利益

三、简答题

1．企业营销观念的发展经历了哪几个阶段？各阶段的特点是什么？
2．旅游市场营销的内容体系是什么？
3．旅游市场营销的作用是什么？

四、案例分析

多伦多四季酒店的营销理念

多伦多四季酒店的门童罗伊，发现离店客人的手提包忘在了门口。罗伊在第一时间与已抵达华盛顿的客人取得了联系，告知客人手提包的下落。当得知客人在第二天上午需要手提包内的文件召开重要会议时，罗伊毫不犹豫地搭上飞机，立即赶往华盛顿，在第二天上午之前把手提包送到了客人手中。罗伊处理这件事的第一反应是急顾客之所急，以顾客是否满意为标准。作为世界上数一数二的酒店连锁集团，它的经营理念就是："酒店管理的最高优先级就是顾客满意。"为此，酒店鼓励员工去做那些额外的工作，只要能够满足顾客的需求，只要能使顾客满意，四季酒店就会毫无保留、毫不吝惜地作出他们应该做出的努力。

问题：
1．你认为四季酒店在经营中采用了什么营销理念？
2．现代饭店业为什么必须运用这种营销理念？

技能训练

一、任务名称

旅游企业市场营销情况调查

二、任务目标

选择一个旅游企业，对其营销理念、营销手段、营销投入等进行调查，使学生了解旅游市场营销的理念及基本内容。

三、任务实施

1．班级成员进行分组，6～8人一组。
2．组员对调查的内容进行分工。
3．对调查的内容进行汇总，讨论。

4. 选派代表在班里做交流发言,同学之间要相互提问并作答。
5. 教师进行指导,形成调查报告。

四、成果考核

1. 调查报告,1500字左右。
2. 教师根据学生表现及调研报告计分,纳入平时成绩。

项目二
旅游市场营销环境

 学习目标

通过本项目学习，你应该能：
1. 了解旅游市场营销环境
2. 熟悉旅游市场营销的宏观环境和微观环境
3. 掌握旅游市场营销环境的 SWOT 分析法

任务一 旅游市场营销环境

案例导入

日本地震重创旅游业 外国游客震后骤减四分之三

受日本大地震和核电站事故影响，赴日外国人数骤减。据东京入境管理局 6 日的调查结果显示，地震发生的 2011 年 3 月 11 日至 31 日，自成田机场入境的外国人日均约为 3400 人，仅为去年 3 月日均人数的约四分之一。据大阪入境管理局紧急调查显示，自关西机场入境的外国人数在 3 月 18 日至 23 日为日均约 1700 人，不到地震前平均水平的一半。取消团队游或宾馆预订的情况也接连不断，以往十分依赖外国游客的观光及零售行业遭到沉重打击（图 2-1）。

图 2-1 地震后的日本

各国政府敦促本国公民避免赴日的做法也是原因之一。由于核电站事故前景尚不明朗，外国人"远离日本"的趋势若长期持续，可能会加剧消费低迷，日本中央政府和各地方政府也为如何应对伤透了脑筋。

除 2009 年受新型流感影响期间外，访日外国人数一直呈逐步上升态势，2010 年甚至创下 861 万人次的历史最高纪录。日本观光厅此前曾定下 2011 年外国游客达到 1100 万人次的目标，但由于发生地震，"将不得不作出修改"。

受影响尤其严重的是原本依靠赏樱季节赢利的观光业。阪急交通社（位于大阪市）截至 4 月底的外国旅游团有 9 成取消。负责人称，"大多数是那些对核电站问题极为敏感的欧洲游客。"东京哈多巴士公司原本最受青睐的外国旅游团参加人数也从震前日均约 300 人骤减至 10 人左右。

（资料来源：新华网 http://news.xinhuanet.com/world/2011-04/06/c_121272082.htm）

思 考　1. 分析案例中影响日本旅游市场营销的环境因素是什么？
　　　　2. 日本应采取哪些针对性的措施？

一、旅游市场营销环境的概念

旅游市场营销环境是指影响旅游市场营销管理能力的各种外部和内部因素，由旅游市场宏观营销环境和旅游市场微观营销环境共同构成。

旅游市场营销环境包含的内容既广泛又复杂。旅游市场宏观营销环境由政治环境、经济环境、社会环境、技术环境等因素组成，是企业营销活动的重要外部环境，它主要以微观营销环境为媒介间接影响和制约企业的市场营销活动，是企业不可控制的因素。旅游市场微观营销环境是与企业市场营销活动直接发生关系、决定企业生存和发展的基本环境，主要由旅游企业自身、营销中介、供应者、购买者、竞争者、公众等要素构成。

旅游市场营销的宏观和微观环境虽然分别存在于不同的空间范围中，但两者在旅游整体市场营销活动中缺一不可。存在于企业微观环境中的市场可控因素，不能离开存在于旅游企业宏观营销环境中的客观因素。企业为实现自己的营销目标，最大限度地满足消费者的需求，必须千方百计地将微观可控因素与宏观不可控因素协调起来。这种协调必须通过充分发挥旅游企业的营销能动性，恰当地运用那些旅游市场营销的可控因素，自觉地适应客观环境的要求来实现。这种以旅游市场营销的可控因素主动自觉地适应不可控因素的过程，便是旅游市场营销环境动态平衡的过程。因此，市场营销宏观、微观环境的关系是相互协调和相互适应的关系。这种协调与适应的目的在于更好地满足目标市场消费者的需求，实现旅游企业的整体市场营销的可持续发展。

二、旅游市场营销环境的特点

（一）客观性

旅游目的地与旅游企业从事的市场营销活动不可能离开其所处的环境而独自发生，必然会受到各种内外部环境因素的影响和制约。因此，必须发挥优势，回避劣势，把握环境变化带来的机遇，应对环境带来的各种挑战。

（二）差异性

影响旅游市场营销的各种环境因素对不同旅游目的地和企业的影响性质、作用是不同的，在旅游营销活动中应认真分析，并采取不同的应对措施。

（三）波动性

旅游市场营销环境时刻都在发生变化，既有政策、法律、社会文化等环境的较为稳定的"渐变性"，又有恐怖活动、战争、自然灾害等因素带来的"突变性"。"突变环境"会对旅游市场营销造成极大的冲击，导致旅游营销业绩的大起大落。

（四）关联性

旅游市场营销的内外部环境因素之间相互联系、相互制约，共同对旅游目的地和旅游企业产生影响作用。

任务二　旅游市场营销宏观环境

案例导入

全球各地旅游业：这个冬季特别冷

世界金融海啸已开始冲击各地旅游业，对瑞士著名滑雪胜地圣莫里茨来说，冬季往往是迎来旅客的旺季，但随着金融危机的坏消息滚滚而来，这个冬天对圣莫里茨来说可能是经济寒冬的开始。

过去，这个高档度假天堂吸引了不少巨星、贵族以及政要前来滑雪，但当地旅游业者透露，此次前来度假的旅客有减少的迹象。

向来出手阔气的俄罗斯旅客是该度假胜地的主要客源，占酒店住客人数约30%。然而，自今年5月攀上高点后，俄罗斯的两大股票市场因原油价格下滑以及金融风暴而受到重创，指数累计跌幅高达70%。接连而来的金融坏消息已浇灭了俄罗斯人的消费热情。

只拥有豪华套房、收费价格为每晚6800美元的卡尔登酒店是受影响的酒店之一。酒店总经理考克斯就表示："我们每天都收到俄罗斯旅客取消前来度假的决定。他们都告诉我们说眼前的金融危机是他们取消假期的主要原因。"

旅客减少的趋势与最近意大利豪华商品制造商协会所委托进行的调查结果相似。该调查发现，过去那些被认为不会受经济放缓影响的最富裕消费者也开始谨慎消费。

(资料来源：经济参考报，2008－11－10)

思　考
1. 影响旅游市场营销的宏观环境包括哪些？
2. 旅游企业如何应对不良的影响因素？

旅游营销的宏观环境包括社会文化环境、政治法律环境、经济环境、科学技术环境、自然地理环境等。每个旅游企业都处于这些宏观环境因素的包围之中，不可避免地受到其制约

和影响。这些宏观因素和发展趋势为企业的发展提供了机会,同时也对旅游企业的生存构成威胁。

一、旅游市场营销宏观环境的分类

(一)政治法律环境

政治法律环境是指旅游企业市场营销活动所处的政治制度、政治形势和法律制度等的状况。

1. 政局和政治事件

政局和政治事件指一个国家或地区的政治稳定状况。政局是重要的政治环境因素之一,政局稳定是旅游市场营销活动得以正常运行的基本条件,可以为旅游营销带来更大的商业机会;政局不稳或动荡会使游客减少出游,旅游企业也会回避风险而退出市场。

2. 国家的方针政策

国家为维护社会的稳定和经济的平衡发展,会出台相应的方针政策对经济社会的发展进行指导,如对某些行业予以扶持鼓励,对某些行业进行抑制。旅游企业的营销活动是社会经济生活的组成部分,它必然受到国家方针政策的影响。

3. 国家之间的关系

国家之间关系的正常与否直接影响着旅游营销活动的正常进行。如两个国家发生领土争端或其他摩擦冲突,会影响两国之间正常的旅游交流活动。

4. 法律法规

旅游企业的市场营销活动必须遵守相关的法律法规。这些与旅游营销活动密切相关的法律法规包括:影响旅游行业前景的法律法规,如《旅游法》、《旅行社管理条例》等;规范企业竞争的法律法规,如《反不正当竞争法》、《价格法》等;保护消费者利益的法律法规,如《消费者权益保护法》、《禁止价格欺诈行为的规定》等;维护社会利益的法律法规,如《风景名胜区条例》、《中华人民共和国环境保护法》等。

(二)社会文化环境

社会文化环境指由社会地位和文化素养的长期熏陶而形成的生产方式、价值观念和行为准则,是一个社会的教育水平、语言、宗教与民族特征、风俗习惯、价值观、人口、社会组织等的总和。社会文化环境包括人们的价值观念、社会风尚、宗教信仰、语言文字、文化教育、民俗风情、道德观念和婚姻制度等。社会文化渗透于所有的旅游营销活动中,而旅游营销活动又处处蕴含着社会文化。

(三)经济环境

经济环境是指一个国家或地区社会文化、政治、经济、科技、自然地理等要素综合实力的

表现，通常通过社会经济指数的综合分析得到现实反映，它是进行旅游营销活动最重要的综合因素。

1. 间接影响因素

经济环境中对旅游营销活动的间接影响因素包括经济管理体制、经济发展阶段、产品分配形式、通货膨胀的压力等。

经济发展水平的一个重要衡量指标是国民生产总值（GNP），GNP反映国民经济发展的综合指标，而人均GNP反映一个国家的人民富裕程度。只有国家富裕，人民才会有更多的更高层次的需求和更多的可自由支配收入。

2. 直接影响因素

经济环境中对旅游营销活动的直接影响因素包括消费者收入、消费者支出、消费者储蓄与信贷等。

（1）个人收入

① 个人可支配收入：在个人收入中扣除税款和非税性负担后所得的部分，可以用于消费。

② 个人可任意支配收入：在个人可支配收入中减去用于维持个人和家庭生存不可缺少的费用（如：房租、水电）的剩余的部分。

$$个人可任意支配收入＝个人收入－税收－生活必需品开支$$

对旅游业来说，个人可任意支配收入是决定消费者购买力和支出的决定因素。

（2）消费者支出模式和消费结构

消费者支出模式会随着收入水平的变化而变化，并影响一个国家和地区的消费结构。

消费结构指消费者消费活动中各种消费占总支出的比例关系。通常用恩格尔系数来反映一个国家、地区、城市、家庭生活水平的高低。

知识链接

恩格尔系数

随着家庭收入增加，用于购买食品的支出占家庭收入的比重（恩格尔系数）就会下降；用于住宅建筑和家务经营的支出占家庭收入的比重大体不变（燃料、照明、冷藏等支出占家庭收入的比重会下降）；用于其他方面的支出（如服装、交通、娱乐、卫生保健、教育、旅游）和储蓄占家庭收入的比重就会上升。由此，我们可以看出，一个家庭越穷，恩格尔系数越大，用于旅游消费的支出就越少，反之就越大。

（3）收入分配

收入一定的条件下，消费者储蓄和投资越多，消费支出就越少。

（四）人口、地理环境

1. 人口因素

（1）人口数量与增长速度

一般情况下，市场的容量与人口总量和增长速度成正比。

（2）人口结构

旅游企业的营销要根据不同的人口变量，对不同目标市场采取相应的营销策略。如随着女性社会地位的提高，女性市场对旅游业来说是一个值得开发的市场，一些酒店设立了无烟客房、美容、美体部门等。

（3）人口的地理分布及流动状况

它影响一个地区的市场容量、需求状况和商品流向。中国人口呈现出东中部多、西部少，农村多城镇少，流动频繁的特点。

2. 地理环境

旅游者居住地所处地理区域的地形、地貌、气候及水文等组成了该地区居民生活的重要组成部分，这会促使旅游者寻找地理要素上有差异的目的地；另一方面，居住地的地理位置也意味着旅游目的地与客源地之间的距离。从地理学的角度来看，旅游流强度随地理距离的增大而逐渐衰减，因为距离增大会使旅游费用和时间增多。

（五）科技环境

科技环境的变化，给旅游企业带来了前所未有的机遇与挑战，对旅游企业的生产经营产生了深远影响，具体表现在：科技进步导致产品生命周期缩短；科技进步导致市场营销组合的变化；科技进步影响消费者购买习惯。

（六）交通运输环境

交通运输环境直接影响旅游业的发展。交通运输环境差的地方，旅游业的发展受到制约，而交通环境的不断改善使一些高质量景区得以开发。

二、旅游市场营销宏观环境对旅游市场的影响

① 社会经济指数高的国家，一般来说，旅游业就比较发达。现代旅游业首先是在经济发达国家兴起的，美国、德国、英国、法国、意大利、加拿大、日本等国是世界上最主要的旅游客源国和接待国。与此相反，众多的发展中国家经济底子薄，交通落后，基础设施不完善，在国际旅游市场上缺乏竞争力。

② 旅游消费者和营销者的文化水平，往往决定旅游营销的成败。有些国家尽管人口经济收入相近，但旅游市场情况可能有很大差别。这种差别，很大程度反映在社会文化方面。因

此，旅游营销必须适应社会文化因素，并随社会文化因素的变化而变化。

③ 从政治法律环境和经济环境来说，经济管理体制、政府与企业的关系、政府的法令、条例、法规与旅游业的发展密切相关。不仅影响人们的旅游水平，而且影响旅游企业的市场调研与促销方式。

④ 当前世界科技发展迅猛，可能会对市场营销产生影响的科学技术发展趋势、特点有：信息化和智能化将普遍进入生产、管理和社会生活的各个领域；生命科学将获得新的突破；保护生态环境，发展节约资源（能源、原材料、水、土等）的技术，已成为人们的共识；各门科学技术将全面而深入地发展，互相渗透，综合交叉。例如，电脑的广泛应用，可以提高饭店的工作效率，使饭店开展一对一营销，为客人提供定制化产品成为可能。

⑤ 社会环境中人口数量及其增长速度的快慢，人口地理分布及地区间的流动率，人口的结构都影响旅游市场的发展。例如，在收入不变的情况下，人口越多，人们的基本生活用品需求市场就上升，而旅游消费就会降低，旅游市场发展就缓慢。又如旅游市场中，人口的流动性也是影响旅游市场的因素之一。

任务三　旅游市场营销微观环境

案例导入

> 2007年3月网络爆出三亚旅游的黑幕。一则名为《如此令人恶心的三亚——今年春节我们在三亚的惊魂遭遇》的帖子流传于各大论坛上，引来网友"板砖"无数，网友们纷纷声讨三亚旅游黑幕。四川网友"愤怒的老驴"在帖子中称，一家5口春节期间赴天涯海角旅游，他们一家人到达"天涯石"并准备拍照时，此前一直跟着他们的商贩围了上来。一番口舌之战后，一个商贩举起手里的项链砸向徐某的父亲。部分商贩趁机起哄围攻，时间长达十几分钟，而在此期间，没有一个景区的保安出现。在派出所里等了差不多两个小时才做笔录。期间他们投诉至三亚旅游质量监督所，对方声称不归他们管。还有人在威胁他们，不让他们活着回家。在被困七八个小时后，67岁的老人不得不向小商贩鞠躬赔礼道歉，一家人才得以离开……
>
> 该帖在网络上引起了共鸣，网友们纷纷控诉在海南旅游时遇到的不愉快经历。有网友甚至表示，"本来打算月底和家人一起去三亚，看来要改变行程了。"网友普遍认为被殴事件所造成的负面影响很大，三亚的形象必然已受到难以估量的大损失。此事引起了三亚市领导的高度重视，指示成立专门小组迅速开展调查。天涯海角风景区总经理被免职，三亚市还将对其他责任人做出严肃处理。该市随后将对天涯海角景区进行严厉整顿，严打该景区存在的"强买强卖"等突出问题。
>
> （资料来源：http://bbs.tuniu.com/thread-47897-0.html）

 1. 社会公众对旅游活动是否会产生影响？
2. 除了宏观环境以外，还有哪些因素会影响旅游业的发展？

旅游市场微观营销环境是与企业市场营销活动直接发生关系的具体环境，是决定企业生存和发展的基本环境，主要由旅游企业自身内部环境、营销中介、供应商、购买者、竞争者和公众六大要素构成。

一、旅游企业内部环境

旅游企业市场营销活动的进行不是孤立的过程，它要与自身内部的诸多职能部门，如董事会、财会、采购等部门的工作紧密联系和相互配合。因此，旅游企业自身内部环境的优劣，反映一个企业应付激烈竞争和适应市场变化与环境变化的能力。旅游企业的内部环境由企业组织结构、企业文化、企业资源等所组成。

企业组织结构主要是指企业管理系统和操作系统的具体组织形式，包括企业所有制形式、职能部门结构、部门的人员结构、管理结构的设置、投资与经营管理的权责等方面。企业组织结构是企业这个有机体的"骨架"，是从事市场营销工作的基础和依托。

企业文化是企业内部生产关系的外在表征，包括企业职工共有的信念、期望和价值观、企业法人的形象、企业内部管理的规章制度、领导与职工的关系等方面。企业文化是企业这个有机体的"大脑"，它决定或影响企业的组织结构和企业资源的开发利用。

企业资源是企业的人力、物力、财力和各种管理技术与管理能力的总和，它是企业这个有机体的"血液"，影响市场营销工作的可进入性和效率。

二、旅游营销中介

营销中介是协助企业促销和分销其产品给最终消费者的个人或组织，包括中间商（批发商、代理商、零售商）、实体分配企业（运输、仓储）、营销服务机构（广告、咨询、调研）和财务中间机构（银行、信托、保险等），这些都是营销活动所不可缺少的中间环节。

旅游中间商是指在旅游生产者与旅游者之间，参与商品流通业务，促使买卖行为发生和实现的集体和个人。旅游产品的空间组合、使用权与所有权的分离，旅游者的空间流动，结算付款、信息沟通、广告促销策略等的实施，单靠企业本身的力量是不够的，企业必须利用一切可以利用的营销中介力量，最大限度地把本企业的产品以适当的方式、适宜的价格，在适当的地点、适当的时间销售给适当的顾客。另外，通过营销中介进行市场调研、促进销售、开拓市场、洽谈业务、资金融通和风险承担，可以使旅游企业节约费用，降低风险、成本和售价，提高企业的竞争力和市场渗透力，提高市场覆盖率和市场占有率，更好地满足目标市场的需求，提高经济效益，实现企业的营销目标。

三、旅游供应商

旅游供应商是向旅游企业及竞争者提供生产经营所需资源的企业或个人。旅游企业是服务企业，经营的旅游产品是有形的物质与无形的服务相交融的"组合型"产品。旅游企业的经营活动离不开各种物质资料的供应，物资供应的质量、紧缺度、价格变动、设备设施等原材料的替代性，直接影响旅游企业的成本和费用高低，进而影响企业的经济效益和营销目标的实现。

四、购买者（顾客群）

购买者是企业服务的对象，同时也是产品销售的市场和企业利润的来源。旅游产品的购买者可分为两大类：个体购买者和组织购买者。每一购买者市场都有自身的特点，旅游企业必须认真研究影响每一个购买者市场的因素，对它们进行市场细分，在市场细分的基础上，进行企业目标市场的选择和市场定位。

（一）个体购买者

个体购买者是为满足自身需要而购买的旅游者，影响个体购买者消费行为的因素一般包括空间因素、文化因素、社会因素、个人因素和心理因素。

空间因素主要是距离知觉影响旅游者的动机、态度、决策以及随之而来的旅游行为。主要表现在两个方面：阻止性和激励性。

文化因素对旅游者消费行为具有最广泛、最深远的影响，包含文化、亚文化和社会阶层三部分内容。

社会因素主要包括家庭、朋友、邻居、同事、宗教、职业、协会等相关群体。

人口统计因素主要包括年龄和家庭生命周期阶段、职业、收入、生活方式、个性等。

旅游者的消费行为主要受动机、知觉、学习、信念和态度等心理因素的影响。

（二）组织购买者

组织购买者是以组织为单位进行旅游产品购买并由组织付费的集体。如公司购买者、政府购买者和中间商购买者。

影响组织机构旅游购买的主要因素有外部因素（经营环境因素和竞争者因素）和内部因素（企业的经营宗旨、制度、组织结构及购买成员的个人特点等）。

五、竞争者

旅游企业在市场营销过程中，不仅要密切注意购买者行为，还要重视对竞争者行为的研究。因为对一个企业来说，一定时期内所表现出的大容量的市场需求，常常会由于大量竞争者的蜂拥而入，使得市场相对变得狭小，甚至消失；本企业的市场供应，也常常会由于竞争者推出了相似或更优的产品而不能夺得相对优势，甚至竞争失败。可见，企业对竞争对手进行辨认和跟踪，并采取相应的竞争策略十分必要。从购买者决策过程的角度分析，任何一个企业在向目标市场提供服务的同时，都有可能遇到四种竞争者的困扰。

(一) 意愿竞争者

意愿竞争者是指向消费者提供与本企业不同类型产品，以满足消费者其他需要的产品供应者。每一个理性的消费者都有许多需要和欲望，但在一定时期内，每一个购买者的实际购买力相对于其尚未满足的需要与欲望而言总是有限的，因而无法同时满足所有的需要和欲望。于是，一个购买者想要满足的需要与欲望由于经济条件和其他因素的制约，在客观上形成一个按轻重缓急排列的购买阶梯。例如，某一消费者，迫切感到要买代步工具，不得不暂时放弃也很需要的买衣服的想法。这样，本来素不相干的代步工具与衣服的生产者、经营者之间，就在实际上由于消费者的这一抉择而形成了一种竞争关系，彼此成为对方的消费者购买意愿的竞争者。

(二) 一般竞争者

能向消费者提供与本企业不同品种的产品，争夺满足消费者同种需要的产品供应者，称为一般竞争者。这是一种平行的竞争关系。例如，某一消费者，在经过一段时间的紧张工作之后，迫切想外出旅游，这样便使不同特色的旅游目的地（山岳型、海岸型等）为满足其旅游的需要而形成一般竞争者的关系。

(三) 产品形式竞争者

能向消费者提供与本企业产品不同形式的产品，争夺满足消费者的同种需要的产品供应者，称为产品形式竞争者。即各个竞争者产品的基本功能相同，但形式、规格、性能等不同。例如，旅游者到达某一旅游目的地之后，需要解决住宿问题，不同档次的饭店之间便形成了产品形式竞争者的关系。

(四) 品牌竞争者

能提供与本企业性能几乎相同但品牌各异的产品供应者，称为品牌竞争者，也称"企业竞争者"。这是企业最直接而明显的竞争对手。这类竞争者的产品内在功能和外在形式基本相同，但品牌不同。例如，某外国旅游者来华旅游，欲住五星级酒店，这样便使能提供五星级服务的酒店（如假日、希尔顿等）之间形成品牌竞争。

虽然每一个旅游企业都可能遇到这四类竞争者，但在实际进行竞争决策时，往往只能把目光集中于主要对手。一般来说，企业应优先考虑对付品牌的竞争者，它构成的威胁最大；其次考虑解决产品形式的竞争者带来的问题；再次考虑企业与一般的竞争者之间的矛盾；最后，考虑与意愿竞争者之间的关系。这样，有利于把握竞争重点，缩短战线，集中优势力量获取竞争胜利。

六、公众

旅游企业营销所面对的公众，是指对实现本企业目标有显现或潜在利害关系和影响力的一切团体、组织和个人。旅游企业所面临的公众主要包括7类。

（一）融资公众

融资公众指影响旅游企业获取资金能力的财务机构，包括银行、投资公司、保险公司、信托公司、证券公司等。

（二）媒介公众

媒介公众主要指报社、杂志社、广播电台、电视台、出版社等大众传播媒介。

（三）政府公众

政府公众指负责管理旅游企业的业务和经营活动的有关政府机构。例如，旅游行政管理部门、工商管理、税务、卫生检疫、技术监督、司法、公安、政府机构等。

（四）群众团体

群众团体是指消费者权益保护组织、环境保护组织以及其他有关的群众团体。

（五）社区公众

社区公众指旅游企业所在地附近的居民和社区组织。

（六）一般公众

一般公众指一般社会公众。他们既是本企业产品的潜在购买者，又是本企业的潜在投资者，旅游企业应力求在他们心中树立起良好的企业形象。

（七）内部公众

内部公众指旅游企业内部的所有职工。由于旅游产品生产与消费的同一性特点，使外部顾客参与到旅游服务的生产过程，旅游企业职工同时扮演生产者、销售者、推销员、服务员等多种角色。旅游市场营销的宗旨和实践是满足旅游者的需求，这需要通过企业职工的高水平的服

务来实现，因此在强调"外部营销"的同时，要搞好旅游企业的"内部营销"工作，即通过招聘、培训、激励和沟通，使职工（企业的内部"顾客"）得到满足，真正成为企业的主人，从而更大程度地发挥他们工作的主动性、积极性和创造性。美国费城的罗森布鲁斯国际旅游公司提出"员工第一、顾客第二"的经营管理理念，是内部营销、全员营销的最好诠释。

任务四　旅游市场营销环境的 SWOT 分析法

某饭店的 SWOT 分析

饭店知名度较高，且是老饭店，服务质量和管理较稳定；饭店拥有一批高素质和稳定的员工队伍；饭店占地面积大，有较大的室外活动空间；拥有一批忠实的老客户，饭店营业收入约 60% 来自老客户。

饭店设施老化，是营业上最大的制约；目前接待会议主要是在多功能厅，没有标准、规范的会议接待设施；饭店客房数大于餐位数，客房数与整体餐位数不匹配；无自己的国际预定网络。

国家政治稳定、经济平稳发展；西部大开发给西部地区带来了巨大商机；国内游客将会有大幅的增长。

本市中高档饭店供大于求；相邻两家酒店具备良好的综合会议设施，分割了会议市场；随着新型营销渠道的出现，顾客、中间商的选择面加大，砍价能力增加。

 1. 该饭店的优势、劣势、机会和威胁分别是哪些？
2. 该饭店应如何发挥优势，把握机会？

旅游企业处于一个不断变化的市场营销环境中，必须对环境进行持续分析，把握优势和劣势条件，在经营活动中趋利避害，不断修正计划，才能确保市场目标的实现。对于旅游市场环境的分析，可以采用 SWOT 分析法。

一、SWOT 分析法

SWOT（也称道斯矩阵）分析，即态势分析，就是将与研究对象密切相关的各种主要内部优势、劣势和外部的机会和威胁等进行全面评估。

SWOT 分析法是由旧金山大学的管理学教授韦里克于 20 世纪 80 年代初提出来的，SWOT 四个英文字母分别代表：优势（Strength）、劣势（Weakness）、机会（Opportunity）、威胁（Threat）。运用这种方法，可以对研究对象所处的情景进行全面、系统、准确的研究，从而根据研究结果制定相应的发展战略、计划以及对策等。SWOT 分析法常常被用于制定集团发展战略和分析竞争对手情况，在战略分析中，它是最常用的方法之一。

旅游企业在进行战略分析时，列出对该企业发展有重大影响的内部与外部环境因素，对这些因素进行评价分析，判定是优势还是劣势，是机会还是风险，据此对备选战略方案作出系

评价，最终达到选出一种适宜战略的目的。

二、SWOT 分析法的内容

旅游企业的优势和劣势，指的是内部要素，是相对于竞争对手而言的。包括：资金、技术设备、职工素质、产品市场、管理技能等竞争要素。

旅游企业的机会和威胁，指的是无法控制的外部要素。机会包括：市场需求的规模、利润、成功的可能性；威胁是指给旅游企业带来的损失大小。

（一）"S"——优势分析

旅游企业的优势所涉及的内容相当多。对于旅游目的地或旅游景区而言，优越、独特的旅游资源是最大的优势；对于酒店而言，好的地理位置、先进的设施设备、良好的经营管理理念等都是优势。具备一定优势的旅游企业才能在激烈的市场竞争中处于有利地位。

（二）"W"——劣势分析

一个老化的旅游饭店产品和旅游线路，工作人员的服务技能不高和服务态度不好，设施落后等都是企业的劣势。如果旅游企业能及时认识到自身的劣势，加以改进，可以逐渐消除这些不良影响，甚至转化为优势。

（三）"O"——机会分析

机会是一个旅游企业能够盈利的有利条件。机会既可来自旅游企业外部不可控环境的变化，也可以来自企业直接控制的环境因素，所有重大的变化都可能会给旅游企业带来极好的营销机遇。为了适应外部环境的变化，旅游企业必须具有前瞻性的战略眼光，及时采取行动，以免坐失良机。

（四）"T"——威胁分析

内部环境及外部事件也可能给企业带来威胁，如战争、恐怖活动、金融危机等。这种威胁是指一种不利于旅游企业的发展趋势所形成的挑战，如果旅游企业不采取积极的应对措施，将会给旅游企业带来极大的损失。

三、SWOT 模型分析

SWOT 分析法对旅游企业制定营销决策具有重要意义。通过 SWOT 分析，旅游企业可以扬长避短，明确自身所具备的优势，并将优势转变为企业的竞争力，改进或回避企业存在的不

足；同时把握有利于自身生存和发展的机会，认识和发现外部环境中存在的风险，避开可能存在的威胁。

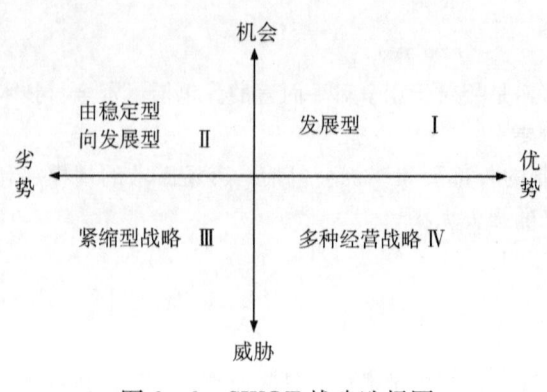

图 2-2 SWOT 战略选择图

SWOT 分析法的原理是：罗列出对旅游企业有重大影响的内部及外部环境因素，对这些因素进行分析，判定是优势、劣势还是机会、威胁，从而确定旅游企业该采用何种类型的战略。如图 2-2 所示，处于第Ⅰ象限的企业，外部机会良好，又具有强大的内部优势，这种情况下宜采取发展型战略；处于第Ⅱ象限的企业，外部有机会，但自身条件不佳，宜采取措施扭转内部劣势，可采用先稳定后发展战略；处于第Ⅲ象限的企业，外部有威胁，自身状况也不佳，应设法避开威胁、消除劣势，可采取紧缩型战略；处于第Ⅳ象限的企业，拥有内部优势但外部存在威胁，这种情况下宜采取多元化经营战略以分散风险。

 阅读材料

希尔顿酒店 2012 韩国市场发展战略的 SWOT 分析

针对在韩国首尔准备发展的希尔顿酒店将面临的挑战，根据 SWOT 分析法进行客观的评价与市场分析。

一、优势分析

（一）专业的管理公司

希尔顿国际集团是全球最大的酒店管理集团之一。希尔顿酒店公司（Hilton Hotels Corporation）负责希尔顿品牌在美国的运营，希尔顿集团（Hilton Group）则负责该品牌在美国以外的其他地区的经营。该酒店拥有的主要品牌包括顶级的康拉德（Conrad），高档酒店希尔顿（Hilton）和面向中端市场的经济型酒店斯堪的克（Scandic）。希尔顿酒店在全球 80 多个国家经营管理着 2800 多家酒店及 49 万多间客房，员工数多达 15 万之众，希尔顿一直致力于产品及服务的不断创新，让客人感受希尔顿始终如一的温馨体验。

（二）团结合作的员工氛围

希尔顿酒店的员工们遵循创始人康拉德·希尔顿（Conrad N. Hilton, 1887—1979）的理念，并牢记座右铭："你今天对客人微笑了吗？"员工们的服务意念强。

二、劣势分析

（一）短期经营和管理

虽然是韩国顶级的五星级酒店，但毕竟该酒店刚刚开业，酒店内部的招聘与管理存在很大的波动性，内部问题不可能短时间内解决，内部制度还在完善中，这也可能会影响该酒店的运行。

（二）从经营管理层面

希尔顿原有的制度和经验能否完全和有效地嫁接到首尔地区，能否实现合作的预期目标，存在一定的不确定性。这也是较难掌控的风险。

（三）市场竞争激烈

在首尔还有首尔时代广场万豪酒店、威斯汀朝鲜酒店、乐天首尔酒店、广场酒店等众多酒店，竞争激烈。

（四）核危机危险影响

据韩国 KBS 新闻 2011 年 4 月 27 日报道：受日本地震及福岛核电站泄露的余波影响，3 月韩国境外游人数大幅降低。这对韩国的国际旅游消费有一定的影响。

三、机会分析

（一）旅游业全面振兴

2012 年韩国丽水世博会的召开将会吸引更多旅游者。据丽水世博会组织委员会预测，世博会有望在开幕次日吸引 5 万至 10 万人次，整个周末共吸引 15 万人次，假期最多吸引 30 万人次。这将带来巨大的客源市场。

（二）居民收入持续上升，旅游、餐饮、娱乐需求逐年提高

进入 2010 年后韩国人民的生活水平不断提高，收入增加，这将拉动更大的消费市场。

（三）显著的区位优势

位于韩国首尔市，地理位置优越。

（四）会展经济

自进入 21 世纪以来，凭着快速的发展势头，韩国已经稳步地发展成为东北亚重要的会展活动举办地之一。韩国会展业的发展，极大推动了该国国际经济与旅游业的发展，这也有利于酒店消费人群的增加。

四、战略分析

（一）品牌多元化发展模式

希尔顿集团应在对韩国市场细分的基础上，利用各种不同的品牌，专攻不同的市场。

（二）微笑塑造品牌

希尔顿将企业理念定位为"给那些信任我们的顾客以最好的服务"，并将这种理念上升为文化品牌。

（三）创新个性服务项目

希尔顿饭店集团应注重顾客需求，并提供个性服务。

（四）全面市场营销

希尔顿酒店应注重市场调研，不断收集信息，以此作为集团营销和产品开发决策的依据。

（资料来源：百度文库 http://wenku.baidu.com/view/f738e226af45b307e871975d.html）

项目小结

旅游市场营销环境是指影响旅游市场营销管理能力的各种外部和内部因素，由旅游市场宏观营销环境和旅游市场微观营销环境共同构成。

本项目主要阐述了旅游市场营销环境的概念和特点，旅游市场营销的宏观环境的构成分类和对旅游行业市场的影响，旅游市场营销的微观环境的构成因素及旅游市场营销环境的 SWOT 分析法等内容。

综合能力训练

基本训练

一、名词解释

旅游市场营销环境　　旅游市场营销宏观环境　　旅游市场营销微观环境
"SWOT"分析法

二、选择题

1. 2001年"911"事件使西方旅游业受到沉重打击。这说明了（　　）对旅游市场营销的影响。
   A．政治法律环境　　　　　　　　B．人口环境
   C．经济环境　　　　　　　　　　D．社会文化环境
2. 下列属于旅游市场营销微观环境的是（　　）。
   A．政治法律环境　　　　　　　　B．经济环境
   C．社会文化环境　　　　　　　　D．竞争者环境
3. 居民收入增长时，旅游消费需求也随之上涨，这说明旅游业会受到（　　）的影响。
   A．政治法律环境　　　　　　　　B．社会文化环境
   C．经济环境　　　　　　　　　　D．社会公众环境
4. 一酒店员工素质高，管理人员均为本科以上文化，在SWOT分析法中这属于（　　）。
   A．优势　　　　B．劣势　　　　C．机会　　　　D．威胁
5. 以下对于企业竞争对手的条件描述，符合的是（　　）。
   A．地理位置相近　　　　　　　　B．目标市场一致
   C．产品和服务相同　　　　　　　D．价格相差大于20%

三、思考题

1. 旅游市场营销环境有哪些特点？
2. 旅游市场营销宏观环境分为哪几类？
3. 简述旅游市场营销宏观环境对旅游市场的影响。
4. 影响旅游市场营销微观环境的因素有哪些？
5. 旅游市场营销微观环境中的竞争者有哪些？

四、案例分析

绑架案重创旅游业　菲律宾放宽中国游客入境限制

中新网香港2001年09月03日消息：马尼拉讯，接连不断的绑架事件使菲律宾旅游业遭重创，据官方统计，该国今年上半年旅游业总共损失了四亿美元。

菲律宾旅游部长理查德·戈登透露，今年上半年旅游部和它的附属机构损失了计划收入的百分之八。他说，该部计划今年上半年收入十八亿美元，但由于阿布沙耶夫匪帮和另外的绑架

事件影响只达到十四亿美元，而今年的目标是收入二十二亿美元。

为了推动一蹶不振的旅游业发展，菲律宾移民局最近与外交部和旅游部签署了一项备忘录协议，放宽对来自中国大陆的游客的旅行限制。

根据这项协议，菲外交部同意指示其驻华各领事馆放宽对中国公民申请来菲签证的规定。

移民局长罗明戈说，放宽中国游客入境的限制是菲政府吸引更多游客的措施之一，移民局派驻各个入境港口的官员现在将更为宽松地准许中国游客入境。

问题：

1. 什么原因影响了菲律宾的旅游业？
2. 菲律宾政府采取了什么措施？

◇◇◇◇◇◇◇◇◇◇◇◇◇◇◇ 技能训练 ◇◇◇◇◇◇◇◇◇◇◇◇◇◇◇

一、任务名称

饭店"SWOT"分析

二、任务目标

1. 以分组的形式选择本地一家高星级饭店，调查分析其面临的旅游市场宏观和微观环境，用"SWOT"分析法分析其所面临的市场机会与风险。
2. 各小组进行课堂交流讨论，培养学生分析问题、解决问题的能力。

三、任务实施

1. 对所教班级进行分组，6~8人为宜。
2. 小组选择饭店进行调研、分析。
3. 选派一名代表发言汇报。
4. 教师适时指导。
5. 时间：2周。

四、成果形式

1. 调查分析报告，1000字左右。
2. 教师根据学生表现及调研分析报告计分，纳入平时成绩。

项目三
旅游市场营销调研与预测

学习目标

通过本项目学习，你应该能：
1. 了解旅游市场营销调研的内容及程序
2. 掌握旅游市场营销调研的技术
3. 熟悉旅游市场营销预测方法

任务一　旅游市场营销调研的内容及程序

案例导入

武汉市旅游市场调研

"十一"旅游黄金周期间，中国旅游研究院武汉分院受武汉市旅游局委托对节假日武汉旅游市场开展了全方位调研，重点对来汉游客客源构成、游客消费以及游客对武汉旅游的体验与态度等项目进行了数据采集。经全院师生共同努力，于2012年10月26日完成了《十一黄金周报告》，调研结果显示今年武汉旅游市场呈现以下特点：

一、武汉市旅游目的地地位日益巩固

在随机抽样访问全市15处重点景区、人流集散地和交通集散地的游客中，有42.2%的受访游客来汉的主要目的是旅游（2011年十一至今，历次调研该指标均在40%左右）；有52.6%的游客认可武汉是一座旅游城市；60.8%的游客认为武汉旅游景点具有很高的知名度；有重游意愿者的比例达到63.5%；愿意向亲朋好友推荐武汉旅游的游客比例高达66.1%；超过70%的游客认为武汉商业繁荣，购物方便；有66.6%的游客认为夜晚的武汉景观很漂亮。

二、来汉游客旅游消费意愿较高

据调查，来汉游客的意愿性消费人均为2300元，这一花费意愿为今年十一黄金周全国游客人均实际花费495元的五倍多。

三、自助游和自驾游成为主要旅游方式

在接受调查的所有来汉游客中，超过95%的游客喜欢结伴同游。完全自由行和自助游是黄金周游客最主要的旅游方式。火车、交通大巴和自驾车是十一黄金周游客来汉的主要交通方式，与2011年十一黄金周相比，通过飞机来汉的比例下降了近17个百分点。

四、来汉游客游玩可选择性范围扩大

据调查，随着近年来武汉市旅游人气的不断攀升和新兴景区陆续建成，来汉游客游玩的可选择性范围更大。十一黄金周的全市十大人气景点为黄鹤楼、东湖、欢乐谷、户部巷、长江大桥、汉口江滩、

武汉大学、光谷、湖北省博物馆、归元寺,分别代表了武汉市的特色景观(如东湖、江滩、长江大桥)、特色文化(如黄鹤楼、省博等)、特色美食(如户部巷等)、特色活动(如光谷、欢乐谷等)。市内楚河汉街、红楼、吉庆街、武汉天地等景点也受到本市游客的青睐。

在此次调查中,部分游客也反映了旅游厕所和公共休息区严重不足、汉口江滩和东湖景区内部标牌指示系统不够清楚、楚河汉街公共游憩区设施的设置不足等旅游接待基础设施亟待改进的问题。

(资料来源:http://cta-wh.ccnu.edu.cn/shownews.asp?id=506)

1. 本次旅游市场调研的内容主要有哪些?
2. 市场调研在旅游业发展中有何重要性?

一、旅游市场调研的概念、意义及内容

(一)旅游市场调研的概念

菲利普·科特勒认为,市场营销调研的定义是"系统地设计、收集、分析和提出数据资料,以及提出跟公司所面临的特定的营销状况有关的调查研究结果。"

旅游市场调研,是指运用科学的方法和手段,有目的、有系统地收集、记录、整理、分析和总结与旅游市场有关的各种旅游消费需求以及旅游营销活动的信息和资料,以了解现实旅游市场和潜在旅游市场,并为旅游开发规划与经营决策提供客观依据。

(二)旅游市场调研的意义

旅游市场信息具有时效性强、更新性强、双向性的特点,只有不断通过有针对性的旅游市场调查,更新系统信息,维护系统资源,才能了解旅游市场需求及竞争者的最新动态。

1. 为市场细分寻求依据

运用规范的调查技术和方法,可以发现旅游者深层次的消费心理,并且经常能得到量化的研究结果。无疑,消费者的消费心理和习惯越来越复杂,把握消费者的心理日益成为一个艰难的问题,旅游企业只有通过调查方能了解消费者的消费习惯与消费心理,并在此基础上进行市场细分。

2. 为项目决策提供依据

每一个新项目的计划和实施,首先要进行可行性论证,而这必须进行市场调研,获取客观的市场数据,经过分析论证来决定项目的可行性。

3. 了解竞争对手的情况

企业应当时刻关注自己产品的知名度、市场占有率和竞争对手的情况,特别是自己在市场中所处的地位,以适时调整企业市场营销的策略乃至企业发展战略。

4. 在动态中预测未来

企业应当及时洞悉市场的变化,掌握世界、中国、旅游行业不断发展的趋势,将建立的系

统准确地应用到研究这些变化中，从而使企业更好地了解和掌握这些变化。

（三）旅游市场调研的内容

旅游市场调研的内容十分广泛而丰富，但由于调研目的的不同，调研内容也会不同。一般来说，旅游市场调研的基本内容有以下方面。

1. 旅游企业外部调研

（1）旅游市场环境调查

① 政治环境调查：了解对旅游市场起影响和制约作用的国内外政治形势以及国家旅游市场管理的有关方针政策。

② 法律环境调查：了解我国及客源国或地区的有关法律和法规条例，包括环境保护法、旅游法、保险法、与外国合资经营条例、出入境方面的规定、地区旅游管理条例等。

③ 经济环境调查：了解我国及客源国或地区的经济特征和经济发展水平、世界旅游经济发展趋势等。

④ 科技环境调查：了解我国及世界范围内新科技的发展水平及发展趋势等。

⑤ 社会文化环境调查：包括旅游目的地和客源地的价值观念、受教育程度与文化水平、职业构成与民族分布、宗教信仰与风俗习惯、社会审美观念与文化禁忌等。

⑥ 地理环境调查：包括区位条件、地质历史条件、自然景观条件、气候条件、季节因素以及物产方面等。

（2）旅游市场需求调查

① 旅游者规模及构成调查：包括经济发展水平与人口特征（旅游者国籍、年龄、性别、职业、入境方式以及地区分布、民族特征等）、收入与闲暇，旅游者数量，旅游者消费水平与构成（吃、住、行、游、购、娱等方面）及滞留时间等，旅游者对旅游产品质量、价格、服务等方面的要求和意见。

② 旅游动机调查：身体健康动机、文化动机、交际动机、地位与声望的动机等。

③ 旅游行为调查：调查旅游者何时旅游、何处旅游、由谁决策旅游以及怎么旅游等。

（3）旅游市场供给调查

① 旅游吸引物调查：凡是能够吸引旅游者到来并能引发游客兴趣的事物、事件或现象，均属旅游吸引物范畴。它的数量和质量决定着旅游者对目的地的选择。

② 旅游设施调查：旅游设施是直接向旅游者提供服务所凭借的物质条件，又分为专用设施和基础设施两类。

③ 可进入性调查：可进入性是指旅游者进入旅游目的地的难易程度，表现为进入游览点、使用服务设施和参与旅游活动所付出的时间和费用。包括交通工具和旅游目的地的交通基础设施条件、地方政府政策及旅游经营因素、签证手续的繁简、出入境验关程序、服务效率、旅游线路的编排与组织等。

④ 旅游服务调查：内容包括售前服务（旅游咨询、签证、办理入境手续、财政信贷、货币兑换、保险等）、售中服务（旅游活动过程中向旅游者直接提供食、住、行、游、购、娱及其他服务）、售后服务（机场、港口及办理出境手续、办理托运、委托代办服务及旅游者回家

后的跟踪服务等）。

⑤ 旅游企业形象调查：企业形象是旅游企业经营的无形资产。旅游者对旅游产品或旅游目的地的评价和态度直接影响他们的购买决策。包括理念识别系统、视觉识别系统、行为识别系统。

⑥ 旅游容量调查：旅游容量作为旅游地规划管理的一种强有力工具，它保护环境免遭退化或破坏，维持旅游景点的质量，客观上保证了旅游者在旅游地的体验质量。其调查内容包括：旅游基本空间标准、旅游资源容量、旅游感知容量、生态容量、经济发展容量和旅游地容量等。

（4）旅游市场营销调查

① 旅游竞争状况调查：对竞争企业（现实的和潜在的竞争对手数量、市场占有率、经营状况、价格、分销渠道及其他竞争策略、规模及竞争实力、所处地理位置与活动范围等）和竞争产品（竞争者产品的质量、数量、品种、价格、档次、特色及不足之处等）进行分析。

② 旅游产品调查：包括旅游资源与旅游设施相结合的旅游服务；旅游资源的品位、级别，旅游产品的特色、优势、风格、声誉、组合方式；提供给旅游者的优惠条件和付款方式；旅游产品的生命周期；旅游产品的市场占有率和销售潜力；旅游者对产品的评价和接受程度；旅游者购买或接受服务的频率；旅游者对产品未体现出来的要求和意见等。

③ 旅游价格调查：包括定价是否合理，旅游者的心理价格状态如何，价格的供给弹性和需求弹性，各种旅游产品差价及优惠价水平是否合理，开发新的旅游产品如何定价等。

④ 旅游分销渠道调查：销售渠道的数量、分布和营销业绩，现有销售渠道是否畅通；市场上是否存在经销此类产品的权威机构，市场上主要的中间商销售渠道策略实施、评估、控制和调整情况及其对本旅游产品的要求和条件等。

⑤ 旅游促销调查：包括促销对象、促销方法、促销投入、促销效果等。

2. 旅游企业内部调研

① 企业的发展战略：调查企业发展趋势、企业形象、国内外市场需求量、企业地域分布特点、企业的规模、生产能力、服务规格及档次、旅游企业生产或服务的软、硬件水平、人员的规模、素质和员工需求等。

② 企业产品：企业现有产品的市场占有率、产品竞争力、产品商标及包装、新产品开发、竞争产品的比较研究以及对现有产品的改良。

③ 价格：包括旅游产品成本、利润及价格弹性。

④ 促销：主要包括新闻媒体和广告效果、旅游企业形象策划、促销策略与战略、促销人员的规模与素质。

二、旅游市场营销调研的分类

（一）根据所研究问题的性质、目的和要求分类

根据所研究问题的性质、目的和要求不同，旅游市场营销调研的类型一般可以分为探测性调研、描述性调研、因果性调研和预测性调研四类。

1. 探测性调研

探测性调研是当旅游营销人员对所面临的问题不太清楚，尚未确定具体的调研内容时进行的试探性的调研。具体包括：为进行更精确地调研建立假设，从而明确所要探测的问题；为进一步调研建立各种假设或问题的先后顺序；搜集针对某一具体假设进行调研的有关信息。

2. 描述性调研

描述性调研是对已经找出的问题作如实的反映和具体的回答。

3. 因果性调研

因果性调研是在描述性调研的基础上进一步分析问题的因果关系。如果说描述性调研是要对问题"知其然"，那么因果性调研就是要对问题"知其所以然"。

4. 预测性调研

预测性调研是对未来市场的需求变化进行估计。

（二）根据调查对象范围分类

根据调查对象范围的不同，旅游市场调研可以分为全面调查和非全面调查。

1. 全面调查

全面调查是对调查对象中的所有单位进行调查的方式。这种方法能取得比较全面系统的总量资料。

2. 非全面调查

非全面调查是对调查对象中的部分单位进行调查的方式。所选单位应具有充分的代表性，以利于获得较全面的资料。非全面调查有典型调查、重点调查、抽样调查等。

（1）典型调查

典型调查是从调查对象中选择一个或若干个具有典型代表意义的单位进行深入调查的方式。

（2）重点调查

重点调查是从调查对象中选择一个或几个市场现象比较集中、对全局具有决定性作用的单位进行深入调查的方式。

（3）抽样调查

抽样调查是从调查对象总体中抽选部分对象作为样本进行调查研究，用所得样本结果推断总体结果的调查方式。

三、旅游市场调研的程序和方法

（一）旅游市场调研的程序

有效的市场调研分为五个步骤：明确问题和调研目标→制定调研计划→收集信息→分析信息→报告结果。

1. 明确问题和调研目标

明确问题和调查目标是市场调研的重要前提。正如人们所说，良好的开端等于成功的一半。正式调查行动之前，必须弄清楚为什么调查，调查什么问题，解决什么问题，然后确立调查目标、调查对象、调查内容及调查方法。

2. 制定调研计划

制定调研计划的目的是使调查工作能够有秩序、有计划地进行，以保证调查目的的实现。这里包括：调查方案设计、组织机构设置、时间安排、费用预算等。

调查方案内容包括调查目的要求、调查对象、调查内容、调查地点和调查范围、调查提纲、调查时间、资料来源、调查方法、调查手段、抽样方案，以及提交报告的形式。资料收集应确定是收集第二手资料，还是第一手资料，或是两者兼顾。

机构的设置包括调研活动负责部门或人员的选择与配置，调研活动的主体的选择是利用外部市场调研机构还是由本单位进行调研。调研活动的人员选择和配置是市场调研活动成败的关键。计划方案的制定、整个调研活动的进行，都取决于市场调研组织的决策者和管理者，以及调研人员的素质。所以调查人员必须具备善于沟通的能力，敏锐的观察与感受能力，以及丰富的想象力、创造力、应变能力，而且调研人员还应具备基本的统计学、市场学、经济学、会计财务知识。

选择外部市场调研机构，首先由调研活动负责人或部门，对外部调研机构进行选择，选择的标准如下：

① 调研机构是否能对调研问题进行符合目标的理解和解释。
② 调研人员的构成是否合理，其中包括其资历、经验以及任务分工。
③ 调研方法是否有效并且具有创造性。
④ 过去类似的调查经验、调查事项以及调查成果。
⑤ 调研时间及调研费用是否与本单位要求相符合。时间安排包括调研活动的起始时间，活动次数安排以及报告成果的最终完成和交接时间。费用预算包括调研活动费用的预算与计划。

3. 收集信息

调查计划确定之后，即开始系统地收集资料和信息。对于市场调研活动来说，收集信息通常是耗时最长，花费最大而且是最容易出差错的过程。整个调研活动的效果与准确性、误差大小均直接与这个过程有关。

4. 分析信息

资料收集完成后，旅游市场调研人员应对资料进行整理、分析，从资料中提取与目标相关的信息。

信息分析主要有两种方法。一是统计分析方法，常用的是计算综合指标（绝对数、相对数以及平均数）、时间数列分析、指数分析、相关和回归分析、因素分析等。二是模型分析法，模型是专门设计出来表达现实中真实的系统或过程的一组相互联系的变量及其关系。分析模型主要包括描述性模型和决策性模型。

5. 报告结果

市场调研人员对市场调查活动中面临的问题进行调研后，将调研的结果写成调研报告进行书面陈述。所以调研活动的最终结果的体现是调研报告。

在调研报告的编写过程中,应注意以使用者的需求为导向。调研报告主要应把与使用者关键决策的相关调查结果充分体现出来,以减少决策中的不可确定性。而不是用资料对管理人员施加限制。表达方式(文字说明、资料、数学表达式)也应适应使用者的素质。

调研报告的编写力求观点正确、材料典型、中心明确、重点突出、结构合理。它一般包括以下的内容:

① 前言:即说明本次市场调研应回答的问题、调研目标、调研方法、调研对象、调研时间、调研地点以及调研人员的情况。

② 正文:调研报告的主体,应包括对调研问题的研究结果进行分析、解释及回答。

③ 结尾:可以提出建议,总结全文,指出本次活动的不足,以及对决策的作用。

④ 附录:包括附表、附图等补充内容。

(二)旅游市场营销调研的资料来源

为了得到所需要的市场信息,营销调研人员要搜集有关资料,包括二手资料和一手资料。

1. 二手资料

调查人员开始调查时总是先搜集二手资料。二手资料又称文案资料,它是指为其他目的已收集到的信息。通过二手资料可以从中判断分析调研问题是否能部分或全部解决。若能解决,则无需再去收集成本很高的一手资料。

二手资料的主要来源包括:

① 内部来源:包括公司盈亏表、资产负债表、销售资料、销售预测报告、库存记录以及以前所做的报告。

② 政府出版物:包括政府的公开调查统计报告、年鉴、研究报告。

③ 期刊和书籍:各种有关的书刊,特别是与开展业务关系密切的书刊。

④ 商业性资料:有关市场调查公司等提供的调查资料。

获取二手资料的优点是收集成本低,而且可以立即使用。但二手资料中可能没有调研人员所需资料,或资料已明显过时、不准确、不完整或不可靠。这时就必须去搜集更切题、更准确的第一手资料。

2. 一手资料

一手资料,又称原始资料或实地调查资料,是调查者为实现当前特定的调查目的专门收集的原始信息资料。大多数的市场调研项目都要求收集一手资料。常规的方法是先与某些人单独或成组交谈,以了解大致的想法,接着确定正式的调查方法,然后进行实地调查。

一手资料的特点是有目的性、时效大,特别适宜于分析那些变动频繁的、敏感性的要素。但耗费时间长和金钱多。在搜集资料的过程中,会出现多方面的困难,可能会找不到被调查者,或者被调查者拒绝合作,或者回答带有偏见或不诚实的情况,使资料收集工作进展并不顺利。如果市场调查人员发现调查计划或调查有问题时,应尽快反馈信息,并立即进行调整。一切调研活动都依靠调研者的耐心、毅力和百折不挠的精神。

（三）旅游市场营销调研方法

 知识链接

广西入境游前景更看好　外国旅游者七成来自亚洲

2009年，广西旅游吸引国内游客首次突破1亿人次，入境游客突破200万人次，居西部第二。旅游总收入超过700亿元，同比增长31.3%，高于全国平均增幅20个百分点，实现了新的历史跨越。据自治区旅游局透露，今年（2010年）广西入境游开局良好，一季度全区累计接待入境游客40多万人次，亚洲市场依然是广西的主要入境客源市场。1~3月份，亚洲入境游客人数14.61万人次，同比增长18.41%，占外国旅游者人数的七成。仅3月份游客人数在0.5万人次以上的客源国就有：新加坡、印度尼西亚、韩国、日本、马来西亚和越南等6个国家。而来自欧美国家的游客人数则呈上升势头。

（资料来源：摘自《广西日报》2010/05/04）

 思　考　
1. 广西旅游的数据是从何而来的？
2. 为什么广西入境者多来自亚洲国家？

旅游营销调研人员搜集二手资料的方法较为简单，如查阅现有资料、阅读报刊、杂志等。搜集一手资料则较为费时费力，搜集一手资料的方法主要有：观察法、专题讨论法、问卷调查法、实验法。

1. 观察法

观察法是指旅游营销调研人员通过现场观察而获取所需资料的一种方法。例如，调查员到旅行社、饭店等亲身了解情况，听取或试探性地观察其他游客对各旅游企业的评价。

2. 专题讨论法

专题讨论法是邀请一部分人员，在一个有经验的主持人引导下，讨论相关营销内容的一种调研方法。主持人要有客观性，要了解所讨论的话题，并了解群体激励和消费者行为。主持人要鼓励大家无拘束地自由发言，利用群体激励来揭示深层次感觉和想法。同时，主持人应掌握话题的焦点，否则不称为专题讨论。可利用笔记、录音或录像记录下讨论过程，供事后研究消费者的看法、态度和行为。

专题讨论法是设计大规模问卷调查前的一个有用的试探性步骤，它可以了解到旅游者的感受、态度和满意程度，这对更正规地调查这些问题有帮助。目前这种方法已被广泛采用。然而，无论这种调查方法如何有用，调查人员必须避免将专题讨论参与者的个人感受推广到整个市场，因为它的样本规模太小，并且也不是随机抽样。

3. 问卷调查法

问卷调查法是通过拟订的调查问卷来向被调查对象提出问题而获取所需信息资料的一种调研方法。问卷调查法介于观察法、专题讨论法和实验法之间。观察法和专题讨论法适用于试探性的调查，问卷调查法适用于描述性的调查，而实验法适用于因果性的调查法。采用问卷调查法是为了了解人们的认识、看法、喜好、满意等。问卷调查法的方式主要有以下几种：

（1）面访问卷调查法

面访问卷调查法是与被调查者就调查内容进行面谈来搜集信息的一种方法。

（2）电话问卷调查法

电话问卷调查法是旅游营销调研人员通过使用电话向被访问对象提问来搜集信息的方法。

（3）信函问卷调查法

信函问卷调查法是旅游营销调研人员将事先设计好的调查问卷邮寄给被调查对象让其回答后再寄回的一种搜集信息的方法。

（4）留置问卷法

旅游营销调研人员将问卷当面交给被调查对象，说明回答方法后，将问卷留置于被调查对象手中，让其自行填写，再由旅游营销调研人员定期收回的办法。

（5）电脑、网络调研法

应答者在电脑上作答。这种方法收集信息快，但调查对象难以控制。

4. 实验法

实验法起源于自然科学的实验求证法，它是指通过在预先确定的与实际遇到的环境条件相同的小范围内进行实验来搜集信息的一种方法。

实验法是选择多个可比的主体组，分别赋予不同的实验方案，控制外部变量，并检查所观察到的差异是否具有统计上的显著性。在把外部因素剔除掉或加以控制的情况下，可以比较准确地获得变量间的相互关系，从而较好地验证实验前的众多假设。但由于旅游研究环境的复杂性，旅游研究人员往往难以控制各种外部因素和变量，所以，旅游市场调研中实验法很少使用。

任务二　旅游市场调研的技术

案例导入

2008年中国在线旅游市场调查

旅游已经成为当前中国最具活力的行业之一。传统航空、酒店和旅业业逐渐呈现出新的特点和面貌。更确切地说，中国旅游新经济呈现出丰富、多元、深入和充满活力的发展态势。特色各异、数量众多的旅游供应商为消费者提供了空前丰富的选择。

在此背景下，作为中国最大的旅游搜索引擎，"去哪儿"（Qunar.com）进行了一年一度的大型在线旅游市场调查，由所有网民投票产生"中国最佳旅游供应商"名单。调查自2008年4月18日开始，至5月8日结束，在包括港澳台在内的全国范围内进行，共计回收有效问卷7000份。调查结果表明：旅游搜索用户规模快速增长，旅游搜索普及率逐步提高。如图3-1所示。

模块一　旅游市场营销基础知识

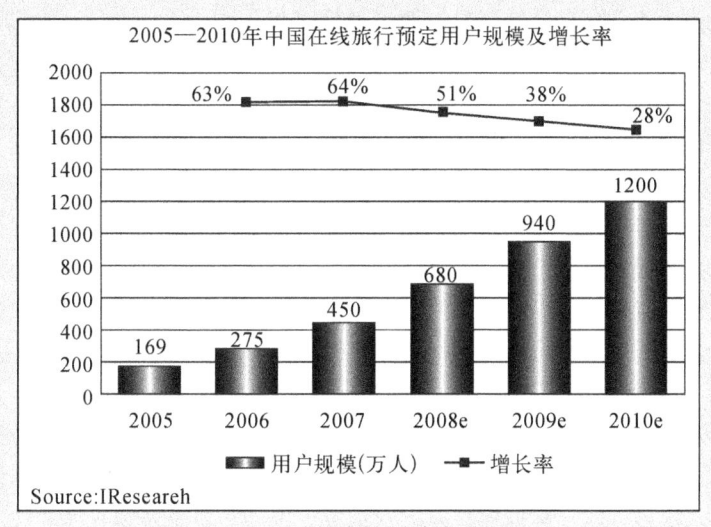

图 3-1　在线旅游市场调查

（资料来源：http://hot.qunar.com/eve/awards/2st_awards_report_c.pdf）

　1. 该调查结果是如何得到的？
　　　2. 市场调研的方法有哪些？

一、旅游营销调研对象的选择方法

旅游市场的调研因调查目的、调查主体不同，选择的调查对象也不同。可以是全面调查，也可以是非全面调查。全面调查是对调查对象的全体进行调查的方式。一般来说，由于调查时间、调查经费的限制，非全面调查中的抽样调查是旅游市场调研采用的主要方式。

抽样调查即从调查对象中选取具有代表性的部分个体或样本进行调查，并根据样本的调查结果去推断总体。

（一）抽样单位

即向什么人调查，也即确定目标总体。每次调研，依据调查主体、调查目的的不同，均应选择不同的目标总体。一旦确定了目标总体，就应确定抽样范围，从而使目标总体中的所有样本被抽中的机会是均等的或已知的。

（二）样本规模

即确定调查多少人。一般来说，大规模样本比小规模样本的结果更可靠。但并非必须进行目标总体的全部调查才能获取准确结果。如果抽样方法正确，不到总体1%的样本，也可以提供较高的可靠性。

（三）抽样方法

即确定如何选择答卷人。为了得到代表性的样本，应采用概率抽样。只有依据概率原则抽取样本，才能使调查样本总体中每一个个体都有相等的被抽取的机会。而且调研人员可以依据统计技术测量并控制误差。

抽样方法分为：概率抽样（随机抽样）和非概率抽样（非随机抽样）。

1. 概率抽样（随机抽样）

概率抽样就是从调查目标总体中完全按概率原则抽取样本的方法。运用概率抽样方法时，调查样本总体中每一个个体被选出的机会完全相等。这种抽样法可以完全排除调研人员的主观判断的个人选择。而且可以计算抽样误差的置信度。因此，要想得到有代表性的样本和令人相信的结论，应该采用概率抽样。

2. 非概率抽样（非随机抽样）

在概率抽样成本过高或时间过长时，市场调查可采用非概率抽样。在旅游市场调查中，非概率抽样常常是非常有用的，尽管无法衡量抽样误差。

常用的非概率抽样方法有以下几种：

① 方便抽样：方便抽样是根据调研人员的方便任意抽取样本的方法。

② 判断抽样：判断抽样是根据调研人员的主观判断从调研对象总体中抽取样本的方法。

③ 配额抽样：配额抽样是把总体按特征分类，根据每一类的大小规定样本的配额，调研人员在每一类中进行非随机的抽样。

二、旅游营销调研中的问卷设计方法

（一）问卷的功能与内容

问卷是要求答卷人回答的问题的集合。问卷是收集一手资料的最普遍的手段。多种提问方法使问卷非常灵活。

问卷的功能是将要调查的问题明确传达给被调查者，取得对方合作，并取得真实、准确的答案，以获取有用的信息。

问卷大规模使用前需要仔细设计、测试和排除错误。仔细考虑所提问题的内容、形式、措辞和次序。对问题的措辞必须十分审慎。调查人员应该使用简单、直接、不带偏见的词句。问题的次序也值得重视，开始的问题应尽可能地引起兴趣，难以回答的问题或涉及隐私的问题应放在问卷的后面，避免答卷人开始即有戒备心理。对答卷人进行统计分类的问题也应放在后面，因为这些问题涉及隐私，并且很枯燥。所有问题都应有逻辑顺序。

所提的问题若令人难以回答、不愿回答或无需回答、漏了该回答的问题都是问卷设计出了问题。

（二）问卷的基本结构

一份完整的调查问卷由以下几个部分组成：
① 问卷的标题：标题应突出目标主题，简明扼要，易引起旅游者的关注。
② 问卷说明：旨在向被调查者说明调查目的和意义，或者填表要求与方法及所需的一些解释性说明。
③ 被调查者的基本情况：如性别、年龄、民族、文化程度、职业、单位、收入等主要特征，是问卷统计后分析的重要资料。
④ 调查内容：此部分是问卷调查的主体，是问卷最为关键的内容，围绕问卷所要调查的主题以具体问题的形式一一呈现出来。
⑤ 编码：将问题答案编码，以便后期数据分类统计和整理。

（三）问题设计的形式

根据具体情况的不同，问卷上的问题可以采用不同的形式，主要包括开放式问答题和封闭式问答题。

1. 开放式问题

也称自由问答题（即只提问题，不给出具体答案。如建议和意见），允许答卷人用自己的语言来回答问题。一般来说，因为答卷人的回答不受限制，这样开放式的问题常常能获得更多的信息。尤其在需要了解人们是如何想的，而不是衡量持某种想法的人有多少的试探性调查特别有效。

如：你对我们酒店有何建议？＿＿＿＿＿＿＿＿

2. 封闭式问题

事先确定了所有可能的答案，答卷人可以从中选择一个答案。
① 两项选择题：只设两个选项，如"是"与"否"。
如：这是你第一次入住如家酒店吗？　　　是（　　）　　否（　　）
② 多项选择题：从多个备选答案中选择多个选项。
如：你最向往到云南哪些地方旅游？
大理□　丽江□　香格里拉□　西双版纳□　保山□　德宏□　其他＿＿＿＿＿＿
③ 序列式问题：在多项选择的基础上，按重要或喜欢程度排列。
如：你选择入住一家酒店依次考虑的因素是：
A．品牌　B．价格　C．环境　D．服务　E．地理位置　F．卫生状况　G．安全性

拓展阅读

设计问卷时应注意的问题
1. 避免不明白的缩写、俗语或生僻的用语 例如：你对 GDS 的意见是什么？

一般公众很可能不知道 GDS 代表全球分销系统（Global Distribution System），因此，应使用它的全称。

2. 避免含糊的问题

所提问题要具体，含糊的提问只会得到含糊的答案。

例如，您和您的家人去过酒店的次数？

需要明确是一年或是多长时间内。

3. 当提问的是数字时，一般应给出一个选择范围

例如，2007 年您去酒店消费了多少次？

需给出一个范围：① 无；② 1～10 次；③ 11～25 次；④ 26～50 次；⑤ 多于 50 次。

4. 确保问题易于回答

要求过高的问题也会导致应答者拒答或猜想。

例如，请您对以下饭店服务质量满意度评价进行排序（共二十项）。

这会让应答者做一次相当大的计算工作，他们会觉得麻烦，所以应让他们挑选出前 5 项，而不是对 20 项进行排序。

5. 不要过多假设

在问卷中，这是一个相当普遍的错误。问题撰写者默认了人们的一些知识、态度和行为。

例如，您对酒店关于××自带酒水的立场倾向于同意还是反对？

这一问题假设了应答者知道酒店对自带酒水有一个立场并知道立场是什么。

6. 注意双重问题和相反观点的问题

将多个问题结合起来或运用相反观点的问题会导致模棱两可的问题和答案。

例如，您赞同在私人住宅而不在公共场所吸食大麻合法化吗？

如果此问题精确描述应答者的立场，那么就很容易解释"是"这种回答。但是回答为"不"可能意味着应答者赞同在公共场所吸大麻而不赞同在私人场所吸，或两者都反对，或两者都赞同。

7. 避免引导性问题

带有引导的问题会引导人们以某一方式回答，但这种方式不能准确反映其立场。有几种使问题存在偏向性的方式。一种方式是暗示应答者本应参与某一行为。

例如，今年看电影《狮子王》的人比看其他电影的人多。您看过这部电影吗？

为了不显示出不同，应答者即使没有看过也会说是的。问题应该是"您曾看过电影《狮子王》吗？"

另一种使问题具有引导性的方式是使选择答案不均衡。

例如，近期我国每年在援助外国方面花费××万美元。您认为这个数字应：① 增加；② 保持不变；③ 稍减一点；④ 减少一点；⑤ 大量减少。

这套答案鼓励应答者选择"减少"选项，因为其中有 3 项"减少"，而只有一项是增加。

（资料来源：百度文库 http://wenku.baidu.com/view/0df484eb4afe04a1b071dec5.html）

模块一　旅游市场营销基础知识

任务三　旅游市场营销的预测方法

 案例导入

中秋、国庆旅游市场预测

随着中秋、国庆假期临近，假日旅游气氛越来越浓。在全国假日旅游部际协调会议第九次全体会议上，国家旅游局预测，2012中秋、国庆期间，旅游市场接待人次约为3.45亿，同比增长15%左右。业内人士对两节假日旅游市场的总体趋势和市场特征进行了预判，对影响因素进行了分析。

1. 国内游和出境游增长强劲

受多种因素影响，国内假日旅游市场仍将火爆；预计出境旅游继续大幅增长；预计入境旅游与去年同期基本持平。

2. 高端和度假产品受青睐

据预测，两节期间，长线游、家庭游、亲子游火爆，国内游的中长线路、高端产品及自由行的价格已经比肩出境游，更多游客将选择出境游。

在中秋国庆假日旅游市场形势分析预测会上，中旅总社相关负责人用"高富帅"来形容市场整体特征。所谓"高"，就是价格高和品质高；所谓"富"，就是产品线路更加丰富；所谓"帅"，就是出游方式越来越潇洒。

3. 资源整合，热点线路出新

据预测，长达8天的假期对出境游和国内长线游产品是一大利好。

4. 提示在前，做好出行准备

针对今年以来我国旅游安全形势呈现多样化、复杂化特征，结合中秋国庆假日特点，全国假日办及旅游相关企业发布相应旅游提示。

针对旅游企业而言，要注意旅行社责任险是否到期等，并积极向游客推荐旅游意外保险；游客如有出游计划，应及早报名，建议避开热门旅游目的地，选择偏冷线路出行；应选择有正规资质的旅行社，这类旅行社一般品质更有保障，也擅长应对各种突发事件；警惕市场上的低价陷阱；出游期间注意人身及个人财产安全；要购买旅游意外险。

近段时间出现的旅游电商的价格战问题，也应提醒旅游者注意。

(资料来源：中央政府门户网站http://www.gov.cn/gzdt/2012-09/05/content_2217645.htm)

 思　考　　1. 什么是旅游市场预测？
　　　　　　2. 市场预测得出的结果对企业的经营有什么意义？

旅游企业仅仅根据市场调查和研究对过去进行经验总结和问题检讨是不够的，还必须适时对旅游市场的未来发展情况进行预测，让营销工作为企业的未来"导航"。

一、旅游市场预测的概念

旅游市场预测是指在旅游营销市场调研的基础上，运用科学的方法，对旅游市场发展趋势以及与之相联系的各种因素的变化进行预见、判断和测算。

二、旅游市场预测的内容

（一）旅游营销环境预测

旅游营销环境预测既是旅游市场需求预测的基础，也是所有旅游营销规划的基础。包括对国际、国内的政治、经济形势及国家产业结构变化趋势的预测，对自然环境和生活条件变化趋势的预测等。

（二）旅游市场需求预测

旅游市场预测经常要对各细分市场上的需求量进行定量分析，包括市场需求总量预测、旅游客源预测、旅游需求结构预测等。

1. 旅游市场需求总量预测

主要指在一定区域和一定时间范围内，旅游者可能的购买力及购买力投向的总量。旅游需求总量表示旅游企业在一定时期和一定营销费用条件下，可能达到的最大销售额。

2. 旅游客源预测

指预测客源地旅游者变动情况，包括旅游者数量、旅游者季节变化、旅游者地区分布、旅游者构成变化和旅游时间长短变动等。

3. 旅游需求结构预测

旅游者在餐饮、住宿、交通、游览、娱乐、购物等方面的消费情况，直接影响市场需求潜力和产品销售。

（三）旅游容量（旅游承载力）预测

包括旅游心理容量、生态容量、旅游经济发展容量、旅游地域社会容量等。

准确预测旅游地的既有容量、极限容量，使接待能力处在一个合理容量之内，维持供需的相对平衡，能保护旅游资源的吸引力和维护自然环境不致退化（图3-2）。

图3-2　2012年"十一"黄金周的八达岭长城旅游容量

（四）旅游价格预测

预测旅游市场价格变化对市场需求带来的变化，以及确立在旅游企业可控范围内的最优价格和供给水平的变动趋势。

（五）旅游效益预测

1. 市场占有率预测

对市场占有率进行预测，一方面可以预测本企业的销售量，另一方面可以预测竞争对手的实力及本企业在旅游行业中的竞争力量和所处的地位，以便掌握市场竞争的动态状况，采取相应的市场竞争策略。

2. 旅游收益预测

通过对营销成本和利润的预测，可以了解旅游收入的数量、构成与收入水平，反映旅游经济活动的成果，包括经济效益、社会效益和生态效益，有助于提高企业经营管理水平，并为投资决策和营销决策提供依据。

三、旅游市场预测的步骤

旅游市场预测具有一定的战略性、长远性、复杂性，要使预测结果具有应用价值，旅游营销人员在进行市场预测的时候必须严格地按照市场预测的科学步骤，有计划、有目的地进行。旅游市场预测工作的步骤主要包括几个阶段：

（一）明确预测目标

包括预测的问题、希望达到的目标等的确定。

（二）制定预测计划

预测计划的内容包括预测工作的组织领导、参加人员、具体预测业务的内容，资料收集计划、各阶段的要求与完成日期等。

（三）搜集和分析资料

搜集企业内部的资料和企业外部的资料，如同类企业的相关资料、国家计划统计资料、各科研团体的研究资料及国际同行业的资料等。

（四）选用预测方法

预测方法的选用要根据预测项目的目的与要求而定，选用一种或多种方法进行预测。

（五）分析预测结果

为防止预测结论失误而造成经营决策失误，应对预测结果进行分析判断，认真评价，看是否达到预测目标的要求，预测误差是否在允许范围内，预测结果是否合理，如果对预测结果不满意，则应重新选用预测方法进行再预测。

四、旅游市场预测方法

（一）定性分析预测法

旅游市场的定性分析预测法是指旅游营销人员根据历史资料、自身的经验以及凭借营销人员的分析判断，对有关市场需求指标的变化趋势和未来结果进行预测的方法。

1. 集体判断法

以旅游企业领导层和基层业务人员的经验和判断为基础，进行综合分析，以判断未来的市场情况。

2. 专家意见法

专家意见法是邀请有关旅游行业专家对旅游市场需求及其变化进行预测的一种方法。

（1）专家个人判断法

专家个人判断法是指由旅游行业专家个人通过对有关旅游信息的分析，对旅游市场需求变化进行预测的方法。

（2）专家会议法

专家会议法是指由旅游营销人员邀请有关的行业专家一起开会，对所预测的旅游市场需求问题进行讨论，最后得出预测结果的一种方法。

（3）专家意见调查法

专家意见调查法也称德尔菲法。

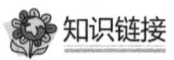
知识链接

德尔菲法的操作程序

◆ 由调查人员设计出"函询调查表"，选定有关方面专家 10～25 名作为函询对象。

◆ 将调查表寄送给各位专家，让他们在互不见面的情况下自行设计，自由发挥创造。

◆ 收回调查表进行汇总、统计和整理，然后将统计和汇总结果连同调查表再次寄送给函询者，希望他能在他人的启发下提出新的创意。如此往复几次，专家们即可根据统计汇总结果不断改善自己的创意。

◆ 最后拟出若干条评价标准寄送给各位专家，请他们对综合整理的各种见解做出评论。

◆ 进行综合性分析，去粗取精，从多数专家趋于一致的构思或某一独特的创意中得出切实可行的方案。

3. 销售人员意见汇集法

例如由销售代表估计现行的和潜在的顾客会买多少公司生产的产品。

4. 旅游消费者需求意向调查预测法

旅游消费者意见调查预测法是指旅游营销调研人员通过访问、座谈、电话、信函和现场投票等方式，了解旅游消费者的需求情况和意见、掌握旅游消费者购买意向、分析预测未来旅游消费需求特点和变动趋势的一种方法。

（二）定量分析预测法

定量分析预测法是指依据历史和现实的数据资料，利用统计方法和数学模型近似提出预测对象的数量变动关系，并据此对预测对象作出定量测算的预测方法。常用的定量分析预测法主要有以下几种：

1. 平均数预测法

这是以一定时期内预测目标的时间序列平均数为目标趋势的预测依据，有简单平均数法和加权平均数法两种。

2. 变动趋势预测法

通过对历史数据和现有状况的分析，找出其发展变化的规律性，并假定这个规律会延续到未来，利用已知的规律对预测对象的未来状况作出预测。

3. 回归分析预测法

对具有相互联系的现象，根据大量的观察找出其关系形态，用一种数据统计发现选择合适的数学模型，近似地表达变量的平均变化关系。这个数学模型称为回归方程。此方法通常被用于预测旅游企业未来几年的经营收益的增长情况，预测某一旅游地客源未来几年的增长变化情况。

项目小结

随着知识化、全球化营销时代的到来，旅游市场信息量大大增加，旅游经营者的所有决策都要建立在掌握必要的信息基础上，掌握旅游市场调查研究的科学方法，建立可靠的旅游信息系统，就显得更为必要。

旅游市场调研，是指运用科学的方法和手段，有目的、系统地收集、记录、整理、分析和总结与旅游市场有关的各种旅游消费需求以及旅游营销活动的信息和资料，以了解现实旅游市场和潜在旅游市场，并为旅游开发规划与经营决策者提供客观依据。

旅游市场调研的意义表现在：为市场细分寻求依据、为项目决策提供依据、了解竞争对手的情况、在动态中预测未来几个方面。

本项目主要从旅游市场营销调研的内容及程序、旅游市场营销调研的技术、旅游市场营销预测方法等三个大的方面进行了阐述。

综合能力训练

◇◇◇◇◇◇◇ **基本训练** ◇◇◇◇◇◇◇

一、名词解释

旅游市场调研　　　问卷调查法　　　旅游市场预测

二、选择题

1. 当旅游企业对市场情况很不清楚或对调查问题不知从何处着手时，需要发现问题和提出问题，这时可采用（　　）。
   A．探测性调研　　B．描述性调研　　C．因果性调研　　D．预测性调研
2. 问卷中的问题只设两个选项的，称为（　　）。
   A．两项选择题　　B．多项选择题　　C．序列式问题　　D．自由问答题
3. 在问卷设计中，以下陈述错误的是（　　）。
   A．问题的陈述应简洁　　　　　　　B．避免双重或多重含义的问题
   C．避免否定句　　　　　　　　　　D．问题的类型只能采用一种

三、判断题

1. 在调查对象中选择一个或几个市场现象比较集中、对全局具有决定性作用的重点单位进行调查的方式是抽样调查。（　　）
2. 定量预测主要依靠预测人员所掌握的信息、经验和综合判断能力，预测市场未来的状况和发展趋势。（　　）
3. 问卷的开头部分应安排比较容易回答的问题，给调查者轻松的感觉并愿意继续回答。（　　）

四、简答题

1. 简述旅游市场调研的意义。
2. 旅游市场营销调研的方法有哪些？
3. 简述调查问卷的功能及基本结构。
4. 旅游市场营销预测方法有哪些？

五、案例分析

暑期旅游市场调研

尊敬的女士/先生：您好！

我们正在进行一项关于暑期旅游市场的研究。您是我们选中的访问对象，您的意见很重要，这些意见将用来帮助我们改善和提高服务水平。我们会对您的意见保密，不会把您个人的信息泄露给任何第三方。

谢谢！

1. 未来7月、8月是否会选择出游
   □是　　□否

2. 是否会安排年假出游
□是　　　□否
3. 打算何时出游
□休年假，跟公司协调　　　□暑假　　　□其他
4. 你会因为什么原因休年假
□自己或者与家人出游　　□天热不想工作　　□每年的固定时间　　□其他
5. 出游时会选择什么样的路线
□省内短线　　□省外游　　□国外长线游　　□世博游　　□其他
6. 如果去省外旅游会选择的城市（请将具体地点写在横线上）
_____
7. 喜欢去什么类型的景点游玩
□海边　　□森林　　□都市　　□江边　　□古镇　　□其他
8. 出游预算是多少钱
□1000元以内　　□1000～3000元　　□3000～5000元　　□5000元以上
9. 你会选择什么样的出行方式
□跟团　　□自由行
请根据此问卷回答：
（1）问卷中问题设计有哪些方法？本问卷使用了哪些方法？
（2）设计问卷的基本要求是什么？本问卷设计是否合理？

◆◆◆◆◆◆◆◆◆◆◆◆◆◆◆◆◆　技能训练　◆◆◆◆◆◆◆◆◆◆◆◆◆◆◆◆◆

一、任务名称
旅游企业满意度调查

二、任务目标
设计一份调查问卷，调查某一景区景点旅游者对产品或服务的满意度。

三、任务实施
1. 对所教班级进行分组，6～8人为宜。
2. 小组内进行问卷的讨论、设计、调研、撰写等人员的分工。
3. 实施调研。
4. 对调查结果展开讨论，形成报告。
5. 选派一名代表发言汇报，要求主题突出，简明扼要，语言表达清晰流畅。
6. 教师适时指导。
6. 时间：2周。

四、成果形式
1. 调查问卷及调查分析报告，1500字左右。
2. 教师根据学生表现、调查问卷及调查分析报告计分，纳入平时成绩。

项目四
目标旅游市场的选择与定位

 学习目标

通过本项目学习，你应该能：
1. 了解旅游市场细分的概念、依据及方法
2. 掌握旅游目标市场的选择策略
3. 熟悉旅游产品市场定位的实施步骤

任务一　旅游市场细分概述

 案例导入

万豪酒店的市场细分

在美国，许多市场营销专业的学生最熟悉的市场细分案例之一就是"万豪酒店"。这家著名的酒店针对不同的细分市场成功推出了一系列品牌：Fairfield（公平）、Courtyard（庭院）、Marriott（万豪）以及 Marriott Marquis（万豪伯爵）等等。在早期，Fairfield（公平）是服务于销售人员的，Courtyard（庭院）是服务于销售经理的，Marriott（万豪）是为业务经理准备的，Marriott Marquis（万豪伯爵）则是为公司高级经理人员提供的。后来，万豪酒店对市场进行了进一步的细分，推出了更多的旅馆品牌。

在"市场细分"这一营销行为上，"万豪"可以被称为超级细分专家。在原有的四个品牌都在各自的细分市场上成为主导品牌之后，"万豪"又开发了一些新的品牌。在高端市场上，Ritz-Carlton（波特曼·丽嘉）酒店为高档次的顾客提供服务方面赢得了很高的赞誉并倍受赞赏；Renaissance（新生）作为间接商务和休闲品牌与 Marriott（万豪）在价格上基本相同，但它面对的是不同消费心态的顾客群体：Marriott 吸引的是已经成家立业的人士，而"新生"的目标顾客则是那些职业年轻人；在低端酒店市场上，万豪酒店由 Fairfield Inn 衍生出 Fairfield Suite（公平套房），从而丰富了自己的产品线；位于高端和低端之间的酒店品牌是 TownePlace Suites（城镇套房）、Courtyard（庭院）和 Residence Inn（居民客栈）等，它们分别代表着不同的价格水准，并在各自的娱乐和风格上有效进行了区分。

伴随着市场细分的持续进行，万豪又推出了 Springfield Suites（弹性套房）——比 Fairfield Inn（公平客栈）的档次稍高一点，主要面对一晚 75 至 95 美元的顾客市场。为了获取较高的价格和收益，酒店使 Fairfield Suite（公平套房）品牌逐步向 Springfield（弹性套房）品牌转化。

（资料来源：http://www.veryeast.cn/cms/Html/corp/）

思 考
1. 万豪酒店为什么要进行市场细分？
2. 旅游企业应该依据什么进行市场细分？

一、旅游市场细分的概念

旅游市场细分是指旅游营销者通过市场调研，依据旅游者的需要和欲望、购买行为和购买习惯等方面的差异，把某旅游产品的整体市场划分为若干个不同类别的子市场。这些子市场被称为细分市场，每一个具有相似需求倾向的消费者群就是一个细分市场。

在世界经济日益发展的今天，旅游目的地与旅游企业所面临的旅游市场庞大而复杂多变。任何旅游目的地与旅游企业都很难以单一的旅游产品适应各个国家、各个地区不同消费者的需求。同时，也很难以自身有限的资源和力量，设计出能满足所有消费者所有需求的旅游产品。因此，旅游目的地和旅游企业通过市场细分，把整体的旅游市场划分为不同的子市场，选择其中一个或几个子市场，制定不同的营销方案，采取不同的旅游产品、旅游价格、旅游营销渠道和旅游促销策略，能更好地满足各种旅游消费者不断变化的需求。

二、旅游市场细分的作用

> 不管你的生意有多大，资金有多雄厚，你也不可能满足所有人的所有需求。
> ——杰克·韦尔奇

旅游企业进行市场细分是为了了解不同旅游者的需求、发现市场机会、制定正确的经营方略。市场细分对旅游企业的作用主要体现在：

（一）市场细分有利于识别和发掘旅游市场

通过旅游市场细分，旅游目的地和旅游企业可以对每一个细分市场的购买潜力、购买偏好、购买规模、市场竞争情况等进行对比分析，寻找出有利于旅游企业的市场机会，让旅游企业及时做出生产、销售决策或根据市场需求状况编制旅游新产品开发计划，开拓出能满足旅游消费者需求的新市场。

（二）市场细分有利于制定和调整旅游市场营销组合策略

任何一个旅游企业的资源、人力、物力、资金都是有限的。资金和实力再雄厚的旅游企业，也不可能满足所有旅游者的所有需求。通过市场细分，选择适合自己和自己有

能力去发展和开拓的旅游市场,可以集中旅游企业的所有资源,并有针对性地制定和调整旅游市场营销组合策略,去争取局部市场上的优势,进而占领目标市场,在市场竞争中取胜。

(三)市场细分有利于旅游企业优化资源配置

在进行市场细分后,旅游企业通过进一步分析目标市场的特征、消费偏好等,生产适销对路的产品,满足目标市场消费者的需求。同时,由于产品销量增加,加速资金周转,降低了旅游企业的生产销售成本,能够增加旅游企业收入,提高旅游企业的经济效益。

三、旅游市场细分的原则

(一)可衡量性

它指各细分市场的需求特征、购买行为等要能明显区分,各细分市场的市场规模和购买力大小要能被具体测度。要做到这一点,就要保证所选择的细分标准明确,才能划分各细分市场的界限。

(二)可赢利性

要求细分出的市场在购买人数和购买规模上能保证旅游企业取得良好的经济效率。因此,细分出来的市场不能小到失去一定的规模;同时,也要考虑市场总体规模不大,但有强大购买力的一些细分市场。

(三)可进入性

经过细分后所确定的目标市场要使旅游产品有条件进入并能占有一定的市场份额。旅游企业必须从实际出发,以保证细分出的市场是企业的人力、物力、财力等资源所能达到的。同时旅游企业相关人员要与客源市场进行有效的沟通,保证销售渠道畅通。

四、旅游市场细分的步骤

美国的市场学家麦卡锡提出细分市场的一整套程序,这一程序包括七个步骤:

(一)选定产品市场范围

旅游企业应根据市场的需求状况来选择旅游市场范围。随着旅游人数的增加,旅游市场范围越来越广范,旅游消费者的需求多种多样并且不断变化。因此,旅游企业必须根据宏观环境和微观环境的变化，结合自身的经营目标和条件，在广泛的市场范围内明确旅游产品的市场范围。

（二）找出所选定的市场范围内旅游者的基本需求

在确定适当的市场范围后，旅游企业要针对这个市场进行深入细致的需求研究，了解市场范围内现实和潜在旅游者的需求，重点要了解市场上未被满足的潜在需求有哪些、旅游者对现有的同类产品有哪些不满意的地方，这可通过市场调查的方式来完成。

（三）了解不同潜在旅游者的不同要求

不同旅游者的基本需求，强调的侧重点可能会存在差异。如旅游者在旅行过程中，都有住宿的需求。但是有的旅游者希望住豪华舒适的高星级酒店，有的只需要有干净、整洁的可住宿房间就行。通过进行差异比较，不同的顾客群体即可被初步识别出来。

（四）抽掉潜在顾客的共同要求，以特殊需求作为细分标准

通过分析旅游者的需求，根据旅游者需求类型的地区分布、人口特征、购买行为等方面的差异，做出分析和判断，构成可能存在的细分市场。

（五）根据潜在顾客基本需求上的差异方面，划分不同的群体和子市场

根据潜在消费者基本需求方面的差异，通过与本旅游企业实际情况和各个细分市场的特征进行比较，寻找主要的细分因素，选择最能发挥企业优势和特点的细分市场，并给每一市场进行命名。

（六）进一步分析每一细分市场需求和购买行为特点

通过深入分析各细分市场的需求，了解消费者的购买心理、购买行为等，并分析其原因，在此基础上决定是否可以对这些细分出来的市场进行合并或分解。

（七）评估每一细分市场的规模和市场潜力

估算各细分市场的潜在销量、竞争状况、赢利能力和发展趋势，进而制定相应的营销策略。

任务二　旅游市场细分的依据及方法

 案例导入

以江苏为目的地的国内旅游市场细分

一、国内市场地位

江苏是国内旅游大省，旅游人数以及旅游收入在全国省市中位居前列。而且在国内享有很高的知名度和美誉度，突出表现在文物古迹、江苏美食等方面。国内旅游消费，以长途交通、住宿、餐饮为主，弹性消费内容应进一步挖掘。

二、国内市场地理细分

江苏的国内市场地域分布广泛。但按其重要性并考虑到地理空间的连续性，可以划分为三级市场，而且未来这种格局将不会有很大变化。一级市场即华东地区，其主体地位不会改变，江浙沪的核心地位会更加突出，而福建、安徽、山东有望成为该区新的增长点。二级市场分布在华北、华南、东北、中原地区，其中京、粤、津、辽等的市场份额有望进一步扩大成为区域市场的重点。三级市场即西北、西南地区，而重庆、四川的地位更为突出。

三、国内市场人口细分

从年龄看，国内市场集中于25～44岁组成的人口。青少年市场和银发市场的开发相对不足。从性别来看，男性明显多于女性，但女性市场增长迅速；从职业来看，以服务商业销售人员、政府工作人员、职员为主，离退休人员、学生的比例较小。

四、国内市场行为细分

从出游动机来看，在未来3～5年内，整体上以观光为主的基本格局不会改变，不过度假旅游、商务旅游、生态旅游、文化旅游以及各种专项旅游也将处于快速增长时期。从出游方式来看，以散客为主并日趋增长，但平均停留时间较短、人均花费也较少。

（资料来源：http：//www.xz323.com/news/627.html）

 思 考
1. 江苏的国内旅游市场细分采用了哪些依据？
2. 除以上细分市场外，还能不能采用其他细分标准进行市场细分？

一、旅游市场细分依据

旅游企业要进行有效的市场细分，就必须采用科学的、适当的划分标准，这个标准是使旅游者需求出现差异的相关因素。每个旅游者都具有不同的特点，如年龄、性别、文化程度、职业、来源地等，这些不同的特点使得每个消费者的需求都不同。旅游企业可根据这些不同的因素将旅游市场划分为若干个子市场。旅游企业以此划分市场的这些因素就叫旅游市场细分的依据和标准。

(一)按地理因素细分

按旅游消费者所处的地理位置及其他地理条件(如城市、农村、气候、人口密度等)来细分旅游消费者市场,是市场细分最基本的变量。

1. 按旅游者的国别划分

按旅游者的国别可分为国内旅游市场和国外旅游市场。前者指国内旅游者在自己的国家从事旅游消费的活动,后者指接待国外旅游者到本国进行旅游的活动。

 知识链接

> 世界旅游组织(WTO)将世界旅游市场划分为6大旅游区域:东亚及太平洋旅游市场、南亚旅游市场、中东旅游市场、欧洲旅游市场、美洲旅游市场和非洲旅游市场。其中欧洲旅游市场和美洲旅游市场是最发达的两大旅游市场;东亚及太平洋地区旅游市场是发展最迅速的旅游市场。
>
> 我国入境旅游市场,一般是依据地理变量来进行细分的。可划分为近程市场和远程市场。近程市场主要包括:港、澳、台市场、日本市场、韩国市场、俄罗斯市场和蒙古市场、东盟市场;远程市场主要包括:欧洲客源市场、北美客源市场、南美客源市场、大洋洲客源市场、非洲客源市场和中东客源市场等。

2. 按城镇规模和人口密度划分

不同国家人口密度可能十分悬殊,同一个国家的不同地区人口分布亦不均匀。人口多、密度大、空间小的地区出外旅游的可能性大。由于城市生活水平较高、经济状况较好、获取信息较容易、交通发达等原因,城镇外出旅游者人数比农村多。尤其是目前城镇环境污染较严重,使得更多的人期望利用节假日出游以调节身心。

3. 按气候进行划分

各地气候不同会影响旅游者的消费,影响旅游者的流向。寒冷地带的国家与地区的旅游者常把具有阳光、温暖和湿润空气的地方作为主要旅游目的地,生长在湿热气候条件下的人则对冰雪风光更感兴趣。

(二)按人口因素细分

这是把人口统计变量作为旅游市场细分标准。旅游市场需求差异与旅游者年龄、家庭生命周期、性别、家庭人口、文化程度、收入、职业、种族、信仰等有关。人口变量是细分消费者市场的重要变量,因为人口变量相对其他变量更容易测量。

1. 性别

由于男女生理的差别,在旅游市场中,男性旅游者和女性旅游者对产品的需求是不同的。随着社会的发展,女性的地位和收入水平不断提高,旅游需求也越来越多。女性通常还是家庭

旅游的主要决策人。女性旅游市场是旅游市场的重要客源目标，尤其是女青年旅游市场成为旅游营销中倍受重视的部分。与男性相比女性更注重安全，并且常采取结伴旅游方式，喜好购物，对价格很敏感等。

2. 年龄

由于不同年龄阶段的旅游者对旅游产品的刺激反应不同，对其需求程度和消费方式也不同。

① 老年旅游市场：年长者收入水平较高、空闲时间较多、出游停留时间较长；并且随着世界人口平均年龄增长趋势和我国老龄化程度的加快，老年旅游市场日益扩大成为旅游营销者关注的一个重点。

② 中年旅游市场：这一年龄段人数最多，具有一定的经济基础，是国内外各类旅游市场消费的主力。

③ 青年旅游市场：青年人精力旺盛，喜欢刺激、冒险等项目，市场潜力很大。但受收入水平的限制，旅游营销者从青年旅游市场获得的经济效益较低。

3. 家庭生命周期

一个家庭，按照年龄、婚姻和子女状况，可分为不同阶段。没有小孩和有小孩以及小孩处于不同年龄阶段的家庭对出游的频率、出游的目的地等，都会有较大的差别。家庭人口少，出游次数会增多，没有小孩的家庭活动可能性更大。年轻家庭、中年家庭和老年家庭对旅游需求差异较大。

① 单身阶段：单身的年轻人，经济负担较小，生活自由，非常具备出行的条件。随着社会的发展，白领阶层增多，收入增加的同时，工作压力也增大，越来越多的单身者选择通过旅游的方式来缓解压力。

② 新婚阶段：新婚夫妇尚无子女时，经济负担小，不受束缚，旅游的愿望强烈。

③ 满巢阶段（一）：年轻夫妇与6岁以下子女共同居住的阶段。这个阶段是儿童用品购买的高峰阶段，夫妻注重储蓄，加之孩子年幼，旅游的可能性较小或者主要趋向于近程的休闲度假。

④ 满巢阶段（二）：年轻夫妇与6岁以上子女共同居住的阶段。这个阶段孩子的教育成本增加，但由于孩子渐渐长大，许多父母愿意让孩子拓宽视野，旅游的可能性和频率增加。旅游活动通常以孩子的需求为主，因此往往会影响全家对旅游目的地、旅游时间、旅游活动和旅游消费项目的选择。

⑤ 满巢阶段（三）：夫妇与成年子女共同居住。这一阶段子女已经长大，并有了自己的收入，整个家庭经济负担减轻，出游的可能性增加。

⑥ 空巢阶段：当子女成家并单独组成小家庭重新居住后，年长夫妇无经济负担，并且大多已退休，主要支出在于医疗保健等，这一阶段是旅游活动频率较高的时期。

⑦ 孤独阶段：单身老人独居，对情感的关注较多，医疗方面的支出增加。

4. 文化程度、职业

旅游者的文化程度、职业和社会地位等不同，对旅游产品和服务的需求也不同。如一些旅游者由于职业的需要，公务旅游的机会较多，所以喜欢到不太热门、游客较少、有特色的地方。

5. 经济收入

经济收入是影响旅游活动的一个重要因素。经济收入高,又具有一定闲暇时间的消费者,外出旅游或出国旅游的频率更高,同时旅游活动中对旅游交通、餐饮、住宿的要求也会较高,因而导致消费额也相对较高。

(三)按心理因素细分

这是指按照旅游者的社会阶层、生活方式和个性特征等心理因素进行旅游市场细分。

1. 社会阶层

某一社会中具有相对同性质和持久性的群体。人们所处的社会阶层不同,旅游需求也会有所不同。西方国家通常把旅游者分成6种阶层,每个阶层有不同的特点(表4-1)。

表4-1 旅游者所处社会阶层与旅游需求特点

阶 层	特 点
上 层	追求享受、豪华和有品位的旅游产品
次上层	追求享受、高档和有品位的旅游产品
中上层	追求享受、中高档的旅游产品
中 层	追求享受、中档的旅游产品
中下层	追求享受、中低档的旅游产品
下 层	追求放松、低档的旅游产品

2. 生活方式

生活方式是一个人对生活、消费、工作、娱乐等不同的态度。比如有的人追求安静,有的人喜欢热闹;有的人喜欢追赶潮流和时尚,有的人坚持朴素和缺少变化;有的人追求经济实惠,有的人追求享乐。旅游企业可根据不同消费者的生活方式来细分旅游市场,设计不同的营销组合适应其需要。

3. 旅游动机

心理学认为,人们各种各样的行为都有一定的动机,而动机又产生于人们内在的、强烈要求得到满足的需要。对旅游活动而言,旅游动机就是促使一个人产生旅游意愿及到何处旅游、进行何种旅游活动的内在驱动力。

美国著名的旅游学教授罗伯特·W. 麦金托什提出,因具体需要而产生的旅游动机可划分为下列四种基本类型:

① 身体方面的动机:包括为了调节生活规律,促进健康而进行的度假休息、体育疗养等活动。

② 文化方面的动机:人们为了认识、了解自己生活环境和知识范围以外的事物而产生的动机,其最大的特点是希望了解异国他乡的情况。

③ 人际(社会交往)方面的动机:人们通过各种形式的社会交往,保持与社会的接触,包括希望接触他乡人民、探亲访友、逃避日常的琐事及惯常的社会环境、结交新友等。

④ 地位和声望方面的动机:这方面的动机主要与个人成就和个人发展的需要有关。属于

这类动机的旅游包括事务、会议、考察研究、追求业余爱好以及求学等类型的旅游。旅游者通过旅游实现自己受人尊重、引人注意、被人赏识、获得好名声的愿望。

4. 个性

个性是一个人较稳定的心理倾向和心理特征，会导致一个人对其所处环境做出相对一致和持续不断的反应。如按照个体倾向性可把性格类型划分为内向型和外向型。内向型旅游者不喜欢与其他旅游者交往，倾向于选择熟悉和安全的旅游目的地，旅游行程的安排和计划较为严格；而外向型旅游者乐于接触不熟悉的人和物，追求新鲜的经历和感受，旅游行程的安排和计划较为随意。

（四）按行为因素细分

1. 按旅游目的细分

根据旅游目的细分旅游市场是广泛使用的一种方法。可以分为以下几种：

① 度假旅游市场：旅游者以享受优美环境为旅行动机，以休养生息为主要目的，停留时间长，老顾客（重复旅游的顾客）占的比例较大。

② 观光旅游市场：旅游者以寻求和了解异国（地）的自然文化风貌、风俗习惯等为目的，以此增长见识。

③ 会议、商务旅游市场：国际旅游市场趋势表明，会议、商务旅游市场每年以10%~20%的速度增长，亚太地区尤为显著，这个旅游市场的消费水平较高，对旅游目的地的设备设施和服务能力有较高的需求。

④ 奖励旅游市场：奖励旅游多是公司、企业、协会对职员的奖励方式。因此，奖励旅游一般要求一流饭店和餐饮饮食，附带有特色的参观和游览项目。

⑤ 探亲访友市场：这一市场以探亲、访友、寻根为主要目的。对旅游设施、服务水平的关心不如前几类市场，其中一部分人甚至不享用住宿和餐饮服务，一般停留时间较长。

2. 按追求利益细分

根据旅游者所追求的利益细分市场，意在给不同的旅游者群提供各得其所的利益。如好名者，参加旅游在于追求声望；理性者，追求的是价值与效用，等等。

3. 按购买时间细分

按时间可划分为旺季、平季和淡季，寒暑假及节假日等不同的细分市场。

4. 按购买方式细分

购买方式是旅游者购买产品过程中的组织形式和通过的渠道。例如，团体旅游市场、散客旅游市场等。具体形式也越来越多样化，有独自游、结伴游、家庭游、小组游、驾车游、徒步游、自助游、包车游等等。

5. 按潜在旅游者出行次数细分

主要是按旅游者对旅游产品的购买量多寡或是否经常购买来划分。例如，较少旅游者、多次旅游者和经常旅游者等。

6. 按品牌忠诚度细分

品牌忠诚度是由于价格、品质、风格等诸多因素的吸引力，使消费者对某一品牌的产品形

成特殊偏爱的行为。如有的旅游者出差到各地，都只住某一个品牌的连锁酒店；有的旅游者信赖某一个旅行社，宁愿花比其他旅行社略高的价钱参加线路相同的旅行团。

二、旅游市场细分的方法

旅游市场细分的方法有单一变数法、综合变数法和系列变数法。

（一）单一变数法

即根据影响旅游消费需求的某一种因素进行市场细分的方法。如旅行社推出的"夕阳红旅游团"或"银发旅游团"是根据年龄进行市场细分，选择其中的老年人作为目标市场；也可根据旅游者的出行目的将旅游者分为观光游览、休闲度假、探亲访友等。这种方法能迅速地将旅游市场进行细分，且细分市场的特征较为明显，但对市场的调研分析不够深刻。

（二）综合变数法

按影响旅游消费需求的两种以上的因素进行市场细分。如同时按年龄、性别、职业等进行细分，青年女性白领为一个细分市场。这种方法能准确地划分旅游市场中每一个不同的消费群体，有助于企业做出准确的市场营销策略。

（三）系列变数法

按照影响旅游消费需求的各种因素进行系列划分。这种方法可使目标市场更加明确具体，有利于旅游企业更好地制定相应的营销策略。如旅行社、酒店、景区等可根据地理位置、收入、职业、年龄等变量对市场进行细分。

阅读材料

为了方便游客来黄山旅游，黄山旅游发展股份有限公司推出四条旅游精品线路，供广大游客选择。

（一）黄山世界遗产之旅

1. 线路说明：黄山市是全国唯一拥有两处世界遗产的省辖市，世界文化与自然遗产、世界地质公园。黄山以"奇松、怪石、云海、温泉、冬雪"五绝著称于世。黟县宏村、西递以徽派特色建筑和其承载的徽文化于 2000 年被联合国教科文组织列为"世界文化遗产名录"。

2. 目标市场：入境市场、自驾车市场。

（二）黄山赏雪观云之旅

1. 线路说明：黄山地处亚热带湿润气候，冬季多雪，雪后的黄山银装素裹，一片北国风光。雨雪后的黄山，云海形成面积大，持续时间长，让游客真正体会到天下第一奇山的胜景。

2. 目标市场：珠三角市场、长三角高端市场。

（三）黄山红色之旅

1. 线路说明：国家有关部门制定的发展"红色旅游产业"规划的全国三十条"红色旅游精品线路"中，黄山有两条旅游线路名列其中，即：黄山—婺源—上饶—弋阳—武夷山线；黄山—绩溪—旌德—泾县—宣城—芜湖线。黄山景区内红色旅游资源丰富，有周恩来总理1938年视察时下榻及1939年张学良将军囚禁处居士林，1979年邓小平同志视察黄山下榻地观瀑楼等。走黄山红色之旅，游客可以在欣赏祖国大好河山的同时追寻先辈足迹，缅怀革命先烈的光辉事迹和革命精神。

2. 目标市场：旅行商、保持共产党员先进性教育活动考察单位。

（四）黄山西海大峡谷、花山谜窟、牯牛降神奇之旅

1. 线路说明：西海大峡谷景区是黄山风景区新开发的游览区。它北起西海排云亭，南至白云景区步仙桥，海拔1260～1600米，垂直高差340米，全长约3600米。它融峰林景观峡谷奇观于一体，峰林竞秀，巧石林立，峰回路转，曲径通幽，是游客寻幽探奇的最佳处。花山谜窟位于黄山市中心城区屯溪近郊，为人工石窟群，凿于红色沙岩中，口小内大，点多面广，形态殊异。方圆5平方千米，探明石窟36处，石柱最高约30米。规模壮观，气势恢宏，堪称中华一绝。何人、何时开掘？如何开掘？数十万方石料如何运输、去了何处？为何史书志书未见记载？如此旷世罕见、历史悠远的石窟群为何迟至今天才被发现等"千古之谜"，无人能解。牯牛降风景区是国家级自然保护区，景区内林海松涛，群峦叠嶂，石涌清泉，溪流纵横，瀑潭相间，流水潺潺，拥有多种珍稀野生动植物。景点有大演坑峡谷，小演坑峡谷，两条峡谷呈牛角状伸向山岭深处。峡谷绵延10里，碧池、水潭、群瀑，景色万千。

2. 目标市场：境内外中青年市场。

（资料来源：http：//www. xici. net/d101891787. htm）

1. 黄山作为知名的旅游景区，为何要分出四个不同的目标市场？
2. 针对这四个目标市场，产品宣传的重点有何不同？

任务三　旅游目标市场的选择与定位

秦皇岛的市场细分与定位

秦皇岛作为国内较知名的旅游城市之一，其悠久的历史文化、壮丽的自然景观越来越受到国内外游客的青睐。2009年秦皇岛市委作出"旅游立市"的城市重点发展战略，如何在国内甚至国际旅游市场脱颖而出，城市旅游定位就显得非常重要。城市定位可以借助于传统市场营销理论中的（STP）理论，通过细分市场，分析和选择城市旅游的主要目标市场，确定城市旅游发展的产业主题，从而确定城市旅游产业发展路径。

一、市场细分

面对国内外众多旅游城市对城市旅游业的竞争和冲击，对旅游市场需求进行细分有助于整合城市

旅游资源，避免恶性竞争和重复建设，有利于在激烈的旅游城市竞争中找到城市旅游营销的最佳市场机会。目前，秦皇岛内有A级旅游区21处，其中5A景区1家（3处），4A景区11家，3A景区4家，2A景区5家，并有全国农业旅游示范点5处。

根据旅游消费群体的消费目的，可以将旅游市场细分为自然景观旅游、历史文化旅游、会展商务旅游、养生休闲旅游以及消费购物旅游。按照游客来源，又可将市场细分为东欧、西欧、日韩、拉美、国内周边城市、国内其他城市。根据以上两种细分标准，秦皇岛市旅游客源主要集中在养生休闲、会展商务及自然景观方面。

二、目标市场

选择目标旅游市场可以选用无差异性市场策略、差异性市场策略或者集中性市场策略。目前，国内与秦皇岛具有相类似旅游资源的地方有：大连、葫芦岛、青岛、海参崴、三亚等，各有较为突出的竞争优势。为了避免与优势较强的城市产生冲突，而且鉴于城市营销的特殊性，因此，应该使用差异性策略，保持优势、改进劣势、抓住机会、避开竞争，选择目标市场。

三、识别竞争优势

在选择目标市场前，先对秦皇岛旅游业进行SWOT分析。

1．S（优势）：自然环境优美、养身项目较为成熟，各部委疗养院提升城市品味。濒临京、津、唐。
2．W（劣势）：基础设施薄弱、宣传不到位。
3．O（机遇）：国内会展商务活动频繁、养身保健市场潜力巨大、周边城市及东欧客源稳定。
4．T（挑战）：周边城市及同类型旅游城市竞争激烈。

四、选择主要目标市场

(一) 以"身体健康"为主题的养身休闲市场

从秦皇岛城市旅游现状来看，周边地区的游客和东欧客源是较为稳定的客源，主要针对他们的旅游项目是养身休闲项目。养身休闲项目细分之后主要包括养身保健和娱乐休闲项目。在这些项目上秦皇岛具有以下几点优势：夏季的阳光、沙滩等，自然环境优美；较为成熟的足道等养身保健市场；是距离京、津、唐最近的海滨城市，周边地区客源稳定。

养身休闲市场的重点应放在：一是对自然环境的维护，旨在从根本上保护城市旅游产业发展的基础条件；二是对保健市场正确引导和宣传，培育和发展养身保健市场，争取在全国旅游城市中建立知名品牌；三是积极开发主要针对周边京、津、唐等城市游客的节假日和周末以"健康"为主题的文化、体育娱乐项目，在淡化城市旅游季节瓶颈的同时繁荣旅游市场。

(二) 以"心理健康"为主题的中端商务拓展培训市场

近些年来，随着我国经济的高速增长，商务活动越来越频繁，随之而来的商务旅游也逐渐形成庞大的规模。目前，很多经济较为发达的的大型城市，例如北京、上海、杭州、青岛、广州等都借助于本地区经济发展的产业优势以及区位优势，不断地通过举办各种会展活动、企业高峰论坛等项目迅速地发展商务旅游。秦皇岛作为二线城市在发展商务旅游方面具备其他城市不可复制的优势。

五、市场细分的意义

对旅游城市进行准确、鲜明的形象定位，是根据旅游城市在现有旅游市场上所处的地位和城市自身的特色优势，塑造出鲜明的个性或形象传递给目标游客，使旅游城市在竞争中占据强有力的竞争位置。

(一) 对秦皇岛市旅游市场进行定位可以有力地促进地方经济发展

随着经济的增长，2009年秦皇岛市共接待国内游客1638.4万人次，接待海外游客22.4万人次，实现旅游收入96.1亿元。社会与经济的相互影响、相互作用所产生的巨大综合效益日益明显，对市场进行科学的定位必将会促进经济的更快发展。

（二）对秦皇岛市旅游市场进行定位可以提升城市形象

发挥秦皇岛市旅游市场资源优势，对其进行准确有效的市场定位，就是为旅游市场确定了独特的身份、良好的文化形象和社会地位、全面提升了城市形象，从而增强秦皇岛市旅游市场各方面的综合实力，使其在经济产业中更具有竞争优势。

六、发挥资源优势，对秦皇岛市进行旅游市场定位

国内众多知名旅游城市旅游业发展的成功都离不开明确的市场定位，如大连——浪漫之都，三亚——美丽之都，成都——美食之都等。

2004年《中国城市竞争力报告》显示，秦皇岛的"人口健康水平指数"在全国城市排名中位于第五，仅次于深圳、珠海、北京和哈尔滨，健康是秦皇岛一直以来被隐藏、有待深度开发的主要特色。

根据前文分析，秦皇岛旅游城市定位应当结合城市旅游市场主要竞争优势和未来发展规划，从产品差异化战略出发，将城市旅游定位于"健康"，以促进人们身体和生理健康为主要旅游主题，打造全国首个"健康之都"。

（资料来源：http://www.chinacir.com.cn/2011_dyal/256529.shtml）

1. 在本案例中，秦皇岛市的定位是什么？其定位的依据是什么？
2. 旅游企业及旅游目的地应如何进行市场定位？

一、旅游目标市场的选择

（一）旅游目标市场概念

旅游目标市场是指被旅游企业选出并准备进入的细分市场。对旅游市场进行细分后，旅游企业面临着从一系列细分市场中锁定最适合的细分市场作为准备进入的目标市场的任务。为此，首先必须进行细分市场的评估，在此基础上才能做出正确的选择，并采取适当的产品——市场策略来覆盖目标市场（图4-1）。

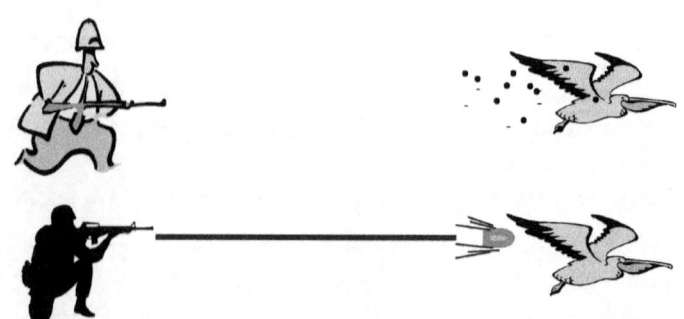

图4-1 一位营销学家对目标市场营销做的一个通俗比喻

 思　考　这两副图告诉我们什么道理？

（二）选择目标市场要考虑的因素

旅游企业选定哪些细分市场为目标市场，需要考虑以下因素：

1. 适当的规模和发展潜力

被选定的细分市场，既要有适当的规模又要有一定的发展潜力。如果没有适当的规模，旅游企业进入后不但不能获取经济利益，而且会因错过其他机会而增加机会成本。从旅游企业的长远发展来看，被选定的细分市场如果没有发展前景，企业投入成本和资源进入，投资收回需要一定的周期，会影响到旅游企业的正常经营。

2. 较强的吸引力和竞争力

旅游企业还要从细分市场的获利能力和竞争力的角度来评估目标旅游市场。就一般意义讲，获利能力越高，吸引力也越强，但由于有竞争因素，情况就有所不同，旅游企业还要进行竞争力分析。竞争力分析包括四个方面内容：

（1）细分市场同行竞争主体分析

细分市场目前在同业之间的竞争程度如何，对旅游企业是否进入有着决定性的影响。如果目前市场已经形成几家旅游企业垄断竞争的局面，则不宜进入；如果市场上从事该旅游产品销售的企业虽然多，但有竞争力的不多，则可以进入。

（2）细分市场未来竞争趋势分析

主要包括细分市场是否吸引新的竞争者进入，现有竞争者是否退出，两者相抵后市场竞争的趋势如何，是否有新的替代品出现。

（3）细分市场买卖双方的竞争分析

在买方市场条件下，卖方之间的竞争加剧，旅游企业营销压力增加；在卖方市场条件下，卖方主导市场，旅游产品购买者之间竞争剧烈，旅游企业营销效果较佳。

（4）旅游供应商和中间商分析

如果旅游供应商能及时、保质地供应旅游产品，旅游中间商积极经销、代理，协助旅游企业开拓市场，将有利于旅游企业的竞争。

3. 与旅游企业目标和能力一致

旅游企业所选择的细分市场要与其战略目标相一致。如果某些细分市场虽然有较大的吸引力，但不能推动企业实现发展目标，甚至分散企业的精力和资源，这样的市场不应该选择进入。

二、目标旅游市场的选择策略

选择目标市场是市场细分工作的延伸。旅游企业具体选择哪一种目标市场策略，要综合考

虑多种因素。

（一）目标旅游市场策略的类型

目标旅游市场策略有三种类型，即无差异性目标旅游市场策略、差异性目标旅游市场策略和集中性目标旅游市场策略。

1. 无差异性目标市场策略

无差异性目标市场策略是旅游企业将整体旅游市场看作一个大的目标市场，不考虑细分市场之间的区别，仅推出一种产品，并以单一的营销组合来满足所有旅游者的需求，致力于顾客需求中的相同之处。如一些旅行社推出的出境游中，许多目的地都只有一种产品：停留时间、住宿、游览景点等，旅游者都只有一种选择（图4-2）。

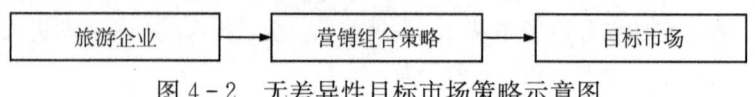

图4-2 无差异性目标市场策略示意图

无差异性目标市场策略适用于以下几种情况：

① 市场上供不应求或少数垄断性较强及初上市的旅游产品。

② 客源市场的需求虽然有差别，但需求的相似程度较大；或需求虽有实质上的差别，但一些需求差别群体的经济规模较小，不能获得足够的经济效益。

这种策略的优点是：旅游企业可以大规模销售，简化分销渠道，节约市场调研及市场促销费用，使成本降低；对于垄断性较强、吸引力大的旅游产品能形成品牌效应。

缺点是：旅游者的需求是多种多样的，这种策略难以满足旅游者的差异化需求。

2. 差异性目标市场策略

差异性目标市场策略是旅游企业同时经营几个细分市场，并为每个细分市场设计不同的营销策略。

如旅游企业可根据旅游消费者的年龄将旅游市场细分为老年、中年、青年旅游市场，根据顾客群的需求差别，分别设计不同的旅游产品、确定不同的价格策略，并通过不同的营销渠道和不同促销手段去扩大市场占有率（图4-3）。

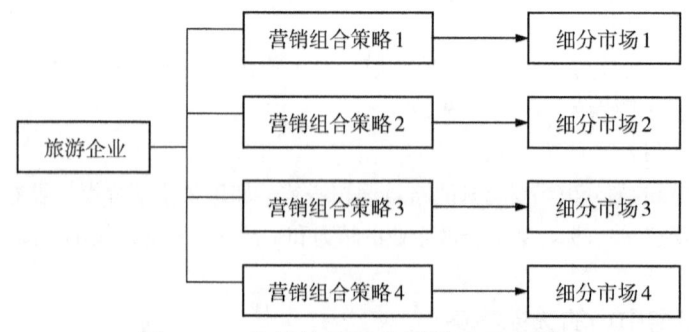

图4-3 差异性目标市场策略示意图

这种策略适用于：

① 市场的需求存在着明显的差异。
② 按某种细分标准划分的子市场都具有一定的规模和发展潜力。
③ 旅游企业规模较大，实力雄厚，有足够的经营实力，能占领较多的细分市场。

这种策略的优点是：能更好地满足各类旅游者的需求，有利于提高旅游产品的竞争力，扩大旅游企业的销售量，容易树立良好的旅游企业形象；并且由于经营数个细分市场，能降低旅游企业的经营风险。

缺点是：旅游企业的产品种类多，导致产品开发费用、促销费用增加；由于经营分散，影响了旅游企业的规模效应，难以发挥企业的优势。

阅读材料

> 近年来，为了适应旅游者需求日趋个性化和差异化的发展趋势，我国旅行社加大了市场开发力度，产品由过去的单一的文化观光产品为主逐步发展为观光旅游、度假旅游、特种旅游结合，种类齐全、结构完整的格局，满足了不同层次旅游者的需求，促进了旅行社行业的发展。旅行社开发的专项旅游产品比较新颖、独特、别致。如以中国历史文化名城为脉络的古城新貌、以青山秀水和乡村风情为主题的乡村旅游、丝绸之路游、长城之旅、西南少数民族风情游等几十个品牌。一些大的旅行社如中青旅控股股份有限公司积极应对市场需求，针对入境游客推出了夜游北京、中医保健、北京婚礼等入境旅游产品；中国旅行社总社的出境游产品是国内首家突出个性化服务的分团型旅游方式，以及北京—香港天天出团、"海上生明月"等特色产品，在国内市场上推出了"红色之旅——革命圣地参观团"、高考学生"放飞自我、回归自然"系列团等。广之旅国际旅行社股份有限公司适应旅游者不同年龄、不同兴趣、不同需求推出了豪华旅游团、亲子团、蜜月团、长者团等。
>
> 特种旅游产品近年来发展也很快，形成了品种多样、规模较大的特点。如修学旅游产品、滑雪旅游产品、商务会议旅游产品、自驾车旅游、文化体育交流等。广之旅根据旅游的特点，推出了各种各样的特种团，如修学团、滑雪团、烹饪团、自驾车团、球迷团、音乐欣赏团、科普旅游团等。
>
> （资料来源：中国网 http://www.china.com.cn/chinese/2002/Oct/224632.htm）

3. 集中性目标市场策略

集中性目标市场策略主要表现在旅游企业集中力量于一个小的、特定的子市场，并以自己特定的营销组合策略来满足该市场的需要。

这种策略通常适合资源能力有限、资金不够雄厚的中小型旅游企业及旅游资源独特的旅游目的地。他们在较大的市场上难以取得竞争优势，因而力图在较小的市场范围内取得较高的市场占有率（图4-4）。

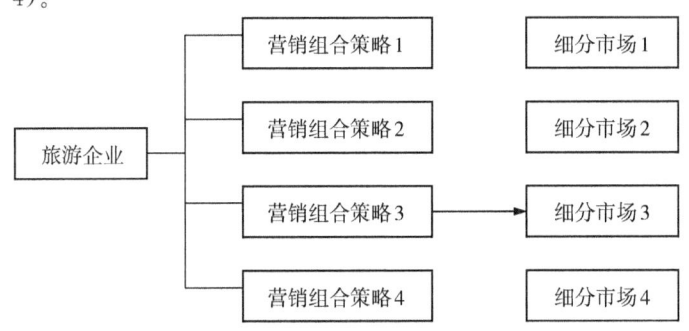

图4-4 集中性目标市场策略示意图

这种策略的优点是：经营范围针对性强，容易形成产品与经营特色，能充分发挥旅游企业的优势，使旅游企业在特定市场上具有很强的竞争力和较高的知名度。

缺点是：旅游企业过分依赖小部分市场，具有较大的风险性。一旦市场需求发生变化，企业就会出现危机。

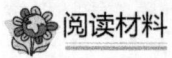阅读材料

> **武大旅行社："精细化"、"专业化"发展的探路者**
>
> 尽管武汉大学旅行社从企业规模和经营收入上讲，在湖北只能算是"中小旅行社"，但是其修学旅游专家的地位，在湖北业内早已毋庸置疑。近年来，武大旅行社还充分发挥注重细节、用心服务的优势，大力推进定制旅游的发展。2011年，在该社营业收入中，修学旅游和定制旅游各占35%。这意味着，武汉大学旅行社真正走上了专业化的发展道路。
>
> 从1998年开始，武大旅行社一直致力于修学旅游的发展。通过与武汉市教育部门的合作，武大旅行社先后研发了40个受到客户喜爱的夏令营产品，服务学生12万多人。在服务规范上，他们创新性地推出了夏令营专用合同和监护委托协议。武大旅行社一直把"学习"和"体验"作为修学游的出发点。比如在香港迪斯尼公园，小团员们不仅能亲自感受过山车的刺激，还能学习到其中的原理。技术人员会在旁边的场地里为团员们模拟、试验过山车运行原理，让孩子们学习、思考；在香港的学校里，小团员们要与香港小朋友一起上一天的课程，与他们共同进餐，开展各类活动，真切感受"港式"教育。每天，随团的工作人员会把活动的过程，通过微博直播给学生家长，让家长们可以第一时间了解孩子的动向。
>
> （资料来源：中国旅游报，时间：2012-11-25）

（二）选择目标旅游市场策略要考虑的因素

在具体选择何种目标旅游市场策略时，旅游企业要综合考虑以下五种因素：

1．旅游企业自身实力

当旅游企业资源十分丰富及生产、经营和管理能力很强时，可采取无差异性目标旅游市场策略；当旅游企业实力较强时，可选择差异性目标旅游市场策略；当旅游企业实力较弱、资源有限时，可选择集中性目标旅游市场策略。

2．旅游产品特点

对于有同质性特征的旅游产品，可采取无差异性目标市场策略。旅游企业所经营的产品具有同质性的很少，对于绝大多数不具备同质性的旅游产品，可采取差异性或集中性目标市场策略。对于一些专供某特定市场的旅游产品，旅游企业可采取集中性目标市场策略。

3．旅游产品所处经济生命周期

新开发的旅游产品在刚投放市场、处于投入期或成长期时，同类竞争者少或较少、旅游者了解不多，可采取无差异性目标旅游市场策略；在成熟期，市场竞争激烈，可采取差异性或集中性目标市场策略，以便有针对性地满足不同旅游者的需求，从而确立本企业产品的市场地位。

4. 旅游市场特点

如果旅游市场需求和对旅游企业营销组合的反应具有同质性，可采取无差异性目标市场策略，反之则采取差异性或集中性目标市场策略（表4-2）。

5. 同行竞争策略

旅游市场是竞争性市场，旅游企业必须紧盯同行竞争者的目标旅游市场，并制定相应的目标旅游市场策略与之抗衡。

表4-2 目标市场策略选择比较

因素	无差异性目标市场策略	差异性目标市场策略	集中性目标市场策略
旅游企业自身实力	强	较强	弱
产品特点	同质	异质	异质
市场特点	竞争性差	竞争激烈	竞争激烈
产品周期	投入期、成长期	成熟期、衰退期	成熟期、衰退期
竞争者策略	无差异性策略、差异性策略、集中性策略	差异性策略、集中性策略	集中性策略

三、旅游市场营销定位

在旅游市场上有众多的旅游企业和旅游产品，但能够在市场竞争中取胜的，只有那些在目标旅游者中留下特殊印象的企业和产品。因此，旅游企业通过市场细分，选择相应的目标市场进入，打造有特色的产品，形成产品和服务的独特风格，最终成为被市场认可的品牌产品，这就需要进行旅游市场的定位。

旅游市场细分、目标市场选择和旅游市场定位，是旅游企业满足旅游消费需求、应对市场竞争、提升旅游企业形象的有效手段。营销学中称此为STP营销战略，S指Segmenting Market，即市场细分；T指Targeting Market，即目标市场选择；P指Position，即定位（图4-5）。

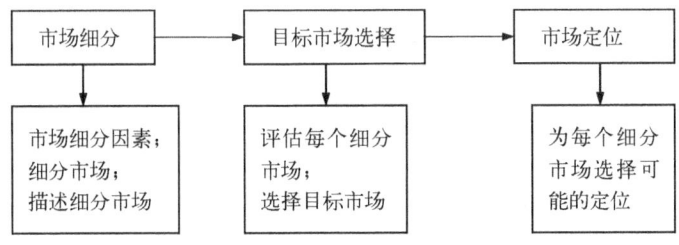

图4-5 目标市场营销战略（STP营销战略）

（一）概念

旅游市场定位是指旅游企业为其产品确定一个市场地位，塑造其在目标顾客心目中的形象，使产品具有一定特色，适合一定顾客的需求和偏好，并与竞争对手的产品有所区别。旅游企业进行准确的市场定位，其作用主要体现在以下几个方面：

1. 有利于旅游企业建立竞争优势

旅游企业通过塑造独特的产品与形象，并将其传递给消费者，能和竞争者的产品相区别，吸引目标市场的潜在购买者，形成一定规模的顾客群。

2. 有利于旅游企业营销组合的精确执行

旅游企业通过对产品和本企业进行市场定位后，可以集中人力、物力、财力和各种资源，进行有针对性的市场营销，起到良好的营销效果。

3. 有利于避免旅游企业间的恶性竞争

同类型的旅游企业，如果产品没有特色和独特的定位，难免会形成打价格战等恶性竞争，会给企业的经营带来损失，不能获得应有的利润；同时容易破坏企业的形象，不利于实现企业的长远目标。如一些旅行社不在产品特色和质量上下功夫，而是通过"零团费"等方式吸引旅游者，期望以此来打败竞争者。但结果是造成游客不满、投诉等现象时有发生，最终破坏了该旅行社在旅游者心中的印象。

（二）旅游市场定位步骤

旅游企业的市场定位是建立在对相关信息和资料分析研究的基础上。这些信息和资料主要包括：目标市场旅游者群体的主要需求特点；旅游产品对目标市场最重要的特性；潜在旅游消费者感兴趣的旅游产品；目标市场上竞争者的情况；与竞争对手相比，本企业产品的优势与劣势等。

在全面掌握了市场上主要竞争对手的情况后，要按以下步骤进行市场定位：

1. 确定竞争优势

旅游企业和产品的竞争优势从差异化角度看，在市场上表现为质量、服务、品种、品牌、成本与价格、渠道、沟通与促销等各个方面。通过调研旅游者和同行竞争对手，可了解哪些是本企业的比较优势，哪些是竞争对手的比较优势，做到心中有数。

2. 选择比较优势，强化并凸显竞争优势

旅游企业的市场定位不仅要依靠资本实力，更重要的是要依靠竞争手段。讲究战略、战术的运用，在某些细分市场以本企业的比较优势与竞争对手抗衡，进行准确的市场定位，才会收到很好的成效。看清了比较优势，旅游企业必须充分予以发掘，采取一系列措施加以培植和强化，并向目标旅游者群凸显比较优势，通过营销，努力把比较优势转为市场竞争的胜势。

3. 向市场传递定位信息

旅游产品定位完成后，必须把产品定位特色成功传递给目标旅游者，在旅游者心中树立起本企业产品富有吸引力的特色形象。要做到这一点，必须要通过营销组合全面配合才能达到效果。形象定位的最终表述往往通过一个宣传口号来传达。这个口号需要抓住旅游目的地或旅游企业的独特性，语言简短、紧跟时代性，表达要能吸引旅游者。

阅读材料

部分省、市旅游宣传口号

海南：寻梦海南岛　作客诗画中
西藏：千山之宗　万水之源
云南：彩云之南　万绿之宗
吉林：雾凇冰雪　真情吉林
黑龙江：21世纪中国滑雪胜地
浙江：诗画江南，山水浙江
江西：世界瓷都，仙鹤乐园
广东：活力广东，精彩纷呈
陕西：古老与现代，淳朴与自然
贵州：梦幻之旅，神奇贵州
宁夏：雄浑西部风光，秀美塞上江南
北京市：东方古都，长城故乡；不到长城非好汉；新北京，新奥运
上海市：上海，精彩每一天
登封市：中国少林武术之乡
昆明市：昆明天天是春天
银川市：塞上明珠，中国银川
宜昌市：金色三峡　银色大坝　绿色宜昌
邯郸市：游名城邯郸，品古赵文化
洛阳市：国花牡丹城
无锡市：太湖明珠　中国无锡
杭州市：爱情之都　天堂城市
舟山市：海天佛国　渔都港城
义乌市：小商品的海洋　购物者的天堂
柳州市：山水桂林　风情柳州
北海市：南海珍珠之乡　滨海度假胜地
桐乡市：人杰地灵菊香，人间天堂桐乡
咸阳市：中国第一帝都
安吉市：中国竹乡，生态安吉
苏州市：人间天堂，苏州之旅
大连市：浪漫之都，中国大连
深圳市：深圳——每天带给你新的希望
曲阜市：孔子故里，东方圣城
泰安市：中华泰山　天下泰安
威海市：拥抱碧海蓝天，体验渔家风情
烟台市：人间仙境　梦幻烟台

(资料来源：http://www.ynpxrz.com/n318845c1407.aspx)

(三)旅游市场定位依据

旅游企业在目标市场上可展现多种竞争优势,旅游市场定位也有很多种形式,以下是几种主要的目标旅游市场定位形式:

1. 根据旅游产品的某项特色属性进行定位

不同的旅游产品都会有不同于其他产品的特色,旅游企业可据此进行市场定位。如旅游景观分为自然景观和人文景观,两者具有不同的特色;同是自然景观或人文景观也各具特色。例如,同是中国的名山,泰山以"雄壮"著称,峨眉山以"秀美"驰名,黄山以"奇特"为世人称道,华山素以"险峻"闻名,青城山以"幽深"为特色。主题公园中深圳的世界之窗"你给我一天,我给你一个精彩的世界"、杭州宋城"给我一天,还你千年"的形象定位都是成功的案例。

2. 根据旅游产品的质量、价格或服务定位

旅游产品可通过强调与众不同的质量、价格和服务来进行市场定位。迪拜的帆船酒店曾经是世界上最贵的酒店和最高的酒店,以其顶级的装修、高档的设施闻名,由于饭店的设备过于高档,而被称为七星级酒店,成为世界酒店业中奢华的代名词。

3. 根据旅游者定位

根据旅游者的不同类型而确定旅游产品在他们心目中的位置。如近年来兴起的探险旅游,受到了一些特定人群的喜爱。但和传统的大众旅游方式相比,探险旅游一般以人迹罕至、具有一定危险性的地方为目的地,因此目标对象为中青年、身体健康者。如有的旅行社对参加者的要求是:年满18岁以上,60岁以下,身体健康,生活能够自理;有团队协作精神等。经济型酒店的目标市场,是面对追求"物美价廉"的旅游者。

4. 根据旅游产品的使用场合或特殊功能定位

根据旅游产品的某项使用或应用定位,突出产品在特定场合的作用或产品的独特功效。如度假酒店主要接待旅游度假者,一般坐落在风景优美的地方,如海滨、山岳、温泉、湖泊附近。和其他酒店不同之处在于,酒店不但为客人提供餐饮、住宿等所有酒店皆具备的功能,还是一个度假中心,能为客人提供娱乐和享受,一般在酒店内或附近要有良好的沙滩、游泳池、滑雪场、高尔夫球场等,为游客提供的休闲及娱乐服务。

5. 参考竞争者进行定位

通过使用竞争者作为参考点来区别产品。旅游企业可通过同市场上声望较高的某一同行企业进行比较,借助竞争者的知名度来实现自己的形象定位。通常是采取通过说明旅游产品与竞争者产品在某一或某些性能特点方面的相同之处进行比较,达到引起旅游者注意并在其心目中形成印象的目的。

 阅读材料

稻城亚丁——最后的香格里拉

稻城亚丁香格里拉生态旅游区位于四川省甘孜州藏族自治州稻城县境南部。"稻城",古名"稻坝",藏语意思是"山谷口开阔地"。"亚丁",藏语意思是"太阳升起就照到的地方"。它的北部是青藏

高原最大的古冰川遗迹（稻城古冰帽）——海子山自然保护区，中部是开阔的河谷、草原，南部是连绵不断、千姿百态的山峰。

"香格里拉"是人类共同向往的人与自然和谐统一、生态多样共生、社会祥和安宁的一种理想的生存境界，即藏传佛教中的"香巴拉"（神仙居住的地方），中国传统文化的"世外桃源"，西方文化中的"伊甸园"。1928年，奥地利美籍探险家约瑟夫·洛克最先来到"贡嘎岭地区"（亚丁）考察。1931年，洛克在美国《国家地理杂志》发表了介绍亚丁的文章和大量照片，首次将贡嘎日松贡布（贡嘎岭）推向世界，引起欧美关注。洛克的文章引起了英国作家詹姆斯·希尔顿的极大兴趣，并激发了他的创作灵感。1933年，希尔顿写作出版了《消失的地平线》，向世人描绘了一个充满诗意与梦幻，飘荡着田园牧歌的世外桃源，把这个地方叫"香格里拉"。从此，"香格里拉"这个名字不胫而走，传遍了世界。多年来，许多人到滇、川、藏交界处寻找"香格里拉"。直到云南宣称香格里拉就在中甸，并于2001年将中甸县更名为香格里拉县。而四川政府则认为经专家考察洛克所到之地"香格里拉"乃稻城亚丁，但香格里拉的名称已被云南抢先使用。于是四川政府就将四川境内的稻城亚丁的日瓦乡更名为香格里拉乡，而稻城亚丁便被人称作"最后的香格里拉"。

（资料来源：http://www.daocheng.gov.cn/ShowAritcle.xhtm?27446, http://bbs.8264.com/forum-viewthread-tid-408377-highlight.html）

（四）市场定位策略

1. 领先定位

具有独一无二或无法替代的旅游产品或旅游目的地可采用这种策略。如世界七大奇迹、世界自然遗产、世界文化遗产等。中国传统文化中用于描写美丽风光的一些古诗词、俗语等，常被用于旅游目的地的定位，如"桂林山水甲天下"、"五岳归来不看山，黄山归来不看岳"等。

2. 比附定位

与处于领导地位的旅游产品竞争往往非常困难，因此采取避开第一位，甘居第二位的策略。例如海南三亚定位为"东方夏威夷"，苏州被称为"东方威尼斯"，都是利用夏威夷、威尼斯这些知名且独特、稳固的旅游形象让旅游者迅速地了解并认知。

3. 逆向定位

强调并宣传与市场上知名的旅游产品的对立面和相反面，同时开辟一个新的心理形象阶梯。如动物园一般是动物被关在笼子中，而中国第一家野生动物园——深圳动物园，将游客与动物的活动方式对调，宣称人在"笼"（车）中，动物在笼外，收到了较好的效果。

4. 空隙定位

比附定位和逆向定位都与游客心中原有的旅游形象阶梯相关联，而空隙定位则开辟了一个新的形象阶梯。如深圳锦绣中华被定位为中国第一个主题公园，云南香格里拉由碧塔海与属都湖生态旅游区组成的中国第一个国家公园——普达措国家公园。

项目小结

旅游市场细分、目标市场选择和旅游市场定位,是旅游企业满足旅游消费需求、应对市场竞争、提升旅游企业形象的有效手段。营销学中称此为 STP 营销战略,S 指 Segmenting Market,即市场细分;T 指 Targeting Market,即目标市场选择;P 指 Position,即定位。

本项目主要阐述了目标市场战略的三个相互关联的内容。首先介绍了什么是旅游市场细分、旅游市场细分的作用、原则及旅游市场细分的步骤、旅游市场细分的依据及步骤。接着介绍了旅游目标市场的选择依据和策略。目标市场的选择策略可采用无差异性市场策略、差异性市场策略和集中性市场策略,旅游企业应根据自身的实力、旅游产品特点、旅游市场特点、旅游产品生命周期、旅游市场竞争等情况选择相应的策略。旅游企业选择了目标市场后,还需要决策如何进入市场,并进行市场的定位。市场定位要通过确认潜在的竞争优势、准确地选择竞争优势、有效地向市场传递定位信息等几个步骤来实现。本项目最后介绍的是如何进行市场定位。旅游市场定位的依据有:旅游产品的某项特色属性;旅游产品的质量、价格或服务;旅游者的不同类型;旅游产品的使用场合或特殊功能;竞争者。旅游定位的策略有:领先定位、比附定位、逆向定位、空隙定位等。

综合能力训练

◆◆◆◆◆◆◆◆◆ **基本训练** ◆◆◆◆◆◆◆◆◆

一、名词解释

旅游市场细分 旅游目标市场 旅游市场定位

二、选择题

1. 旅行社组织的"夕阳红"旅游团是按(　　)来细分市场的。
   A. 地理变量　　　　　　　　　　B. 人口变量
   C. 心理变量　　　　　　　　　　D. 行为变量

2. 下列符合旅游目标市场的标准和条件的是(　　)。
   A. 细分市场内竞争激烈
   B. 细分市场存在替代产品或潜在替代产品
   C. 细分市场与企业目标和能力相适当
   D. 保护细分市场的壁垒低

3. 主要适用于市场上供不应求或少数垄断性较强及初上市的旅游产品市场的策略是(　　)。
   A. 无差异性市场策略　　　　　　B. 差异性市场策略
   C. 分散性市场策略　　　　　　　D. 集中性市场策略

4. 常用的市场定位策略有(　　)。
   A. 领先定位　　　　　　　　　　B. 比附定位
   C. 逆向定位　　　　　　　　　　D. 空隙定位

三、简答题

1. 简述旅游市场细分的步骤。
2. 简述旅游市场细分的依据。
3. 简要说明目标市场的选择策略。
4. 举例说明旅游市场的定位策略。

四、案例分析

布丁酒店的市场定位

布丁酒店的消费人群定位不是住如家、汉庭、7天的这类商务人士，也不是住旅馆、招待所的这群人，而是介于两者之间的"夹心层"。早在2003年底，布丁酒店的老总朱晖就进入连锁经济酒店行业。"当时做这行成本低、利润高，一般两年便能收回投资成本。"在这波热潮中，朱晖也赚了不少钱。但市场上出现的同质化竞争让他一直有种危机感。朱晖看到的现象是：第一，抄袭装修成风，比如，酒店一窝蜂地抄袭如家的黄色等；第二，酒店定位同质化严重，全部都定位在一线、二线城市的商务人群；第三，选择物业同质化，开店聚集，很多城市都有经济型酒店一条街。"相比国外有星级、度假式、长住式等各种品种的酒店，中国的经济产品却显得非常单一。"朱晖创办的布丁酒店就是用"低价不低档"吸引这部分消费者。"当初把布丁产品做出去的时候，定位就非常明确，我们的客源是年龄在18～35岁，月收入在2000～6000元之间，这些客人新潮，追求时尚；理性消费，对价格敏感。"锁定客源，锁定成本，朱晖便围绕着这部分消费者设计布丁的产品。根据对消费者多年的理解，朱晖制定出一个"需求排行榜"，需求排在前五名的分别为：安全、安静、干净、友好、价格。"这几点并没有涉及酒店硬件，是客人的最基本需求，一定要满足，但现实当中低端酒店真的很难做到这基本的几点。"找准差异化定位之后，布丁连锁酒店以每年100%的速度在扩张。目前拥有了200万会员，采取直营和加盟并举的模式展开，已经打入上海、北京、宁波、嘉兴等城市。

问题：
1. 布丁酒店是如何进行市场定位的？
2. 要实现"低价不低档"，布丁酒店应如何设计酒店产品？

技能训练

一、任务名称
大学生旅游市场分析

二、任务目标
对大学生旅游市场进行调研，使学生能了解众多旅游细分市场中一个子市场的基本情况。

三、任务实施
1. 对所教班级进行分组，6～8人为宜。
2. 小组通过学习教材、查询资料、问卷调查等，分析大学生旅游市场的情况，并提出相

应的营销策略。

四、成果考核

1. 调查报告，1500 字左右。
2. 教师根据学生表现及调研报告计分，纳入平时成绩。

模块二　旅游市场营销战略与组合策略

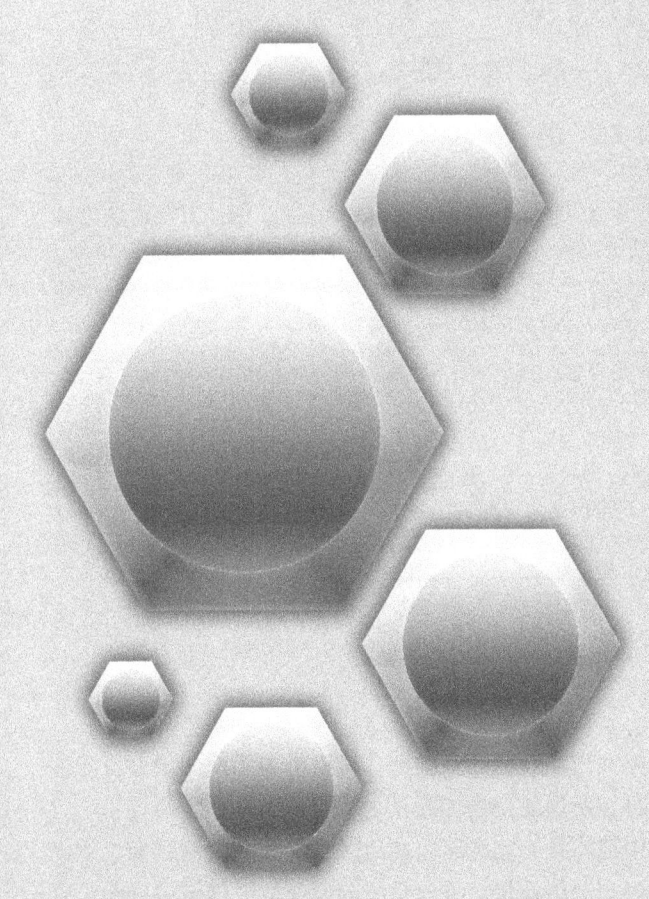

项目五
旅游市场营销战略

 **学习目标**

通过本项目的学习，你应该能：
1. 了解旅游市场营销战略
2. 熟悉旅游市场竞争战略
3. 认识旅游市场营销组合战略

任务一　旅游市场营销战略

 **案例导入**

薇阁精品旅馆——营销"爱情经济"

台湾的薇阁精品旅馆是一座"超六星级饭店"的精品旅馆，以"爱情经济"为设计主题，用来吸引重视感性消费的女性消费群体。薇阁的经营理念受到市场的追捧，尤为受到情侣和夫妻的欢迎。2002年，投资约4.3亿新台币改装旧旅馆而成的薇阁林森馆在台北市中心区开业。每个房间的设计都有着不同的主题。旅馆开业后，每年有36万人次的情侣光顾，平均一天就有1000位男女到薇阁住宿。此馆的消费价格并不便宜，住宿4000元新台币起，平均一天的业绩可以达到100万元，一年多就回收了全部投资。

（资料来源：薇阁精品旅馆官网 http://www.we-go.com.tw/index.aspx）

思　考　1. 薇阁精品旅馆是如何获得市场认可的？
2. "爱情经济"还可以用于哪些旅游项目或产品的营销上？

一、旅游市场营销战略的概念

旅游市场营销战略是指在市场调查研究和市场预测的基础上，根据市场环境并结合自身能力，对旅游业或旅游企业发展方向和长远目标所做的全局性的谋划和安排。

从国家和地区层面来看，旅游市场营销战略是为实现国家或地区旅游业的发展目标，对旅游产业在未来一段较长时期内市场营销发展的总体设想，目的是使国家或地区的旅游产业、资

源规划和发展目标在可接受的风险限度内，与市场环境所提供的各种机会取得动态平衡。

从企业层面来看，旅游市场营销战略是旅游企业在现代市场营销观念的指导下，为谋求企业的长期生存与发展，根据外部环境和内部条件的变化，对旅游市场营销所做的长期性、全局性的计划与谋略。

二、旅游市场营销战略的特点

（一）全局性

由于旅游市场营销战略研究带有全局性和整体性的重大问题，规定着较长时期内旅游企业营销活动的指导思想和行动方向，对旅游企业的生存与发展有着决定性的作用。一个旅游企业如何选择目标市场，如何根据目标市场需求和产品生命周期状况去开发新的旅游项目、推出新产品，是事关旅游企业全局发展的重大问题。

这一特征要求旅游企业的决策者从全局出发，从局部与全局、部分与整体之间的相互关系中，对营销系统加以全面把握。

（二）系统性

旅游企业是由具有一定功能、相互作用的各个业务部门组成的综合体，这个综合体也就形成一个结构复杂的系统。系统有层次、主次和大小之分，对应于不同层次和部门的战略。美国麦肯锡咨询公司曾提出7S架构，认为一个成功企业需要具备三个硬件，即战略、结构和系统，以及四个软件，即共同价值、技能、员工和风格。其中，就强调了在达到企业目标过程中，需要通过最有效的信息系统和计划系统来实现。

（三）长期性

旅游企业的决策者必须具有战略眼光，注重长远、放眼未来，注意处理长远利益与眼前利益的关系。一些企业在运行过程中，往往容易产生"营销近视症"，就是由于没有长远的计划，以至于常常顾此失彼，无法准确把握自身产品的基本市场和未来发展趋势。

（四）适应性

尽管旅游市场营销战略在较长时期内相对稳定，但是，当旅游企业的内外部环境发生变化时，营销战略也需随之进行必要的调整。调整的程度依据环境变化量而定。企业只有敏锐地意识到环境变化并适时调整营销战略，才能尽可能地降低风险，为自身发展赢得更有利的机会。

（五）风险性

旅游市场是不断发展变化的，常常会有不可预料的事件发生，这种不确定性，就是旅游市场的风险。旅游企业的市场营销战略如果对风险估计不足，就会给企业发展带来负面甚至是灾难性的影响。当然，同一事件，可能对某些旅游企业来说是良好的机遇，对另一些旅游企业来说，则可能是"机会陷阱"。因此，风险的判定是与企业自身的能力和发展方向密切相关的。

三、旅游市场营销战略的类型

（一）密集型发展战略

密集型发展战略是旅游企业在自身经营领域内改进现有产品，或以现有产品打入新市场的战略，包括市场渗透战略、市场开发战略和产品开发战略。

1. 市场渗透战略

旅游企业为提高市场占有率，通过增设销售网点、降价、提供优质服务等方式，扩大现有产品或服务的销售额、提高企业知名度、争取回头客的行为。酒店工作人员向住店旅客提供酒店制作的点心、小商品和各种服务，或升级入住豪华房间的行为，就是市场渗透战略方案之一。这种战略的风险性较小，适用于企业特定的产品或服务在当前市场中还未达到饱和，用户对产品的使用率还可以显著提高时的情况。但是，一旦市场已经饱和，这种策略的回报率可能是最低的。

2. 市场开发战略

旅游企业以现有产品或服务去争取新的旅游者和开拓新的市场的战略。主要有三种途径：一是运用现有产品或服务去占领新市场，扩大其目标市场，如酒店业一般通过连锁经营，由酒店集团向下属企业提供必要的投资和管理人员，可以帮助酒店扩大其市场；二是开发现有产品或服务的新用途；三是利用现有条件，通过扩大广告宣传等，努力开发新的客源市场，如温泉酒店在夏季对家庭游客和常住客打出优惠价格，并提供包吃住玩套餐项目，吸引疗养型游客。采用该战略的企业一般存在过剩的生产能力和营销能力，并可以得到可靠的、经济的高质量销售网络。但由于开发新市场投入较高，这一战略比市场渗透战略的风险大。

3. 产品创新战略

旅游企业以产品或服务更新换代来维持和提高市场占有率的战略。由于每一个产品都有自己的市场生命周期，企业为保持和提高市场占有率就必须不断开发新产品，进行产品或服务的更新换代。旅行社需要不断推出新的旅游目的地，目的地也要不断开发新的旅游项目，才能满足游客的需求。但产品创新风险较大，新产品的开发和推广都需要大笔资金，一旦失败，必将使企业效益严重滑坡。

 阅读材料

虹口水上麻将

都江堰市虹口风景区是一片面积达 364 平方千米的国家级自然保护区，拥有包括大熊猫、川金丝猴、扭角羚、大鲵等国宝级保护动物在内的珍稀野生动物 10 余种，2011 年被授予国家 AAAA 级景区称号。山地度假、漂流、森林徒步探险、野外生存训练等精品旅游项目，使虹口成为成都及周边城市市民重要的夏季短程旅游目的地。

在成都周边避暑旅游地日益涌现、市场竞争不断加剧的情势下，虹口景区准确地把握成都休闲客源市场的特点，率先推出水上麻将活动。在清凉的小溪上，游客们可以边泡脚边喝茶边打牌，其乐无穷。看到市场的认可，景区于 2013 年 5 月 13 日至 7 月 14 日再推出"虹口万人亲水麻将挑战赛"，并已申报吉尼斯纪录申请。晋级决赛的前 100 名选手，还可以享受虹口免费双人游，免费吃喝游玩虹口，同时还有机会赢取总额高达 10 万元的现金大奖。水上麻将比赛，将再次给虹口旅游带来新机遇。

（资料来源：人民网 http://sc.people.com.cn/n/2013/0510/c345167-18635009.html）

 思 考
1. 虹口景区在产品创新战略上运用了何种方法？
2. 水上麻将为何能得到游客的认可？

（二）多元化发展战略

多元化发展战略是指旅游企业进入目前业务范围以外的新领域，其主要目的是分散经营风险。当旅游企业缺乏有利的营销机会或其他行业的吸引力更大时，可实行该战略（图 5-1）。它包括四种模式：

1. 同心多元化

旅游企业通过开发与本企业现有产品线和营销组合相关度高的新产品，满足旅游者的需要。如酒店推出新的餐饮系列、康乐系列产品。

2. 水平多元化

旅游企业在同一专业范围内进行多品种经营，或开发新产品以满足现有游客的新需要。如酒店内开办酒吧、桑拿房、健身房、KTV 房等服务设施和项目。

3. 垂直多元化

旅游企业在原有主营业务的基础上，向前或向后发展经营的策略。如旅行社经营者投资开发新的旅游景点，并利用自己的销售网络进行营销。

4. 综合多元化

旅游企业发展与现有产品、技术和市场无关的新产品，拓展新的市场。如大型酒店集团进入商业零售行业、房地产行业，甚至投资发展现代农业。

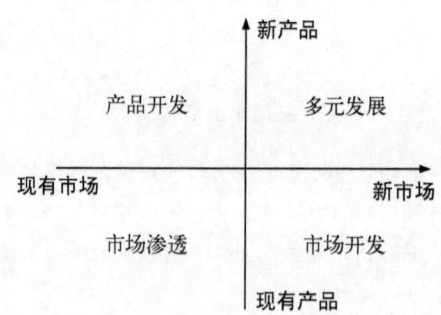

图 5-1 密集型和多元化发展战略示意图

阅读材料

成立于1985年的中国华侨城集团,是隶属于国务院国资委管理的大型中央企业之一。20余年来,华侨城集团除房地产业、旅游、电子通讯等三项核心业务外,还在酒店业、传媒产业方面不断发展,成为行业先锋。

华侨城旅游业从兴建中国第一个主题公园——锦绣中华微缩景区起步,相继成功建设了中国民俗文化村、世界之窗、欢乐谷、东部华侨城等五大主题公园,并以此形成了一个集旅游、文化、购物、娱乐、体育、休闲于一体的文化旅游度假区。

华侨城集团秉承"在花园中建城市"的开发理念,走出了一条"以文化营造环境,以环境创造效益"的综合社区开发的新路子,华侨城成为全国瞩目的最适宜人们居住的"绿色家园"。华侨城集团创造的"旅游与地产"互动发展模式,成为深圳和全国的城市规划建设以及房地产业成功的典范,并从深圳扩展到北京、上海、成都等全国城市。

华侨城控股的康佳集团,从一个生产电子元器件的小厂,逐步发展成为拥有雄厚开发实力的电子通讯企业。康佳集团在全国建立了五大生产基地,并开拓了俄罗斯、印尼、澳大利亚、南美、中东等五大主要外销市场。

华侨城酒店业异军突起,旗下的威尼斯酒店、海景酒店、华侨城大酒店等主题酒店品牌享誉全国,经济型酒店 CITY INN 城市客栈成功实现了跨区连锁经营,经过资产整合后的华侨城酒店正呈现出强劲的势头。

进入新世纪以来,华侨城依托雄厚的文化旅游资源优势,加大了对文化产业战略投资,成立了华侨城国际传媒公司,主营影视投资制作发行,并涉及广告、传媒和演艺业务。华侨城国际传媒以其雄厚的实力及专业化运作,逐渐成为业内佼佼者。

(资料来源:百度百科 http://baike.baidu.com/view/1273696.htm?fromId=1066188)

思考

1. 华侨城集团的多元化发展战略是否分散了投资,造成集团主营业务发展后劲不足?

2. 华侨城集团"旅游+房地产"的发展模式在深圳、北京、上海、成都等城市推广成功的秘诀是什么?

（三）归核经营战略

与多元化发展战略相反，归核经营战略是指旅游企业坚持主业、突出主业，而不经营其他业务。其主旨在于，集中优势资源，在企业最熟悉的领域做大做强。归核经营与多元化发展都不可过度。在市场环境快速变化的现代社会，只经营传统业务势必影响企业的抗风险能力；而点多面广的地毯式发展，也会使企业投资过于分散。在以主营业务为主体的情况下，选择几项有市场前景的行业进入，或许是明智之举。

（四）一体化发展战略

企业同时控制供应商、中间商和同行竞争者的发展战略，就是一体化发展战略。

1. 后向一体化

旅游企业通过收购、控股等方式控制原料供应商，以节省经营成本。如旅游饭店收购为其提供餐饮食品原料供应的养殖和种植农业企业。

2. 前向一体化

旅游生产企业控制分销系统（批发商、代理商或零售商），实现产销结合。如旅游景区经营企业收购旅行社。

3. 横向一体化

旅游企业兼并或控制同行竞争者。如大型酒店集团并购若干中小型酒店，形成集团旗下的多家连锁酒店。

任务二　旅游市场竞争战略

案例导入

打造"双赢"的驴妈妈旅游网

驴妈妈旅游网创立于 2008 年，是中国领先的新型 B2C 旅游电子商务网站，中国最大的自助游产品预订及资讯服务平台。成立之初，驴妈妈就以自助游服务商定位市场，经过数年发展，形成了以打折门票、自由行、特色酒店为核心，同时兼顾跟团游的巴士自由行、长线游、出境游等网络旅游业务，为游客出行提供一站式便利服务。

有别于携程、艺龙等以酒店和机票预订为主的传统旅游网站，驴妈妈旅游网将注意力放在景区门票上。它建立了以景区门票分销为切入点，以人为本的景区营销和分销新模式。"驴妈妈"通过将现行价格政策中，游客无法享受到的景区门票优惠让利给自助游客，从而引导他们实现景区内更多价值消费，实现景区内各类娱乐项目、住宿、餐饮等一揽子消费，打造出多元化的盈利点组合。既降低了散客的核心旅游成本，又扩大了景区的综合收入，可谓"双赢"。

目前，已有 5000 多家景区、5000 多家特色酒店、数百家国内外旅游局和航空公司等同驴妈妈旅游网开展合作，覆盖全国各省及直辖市，覆盖 5 大洲、50 多个国家和地区。知名的合作伙伴有：荷兰旅游局、土耳其旅游局、山东省旅游局、吉林省旅游局、华侨城集团公司、宋城旅游、张家界股份、黄山旅游、广州长隆集团等。2012 年 2 月 28 日，驴妈妈旅游网还通过换股方式成功并购了上海兴旅国际旅行社有限公司，并将其更名为驴妈妈兴旅国际旅行社，从而拥有了独立的线下旅行社机构，为其在旅游电子商务市场上再添重筹。

(资料来源：百度百科 http://baike.baidu.com/view/2172379.htm)

1. 在旅游电子商务日益激烈的市场竞争中，驴妈妈旅游网主要依靠什么方式获得了自己的市场份额？
2. 驴妈妈旅游网为什么在网络营销成功后，还要发展线下网点机构？

旅游市场竞争战略是旅游企业为了实现其市场营销目标，根据其在市场中的竞争地位而采取相应战略，以确保企业在竞争中发挥自身的优势。

在这一过程中，旅游企业首先需要确定行业竞争强度。企业可以根据供应商和购买者的讨价还价能力、替代产品的威胁、现有企业的竞争状况、新进入者的威胁以及其他相关者的权利等方面，来分析行业竞争强度和本企业在竞争中所处的市场地位。其次，旅游企业还需要确定市场竞争强度。在竞争环境分析的基础上，旅游企业可以采取多种战略，具体则根据其目标市场上竞争者的营销目标、资源和实力不同，来决定在市场上的竞争地位。

一、竞争者分析

（一）识别竞争者

企业一般会把那些提供与本企业类似的产品和服务，并具有相似的目标顾客和价格的企业作为主要竞争者。如快餐连锁巨头肯德基和麦当劳，瓶装饮用水企业乐百氏与娃哈哈等都互为竞争者。

（二）明确竞争者的目标与发展战略

每个竞争者都有侧重点不同的目标组合，如盈利能力、销售增长率、技术领先地位和服务领先地位等。营销管理者必须明确每个竞争者的主要目标，从而正确估计竞争者可能采取的措施，以便企业对不同的竞争行为作出及时、正确的反应。

不同企业的发展战略相似度越高，它们之间的竞争也越激烈。通常可以将同行企业划入不同的战略群，中小型企业适合进入投资和声誉较低的群体，实力较强的企业则可进入竞争性较大的群体。除了战略群内部各企业会开展竞争，不同战略群中的企业也可能由于具有相同的目标市场、消费者识别不清或企业重新定位战略群，而展开竞争。

（三）评估竞争者的优劣势

企业需要通过销售额、市场占有率、市场增长率、投资回报率、现金流量等数据，对竞争者执行各种既定战略的效果进行评价，从而发现对手的优劣势，以便制定相应的竞争策略。

（四）判断竞争者的反应模式

当企业制定某种竞争策略时，还需预测对手可能的反应。竞争者的反应一般可以分为四种类型：

1. 缓慢反应者

竞争者面对到来的竞争行为反应迟缓，且缺乏攻击力。这可能源于以下原因：竞争者确信自身已建立良好的顾客忠诚度，其市场份额不会受到影响；竞争者缺乏对市场变化的敏感性；竞争者没有足够的资源和能力做出反应。

2. 局部反应者

竞争者只对竞争行为中的部分活动做出反应，对其他部分却不以为然。这可能是竞争行为中只有部分活动对竞争者构成威胁，也可能是因为竞争者受限于资源或人力的无奈之举。

3. 隐蔽反应者

竞争者表面上对竞争行为未作任何反应，而暗地里却已制定了反击方案，将计就计，给对手还以颜色。

4. 激进反应者

竞争者对任何竞争行为都作出强烈、快速的反应。造成这一"过度"反应的原因，一是因为竞争行为涉及竞争者的关键性产品或市场，对其根本利益造成了威胁；二是竞争者较为强势、不容挑战的企业文化。

（五）选择企业的竞争模式

企业在明确了主要竞争者并了解其优劣势及反应模式之后，就要决定自己的对策，是主动进攻还是暂时躲避。一些企业以较弱的竞争者为进攻目标，这样可以节省时间和资源，但获利较少；也有企业倾向对较强的竞争者发起挑战，尽管有一定难度，但一旦成功，便可以迅速提升企业自身的声誉，获利较大；还有一些企业选择与自己相近似的企业竞争，但又认为不应完全击垮对方，否则会影响到自身的安危。

二、旅游者市场竞争战略的主要类型

（一）市场领导者竞争战略

市场领导者是指在相关产品的市场上占有率最高的旅游企业。这些企业通常在新产品开发、价格调整、营销渠道覆盖和促销方面对其他旅游企业产生领导作用。市场领导者的地位不是一

成不变的，也面临着其他企业的挑战。为维护自身的既有优势，市场领导者可以采取如下战略：

1. 扩大市场需求量

市场领导者可以通过发掘新的购买者、开辟新的产品用途、增加消费者的使用量等方式，扩大市场需求量，从而获得最大收益。

2. 保持市场占有率

为防止竞争对手的进攻，市场领导者应巩固已有的市场地位。一是采取进攻措施，即在降低成本、产品创新、服务改善等方面保持行业领先地位，同时对竞争对手的薄弱环节发起反攻；二是采取防御措施，即根据市场竞争的实际情况，在旅游企业现有市场和产品外布置防线。

3. 提高市场占有率

市场领导者不但需要保持市场占有率，必要时也会考虑提高它，为自身赢得更大的收益。但需要注意是否会引起反垄断活动、所需成本增加，并要考虑营销组合策略是否正确等。

（二）市场挑战者竞争战略

市场挑战者是在市场中处于次要地位但很重要的旅游企业。大多数市场挑战者的目标是提高自身产品的市场占有率。企业在选择竞争战略时，需要做好两方面的工作：

1. 明确竞争对手

市场挑战者可以选择三种竞争对手进攻：

① 攻击市场领导者：这一战略风险大，但收益可观。市场挑战者应该认真了解周围市场需求的变动情况，攻击目标要选择顾客需求未被充分满足的领域。

② 攻击实力相当者：攻击实力相当但经营不善或财务困难的企业，直接夺取其市场份额。

③ 攻击小企业：旅游企业可以选择那些比自己实力弱的小企业，将其收购或兼并以扩充自己的市场份额。

2. 选择进攻策略

① 正面进攻：旅游企业在营销活动中与竞争对手直接较量，这种策略中，进攻者必须在产品、服务、广告、价格等方面超过对手。

② 侧翼进攻：旅游企业集中力量填补竞争对手在现有市场上无法覆盖的缺口，适用于资源少于对手的挑战者。可以采取地理性侧翼进攻，向对手经营不善的某些地区进行主动进攻；也可采取细分市场侧翼进攻，发现市场领导者尚未进入的市场机会加以进攻。

③ 包围进攻：旅游企业向市场提供竞争对手所能提供的所有产品，从而形成对对手的替代。这种策略只有在挑战者拥有比对手更多资源，并确定能对其形成包围的状态下，才能奏效。

④ 迂回进攻：旅游企业绕过竞争对手，向较易进入的市场领域发动进攻的战略。一是多元化经营，即将现有产品打入新地区市场，开展多元化经营；二是蛙跳式跃进，借用新技术替代现有产品；三是温火煲粥，即挑战者不急于发动正面进攻，也不模仿对手的产品，而是潜心从事技术研发，当具备一定优势时才发动进攻。

⑤ 游击进攻：旅游企业向竞争对手占据的某些市场角落发动小规模、间断的进攻，目的在于干扰对手，从而削弱对手的实力并最终占领其市场。这种策略适用于资源匮乏的小企业。常用方法有：有选择地降价、强度较大地促销。

（三）市场跟随者竞争战略

市场跟随者通常不是向市场领导者发动进攻并取而代之，而是跟随在主导者之后自觉维持共处局面。跟随者并不主动进行产品革新，只是模仿或改进革新者所推出的新产品。跟随者往往会成为挑战者的主要进攻目标，因此，跟随者必须保持低廉的经营成本与优秀的产品质量和服务水平。

1. 紧密跟随

旅游企业在各个细分市场和市场营销组合的各方面，尽可能效仿市场领导者企业。

2. 距离跟随

旅游企业在主要方面（如目标市场、产品创新、价格和渠道等）追随领导者，但与领导者保持一定差异。

3. 选择跟随

旅游企业在某些方面紧跟领导者，在另一些方面则有所不同，发挥自身的独创性，但并不与领导者发生直接的竞争。

（四）市场利基者竞争战略

旅游小企业往往专注于市场上被大型旅游企业忽略的某些细小部分，通过在小市场的专业经营来获得收益。这种有利的市场地位被称为"利基"（Niche）。市场利基者营销的主要战略是设法占领有利的市场夹缝，在市场、顾客、产品或渠道方面实行专业化营销。为防范风险，他们还会选择两个或两个以上的有利位置，以确保企业的生存与发展。

阅读材料

小旅行社的竞争策略

1997年，上海市18家中小旅行社在完全自愿的基础上组成了联合体，以统一的品牌、统一的价格、统一的服务、统一的承诺在中程旅游市场刮起散客旅游旋风，并向在国内旅游中一直处于垄断"霸主"地位的大旅行社发出挑战。其特点和做法是：① 18家成员皆为上海小旅行社，且分布在申城东南西北的各个角落，符合"旅游超市"方便散客就近买票不与市中心大旅行社抢客源的原则；② 18家旅行社每家都根据自己的特长拿出一两条过硬的线路，一共30条，在18家旅行社统一挂牌出售，任何散客只要到这18家中任何一家，就可选择这30条线路中的任何一条，而不会像以前那样，买一张旅游票得跑许多家旅行社，各家旅行社同一线路但价格、内容又有很大不同；③ 坚持优势互补、共同发展的原则，为防利益不均，"超市"提出了一家举旗18家卖，在利润分配上采取四六折账法，即代卖票拿六、组团社拿四。

（资料来源：http://info.36.cn/Info/tour/thesis/luxinshe/2005112499701.shtml）

 1. 在市场竞争日趋激烈的情况下，小旅行社如何才能在竞争中取胜？
2. 除了案例中提到的策略外，这些小旅行社还可以采取何种策略？

乌镇旅游借势发力

江南水乡浙江嘉兴市乌镇旅游开发始自1999年，2001年乌镇东栅景区正式对外开放。乌镇开发之初，面临的市场竞争十分激烈。仅在其周边就有周庄、同里、西塘、甪直、南浔等多个江南水乡古镇，同质性较强。1989年就启动旅游开发的周庄，2002年游客量已达到240万人次；2010年借上海世博会之机，其游客人数还创下了592万人次的历史记录。

面对市场竞争，乌镇积极取经，学习旅游营销。昆曲表演和《四季周庄》实景演出使周庄文化特色彰显，乌镇也随之推出了包括皮影戏、花鼓戏、水上社戏、拳船等民俗表演活动，并在西栅投资新建了乌镇大剧院。景区开发公司还在2013年5月举办首届乌镇国际戏剧节，邀请世界各国优秀舞台剧组前来参演。周庄通过陈逸飞的画作提高了知名度，乌镇也借《似水年华》电视剧的拍摄，将乌镇形象广为传播，并请著名影星刘若英拍摄乌镇形象广告片，使乌镇"枕水江南"的形象为市场所熟知。至于多个高端酒店的入驻，更是提升了乌镇在中国旅游古镇中的绝对地位。2010年，乌镇荣膺AAAAA级景区的殊荣，更获得了联合国颁发的"2003年亚太地区遗产保护杰出成就奖"。2012年，乌镇景区共接待游客586万人次，实现门票收入3.38亿元，高居国内各旅游古镇之首。

（资料来源：乌镇官网 http://www.wuzhen.com.cn/index/index.asp）

 1. 乌镇采取了哪种旅游市场营销竞争战略？
2. 乌镇为什么要采取这一战略？

任务三　旅游市场营销组合战略

特色农庄

劳模山庄最早是距离北京80公里的一个渔场。1992年，管理者常俊英在这里建起一个8亩地的鱼塘养殖虹鳟鱼。但是，5万尾鱼苗最后长成时，只剩下了1万只，而且售价从30元跌到25元，她们亏本了。一个偶然的机会，让她看到了虹鳟鱼从养殖到加工、垂钓与餐饮结合的巨大商机。于是，她尝试经营垂钓、烧烤和生鱼片餐饮的多元化发展。随后几年，在常俊英等人的影响下，怀柔虹鳟鱼一条沟以垂钓、采摘、休闲为特色的农家乐旅游开始兴起，常俊英因为带动了大量的农户搞农家乐增收致

富，于2000年4月当选为全国劳动模范。但随着众多城里人携巨资进入虹鳟鱼一条沟淘金，同行之间的竞争日趋激烈并且白热化。

在众多对手的冲击下，常俊英虽然增加了数十个农家菜的品种，但是生意还是从当初每周接待几百人跌到六七十人。在怀柔区妇联的建议下，2003年，渔场被改名为劳模山庄，用劳模做生意品牌。当年"十一"黄金周期间，她接待的游客超过了1万人。常俊英又建起了劳模小院，住宿休闲一体化，靠住宿带动餐饮收入。她增设了泳池、秋千、金鱼、木屋等休闲设施，营造出与大自然和谐的氛围，迎合了家庭和青年游客放松身心和愉悦的需要。

劳模山庄的虹鳟鱼24种吃法，是常俊英和厨师在综合游客建议的基础上不断改进推出的。2005年6月北京怀柔区国际虹鳟鱼美食节上，常俊英的厨师制作的一道菠萝金鳟夺得美食节大奖。虽然常俊英为美食节提供原材料、场地、餐饮、住宿，花费了6万多元，但受邀前来的100多家新闻媒体报道了这一活动，一些旅行社也来此考察。比赛后，就有多家旅行社带团来此。现在，每天推上山庄餐桌的虹鳟鱼就达两三百斤。

（资料来源：旅游市场营销与策划案例集．百度文库http://wenku.baidu.com/view/e128215f312b3169a451a4fb.html，有改动）

 思　考
1. 劳模山庄的经营策略主要组合了哪些要素？
2. 为什么改名"劳模山庄"后，常俊英的生意会起死回生？

旅游市场营销组合是指旅游企业为了占领目标市场、满足旅游者的需求，整合与协调使用可控因素，使之扬长避短，综合发挥旅游企业的整体优势。

一、麦卡锡4P's营销组合理论

1960年，美国营销学家麦卡锡（Jerome McCarthy）提出，产品、价格、渠道和促销是企业营销的基本组成要素。

（一）产品（product）

企业应注重产品开发的功能，要求产品有独特的卖点，把产品的功能诉求放在第一位。旅游企业必须考虑的产品的相关可控因素，包括旅游产品设计的合理性、对消费者的满足程度、产品的功能与特色、产品的品牌信誉、产品的质量保证、旅游者的满意度等内容。

（二）价格（price）

企业应根据不同的市场定位，制定不同的价格策略。价格策略包括：产品的生产成本、产品的营销与管理费用、产品的定价策略、付款条件等内容。

（三）渠道（place）

企业并不直接面对消费者，企业与消费者的联系是通过分销商来进行的，因此，应注重经销商的培育和销售网络的建立。渠道策略包括：旅游批发商、经销商、零售商销售网络、销售范围等方面内容。

（四）促销（promotion）

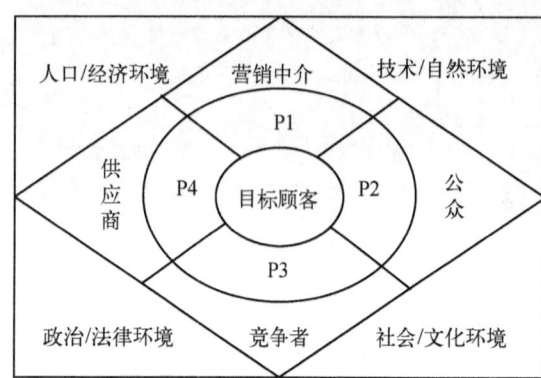

P1—产品；P2—价格；P3—渠道；P4—促销

图 5-2　4P's 营销组合框架图

企业注重销售行为的改变来刺激消费者，以短期的行为（如让利、买一送一、抽奖等等）促进消费的增长，吸引其他品牌的消费者或引导提前消费来促进销售的增长。促销策略包括广告、人员推销、营业推广、公共关系等方面的内容。

4P's 理论的提出奠定了管理营销的基础理论框架。它以单个企业作为分析单位，认为影响企业营销活动效果的因素有两种：一种是企业不能够控制的，如政治、法律、经济、人文、地理等环境因素，称之为不可控因素，这也是企业所面临的外部环境；另一种是企业可以控制的，如生产、定价、分销、促销等营销因素，称之为企业可控因素（图 5-2）。

二、考夫曼 6P 营销策略

美国著名旅馆营销学家大卫·考夫曼（C. Devoitl Cofiman）认为，旅游企业的营销组合包括 12 种因素：产品、计划、定价、品牌、分销渠道、人员推销、广告、促销、产品组合、陈列展示、贮存、市场调查。他在 1980 年出版的《饭店销售学》一书中，将营销因素组合概括为 6 个部分，即"6P"分类法：

（一）人（people）

包括全体营销人员、服务员以及客人或市场。企业的任务是通过市场调研，确定本企业的消费者，然后详尽地了解他们的需要和愿望，即了解所服务的对象，并针对他们（一种特殊人），开展营销工作。

（二）产品（product）

企业应根据客人的需要，向他们提供所需的产品和服务。

（三）价格（price）

价格一方面要适应客人的需要，另一方面要满足企业对利润的要求。

（四）促销（promotion）

促销的任务是使顾客深信本企业的产品就是他们所需要的，并促使他们来购买和消费。

（五）实绩（performance）

实绩指产品的传递，即使旅游者再次购买的方法。这是提高回头客的一种方法，使游客花费最大量金钱的方法，并要使游客在离开后为本企业进行口头宣传和做活广告，以挖掘潜在的客源。performance 也可理解为"实施"，是指将以上"5 个 P"加以有效地组合，并对运行过程加以管理。

（六）包装（package）

指向顾客提供一种多样化、综合而全面的产品和服务，即整体销售，以满足顾客物质上、精神上的需求；也是指把产品和服务结合起来，在客人心目中形成本企业的独特形象。产品包装包括外表、风味、内部布局、维修、清洁卫生、服务人员的态度和仪表、广告与销售印刷品设计以及分销渠道等因素的综合。

知识链接

在麦卡锡 4P 营销组合理论的基础上，许多营销学家都提出了自己的独特见解，较著名的包括科特勒营销策略、雷诺汉营销策略、劳特朋的 4C's 和舒尔茨的 4R 营销组合策略。

1986 年，菲利普·科特勒（Philip Kotler）在原来的 4P 组合的基础上，增加了"政治力量"（Political Power）和"公共关系"（Public Relations）。前者是指企业必须了解其他国家的政治状况；后者是指企业需要知道如何在公众中树立产品的良好形象。

美国学者雷诺汉（Leom Rengham）将旅游饭店的营销组合划分为三个次组合，包括：产品与服务次组合，即注重有形产品（如企业优质的硬件环境）与无形服务的结合；表象次组合，即在建筑、地理位置、氛围、价格、人员等方面突出企业的特点；信息传递次组合，即通过向游客发送产品和服务信息，引起潜在顾客群对企业的感知，并形成一定的期望。

劳特朋 4C's 的核心是顾客战略。而顾客战略也是许多成功企业的基本战略原则，比如，沃尔玛"顾客永远是对的"的基本企业价值观。4C's 的基本原则是以顾客为中心进行企业营销活动规划设计，从产品到如何实现顾客需求（Consumer's Needs）的满足，从价格到综合权衡顾客购买所愿意支付的成本（Cost），从促销的单向信息传递到实现与顾客的双向交流与沟通（Communication），从通路的产品流动到实现顾客购买的便利性（Convenience）。

唐·舒尔茨（Don E. Schuhz）在 2001 年提出的 4R 营销理论主要是用于解决顾客需求与社会原则相冲突的问题。他认为，关联（Relevance）、反应（Reaction）、关系（Relationship）和报酬（Reward）应该综合加以考虑。即：企业应建立并发展与顾客之间的长期关系、及时地倾听顾客的需求、与顾客建立长期而稳固的关系并获取一定的合理回报。

三、旅游市场营销组合的特点

（一）可控性

旅游企业可以根据外在环境的变化，对营销组合中的一个或多个要素进行调整，如淘汰老产品、开发新产品、提价或降价、调整销售渠道、改进沟通与促销策略等。

（二）系统性

旅游营销组合是一个系统。任何一个因素的变化都会导致一系列的变化，形成连锁反应。如提高旅游产品价格，可能会遭到旅游中间商的抵制，促使原有渠道分化，导致部分游客流失。另外，营销组合策略的整合使用，会比单独使用某一要素的作用或分别使用不同要素的效果要好。

（三）多层次性

营销组合中的每个要素又包含了若干次组合，如产品组合包含核心产品、形式产品和附加产品；价格组合包含基本价格、折扣价和付款期；渠道组合包含销售渠道、储存运输、存货控制等；促销组合包含了广告、人员推销、营业推广、公共关系等要素。

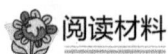 阅读材料

环球泛太平洋饭店的营销战略

泰国的环球泛太平洋饭店集团是环球饭店旅游集团的分公司。该饭店建于 1993 年，是位于首都曼谷商业旅游地区之一的中心地带一座 20 层的综合型大厦。环球泛太平洋饭店集团自己定位为一家提供四星级以上住宿、五星级服务的宾馆。环球泛太平洋饭店集团约 60% 的年利润收入来自客房服务以及如洗衣、商务服务等相关项目。其余的 40% 则来源于酒水饮料、食品等服务项目。

饭店主要迎合两种类型截然不同的消费者：国际商务游客和娱乐型游客。客房服务项目的综合销售比率如下：

商务客人：55%～60%

游客及广告会议：25%～30%

航空公司员工：15%

环球泛太平洋饭店一直致力于吸引商务旅客的入住，因为这一类型消费群体的利润产出要高于其他类型的消费群体利润产出，这类房客更乐意使用饭店其他服务设施——餐厅、洗衣房、电话电传等。大约95%的商务旅客都在曼谷当地预定房间。其中，尤以日本游客所占比重较大，占该饭店商务游客经营利润额的30%。

休闲旅游类房客可分为两大类：单身游客和团体游客。这两类游客服务的利润产出低于商务旅客。由于饭店周边各类饭馆、饮食店星罗棋布，他们使用饭店内设餐厅在中午和晚间用餐可能性要小得多。这一状况迫使环球泛太平洋饭店集团必须注意吸引曼谷地区当地居民来饭店餐厅用餐。

对于各个饭店来说，争取航空公司机组人员的订房合同具有极大的竞争性。这些订房合同有助于各家饭店实现自己的住房率指标。各个航空公司选择长期包订饭店合同的关键因素主要有客房价格、饭店安全程度和卫生条件。

近年来，由于曼谷地区旅游业的迅速发展，许多新建饭店陆续开业，给该饭店带来了极强的挑战。在开发一种确保充分发挥饭店在区域市场中作用的市场营销战略计划时，饭店经理卡林汗先生发现实现饭店更高住房率和客房平均利润率的目标可以有多个市场营销创新选择方案。

首先，可以考虑组织、运用下属营销人员在饭店所在区域市场中实行闪电式大规模促销活动，提高人们对环球泛太平洋饭店价值的认同以及饭店服务项目的知名度。这类促销活动需要注意一些细节，进行客户开发活动必须采用适当的方式，不能让泰籍营销人员感到不适。在泰国从事经营活动关键在于在企业与消费者群体之间建立良好的个人关系。

其次，必须考虑让饭店营销人员在曼谷地区周边两个较大的卫星城市去开发新的商务客源。这两个卫星城市分别位于环球泛太平洋饭店以东20公里处和30公里处，是几个新近获得较大发展的实业集团公司总部所在地，还有规模不小的外贸开发特区。这两个新兴城市目前缺乏四星级以上的饭店。卡林汗先生的这一举措就是针对这一地区为数不少的全球知名企业集团驻当地人员的具体需求而决定的。当地这些外资企业集团中有不少属于日本人开的企业。卡林汗先生注意到日本人习惯在一些娱乐性强的环境氛围中谈生意、做买卖。因此，他肯定日本商务人员乐意在环球泛太平洋饭店所在区域的宾馆饭店里从事业务活动。另外在曼谷以北30公里和50公里还有两个小型城镇，它们均可为环球泛太平洋饭店提供新的商务客源。

卡林汗先生考虑的另一个选择方案是将饭店客源新目标对准旅游业中的经纪人，特别是当地的旅游经纪人。旅游经纪人由于控制着当地一些相关旅游市场，往往被视为是带团旅游团体的关键环节。同时，他们也以自己的信誉对外提供海外旅游导游担保。

此外，环球泛太平洋饭店还存在其他选择方案。曼谷作为全球各国外交使馆最集中的地区之一，拥有约50多个国家的驻泰使馆和领事馆，其中一半左右距环球泛太平洋饭店的路程在3公里以内。此外，曼谷作为泰国的首都，从各个省府来曼谷的各级政府官员络绎不绝。而且国家政府机关在萨丽凯特女王会议中心召开的各种会议数量也很多。

在激烈的市场竞争环境中，通过一系列的营销方案，饭店前三年的经营可以说是业绩辉煌，十分成功。

(资料来源：鲁峰主编. 旅游市场营销学 [M]. 中国科技出版社，2008. 第98—100页)

 思　考

1. 你认为卡林汗先生提出的营销举措怎么样？请进行分析和讨论。
2. 请为环球泛太平洋饭店具体设计几项旅游营销创新策略。

项目小结

本项目主要介绍了旅游市场营销战略的概念、特点和类型。旅游市场营销战略是指在市场调查研究和市场预测的基础上,根据市场环境并结合自身能力,对旅游业或旅游企业发展方向和长远目标所做的全局性的谋划和安排。具有全局性、系统性、长期性、适应性和风险性等特点。这些战略包括密集型战略、多元化发展战略、归核经营战略、一体化发展战略等不同类型。本项目还对旅游市场竞争战略和旅游市场营销组合战略进行了介绍。旅游市场竞争战略是旅游企业为了实现其市场营销目标,根据其在市场中的竞争地位而采取相应战略,以确保企业在竞争中发挥自身的优势。通过竞争者分析,旅游企业可以根据自身需要采取市场领导者竞争战略、市场挑战者竞争战略、市场跟随者竞争战略、市场利基者竞争战略。旅游市场营销组合是指旅游企业为了占领目标市场、满足旅游者的需求,整合与协调使用可控因素,使之扬长避短,综合发挥旅游企业的整体优势。这一理论的核心是4P's(产品、价格、渠道、促销),不同学者在此基础上又对这一理论进行了扩展和改进,形成了较为丰富的营销组合理论体系。

综合能力训练

◇◇◇◇◇◇◇◇◇◇◇◇◇ **基本训练** ◇◇◇◇◇◇◇◇◇◇◇◇◇

一、名词解释

旅游市场营销战略   旅游市场竞争战略   4P's 营销组合理论

二、选择题

1. 旅游市场营销战略有哪几种类型?(   )
   A．密集型战略   B．多元化发展战略
   C．归核经营战略   D．一体化发展战略
2. 旅游市场竞争战略包括哪些类型?(   )
   A．市场领导者竞争战略   B．市场挑战者竞争战略
   C．市场跟随者竞争战略   D．市场利基者竞争战略
3. 在旅游企业中占据统治地位的企业是(   )。
   A．市场主导者   B．市场挑战者
   C．市场跟随者   D．市场利基者
4. 麦卡锡的 4P's 营销组合理论主要包括哪些要素(   )。
   A．产品   B．价格   C．渠道   D．促销
5. 旅游市场营销组合的特点是(   )。
   A．可控性   B．系统性   C．多层次性   D．长期性

三、判断题

1. 市场利基者是专心关注市场上被大企业忽略的某些细分部分,在这些小市场上通过专

业化经营来获得最大限度的收益。（　　）

2. 产品创新战略是指旅游企业以现有产品或服务去争取新的旅游者或开拓新的市场的战略。（　　）

四、思考题

1. 旅游市场营销一体化发展战略可以从哪几个方向来进行？
2. 多元化发展战略的主要形式有哪些？
3. 简要说明旅游市场领导者竞争战略。
4. 4P 与 6P 营销策略的主要区别是什么？

五、案例分析

假日酒店：改变了世界酒店业的发展史

第一家假日酒店创建于 1952 年。创始人威尔逊先生第一个将特许经营方式引入酒店业，在不到 20 年的时间里把假日酒店开到了 1000 多家，业界评价他"改变了世界酒店业的发展史"。尽管假日酒店现已归属于英国 BASS 集团，但它却是第一家经营规模达到 10 亿的酒店集团，并以持续创新的形象铭刻在酒店业的发展史上。

假日酒店一开张就充满了创新之举。首先，它定位于中等价位并提供高标准服务，为旅行的人们提供了一个有着家一般感觉的休闲场所，使他们不必面对汽车旅馆要么昂贵要么肮脏的两难选择。在酒店内部，开设了餐厅、游泳池，并提供会议设施，客房里安装电话、电视和空调，免费提供停车场、儿童免费入住，这种种前所未有的举措令当时美国酒店业耳目一新。

20 世纪 50 年代末，威尔逊先生发现仅靠他个人的力量不足以实行大规模扩张，于是他采用特许经营方式出让品牌使用权让投资者自行兴建酒店并经营，这给酒店业的发展提供了一条全新的思路。假日酒店借美国当时洲际高速公路系统全国伸展的东风，利用特许经营的方式在美国各地开办连锁店，并走向世界。一个世界级的酒店集团从此迅速成长。

60 年代，威尔逊成立"酒店服务中心"，鼓励受许方到服务中心购买以实现酒店装潢上的统一。假日酒店还率先采用电脑联网预定系统，随后同行纷纷效仿，又一次引领业内潮流。

70 年代，假日酒店在电话局买下 1-800-Holiday Inn 特别号，为所有拨打这一号码的电话集中付费，将其服务水准上升到一个新的高度。从此，免费电话 800 由假日酒店开始向全世界推广，并在今天成为衡量服务周到与否的一个标准。

进入 80、90 年代，假日酒店利用高新技术创新，一次次带动酒店业发展的脚步。他们第一个使用佣金集中付款系统、LANmark 综合酒店电脑管理系统，并提供互联网预定服务。在服务设施方面，假日酒店首先开设了市内娱乐中心、电子游戏厅、儿童套房等。

假日酒店的持续创新给了它永久的活力和极高的声誉，在酒店业中传为佳话。

问题：

分析假日酒店的营销战略有哪些？说明其战略成功的主要原因是什么？

技能训练

一、任务名称
旅游市场竞争战略认知

二、任务目标
1. 以小组为单位,选取一家旅游企业为分析对象,了解企业的主要竞争者。
2. 分析、总结该企业目前所采用的竞争战略,并对其进行评价。

三、任务实施
1. 对所教班级进行分组,6~8人为宜。
2. 小组内进行调研、撰写等人员的分工。
3. 对调查结果展开讨论,形成报告。
4. 在全班组织报告会,运用PPT进行现场汇报。
5. 选派一名代表发言汇报,要求主题突出,简明扼要,语言表达清晰流畅。

四、成果形式
1. 调查分析报告,1500字左右。
2. 对小组提交的分析报告和个人的交流表现进行评估,纳入平时成绩。

项目六
旅游市场营销产品策略

学习目标

通过本项目学习，你应该能：
1. 了解旅游产品的概念、构成和形态
2. 掌握旅游产品生命周期各阶段营销策略
3. 理解旅游新产品开发策略和旅游产品品牌策略

任务一　旅游产品概述

案例导入

云南旅游产品开发目标

云南十一五旅游发展规划中旅游产品开发的目标是：做强观光旅游产品系列，做大休闲度假旅游产品系列，做精特色专项旅游产品系列。

1. 做强观光体验旅游产品系列

观光体验旅游产品系列包括自然风光旅游产品、民族风情旅游产品、历史文化旅游产品。

自然风光旅游产品：将自然生态、地质地貌及动植物资源优势转化为旅游产品。

民族风情旅游产品：依托云南25个少数民族绚丽奇异的民族文化和民俗风情，深度开发娱乐性、参与性、体验性民俗旅游产品。

历史文化旅游产品：挖掘云南独特的历史文化资源，与自然风光相融合。

2. 做大休闲度假旅游产品系列

休闲度假旅游产品系列包括度假区旅游产品、绿色健康旅游产品、高原运动旅游产品、置业度假旅游产品。

度假区旅游产品：充分利用全省众多高原湖泊的资源优势，将其建设为云南省的重点休闲度假旅游产品。

绿色健康旅游产品："温泉SPA"旅游景区，森林康复疗养景区景点，医疗保健旅游产品。

高原运动旅游产品：打造世界级高尔夫休闲度假旅游胜地、高原体育训练基地和漂流、登山、攀岩、自驾车等户外运动天地。

置业度假旅游产品：开发分时度假、避暑避寒等不同形式的置业度假旅游产品。

3. 做精特色专项旅游产品系列

特色专项旅游产品包括生态旅游产品、会展旅游产品、节庆旅游产品、红色旅游产品、修学旅游产品、科考旅游产品。

(资料来源：《云南十一五旅游发展规划》)

思 考
1. 什么是旅游产品？
2. 旅游产品有哪些形态？

一、旅游产品的含义

美国著名市场营销专家菲利普·科特勒认为：产品是人们为获取、使用或消费的目的而提供给市场的一切东西，以满足某种欲望和需要。产品包括有形的和无形的物体、服务、人员、地点、组织和构思。在 4P's 营销组合战略中，第一个 P 即指的是产品（Product），产品是市场营销的基础。

旅游产品不是指旅游者在旅游过程中购买的一般商品，而是在一次旅游活动中实现的，由一系列单项产品和服务有机组成的综合产品。旅游产品是指旅游经营者通过市场提供的，能满足游客一次旅游活动所需求的全部产品和服务的总和，它主要由旅游吸引物、各种产品和服务组成；也可以认为旅游产品是指旅游经营者以货币形式向旅游经营者购买的，一次旅游活动所消费的全部产品和服务的总和。目前对旅游产品的定义有很多种，其中主要有从旅游者角度给出的定义和从旅游目的地角度给出的定义。

（一）旅游产品是一个整体概念

从旅游目的地角度看，旅游产品是旅游经营者凭借旅游吸引物、交通和旅游设施，向旅游者提供的用于满足其旅游活动需求的全部服务。根据这种看法，旅游产品是一个整体概念，是由多种产品和服务组成的综合体，一条旅游线路也就是一个旅游产品。在一条旅游线路中，除了吸引旅游者前往的旅游目的地所有的旅游吸引物，还包括在到达目的地及返回客源地过程中需要向旅游者提供的如交通、餐饮、住宿等所有服务。例如旅行社产品就是一个整体概念，它最主要的表现形式就是旅游线路。旅游线路是旅行社根据市场需求，通过采购景点、交通、住宿、餐饮、购物、娱乐等单项服务产品，将自己的服务贯穿于其中的、向旅游者提供在旅游活动过程中的全部产品和服务的总称。

知识链接

某旅行社推出的"北京特快空调双卧六日游"

旅游产品名称："北京特快空调双卧六日游"
线路类型：精品线
成人价格：1 340 元（含全陪）
旅游时间：六天五晚游

一、行程安排

时间	旅游行程
D1	成都—北京 上午乘空调特快火车硬卧赴首都北京
D2	天坛—军事博物馆 中午抵达北京，游览世界上最大的古代祭天建筑群——天坛公园（首道门票）（约1小时），入住酒店
D3	故宫—景山—王府井 早餐后，游览世界最大的城市中心广场——天安门广场（60分钟左右）；人民英雄纪念碑；观世界著名的水上国家大剧院外景，雄伟的人民大会堂外景；参观毛主席纪念堂（如关闭只参观外景）；参观世界上规模最大、保存最完整的皇家宫殿建筑群——紫禁城（故宫）（120分钟左右）；游览明清两代皇家镇山——景山（约40分钟）；自费游览海底世界（90元，约1小时），自费参观老北京堂会＋三轮车逛胡同（120元，约1.5小时），逛东华门夜市自费品尝风味小吃（晚餐自理，品正宗全聚德烤鸭，160元起），王府井自由购物（约1小时）； 晚可自费观大型表演——《金面王朝》（自费130元/1.5小时）
D4	居庸关—鸟巢、水立方 早观庄严的升旗仪式，早餐后乘车赴北京昌平区，游览亚洲最大的金肆维玉器城（约45分钟）；登万里长城——居庸关段（约2小时），可自费参观明皇蜡像宫（45元，约1小时），品尝北京定陵果脯（约40分钟），参观润德珍珠（约40分钟）；参观奥林匹克公园（约60分钟，政策性关闭除外），近距离参观鸟巢、水立方外景
D5	颐和园—圆明园 早餐后参观皇家工坊（40分钟），前往在中国古代园林建筑中统领风骚数百年的福山寿海——颐和园（约1.5小时）；自费参观万园之园——圆明园（60元，约1小时），参观藏医院（40分钟），游览大栅栏商业街（约40分钟）；参观北京特色珠宝折扣店（45分钟），乘晚上18：29左右的T7次空调特快火车硬卧离开北京
D6	晚上（20：41）抵达成都，结束愉快行程

二、服务及价格组成

价格包含	所列景点首道门票 挂牌二星级双人标准间 正餐8菜1汤，10人一桌（4早6正）；正餐标准：15元/人/餐 空调旅游车 全程优秀导游服务 旅行社责任险及旅游人身意外险 往返特快空调火车硬卧
价格不含	行程中所列自费项目 酒店房间自费物品 个人消费

（资料来源：http：//www.cncn.com/xianlu/69937958233，有改动）

 **思 考** 旅游产品的内容包括哪些？

（二）旅游产品是一段旅游经历

从旅游者的角度看，旅游产品是指旅游者花费一定时间、费用和精力所换取的一次旅游经历。这个经历包括旅游者离开常住地到旅游结束的整个过程中对所接触的事物、所经历的事件和所享受的服务的综合感受。古人云"读万卷书，不如行万里路"。一个旅游者的一次旅游经历除了在旅游目的地所看到和体验到的，还包括整个旅游行程中的所有感受和经历。如旅游过程中住宿是否舒服、饭菜是否合口味、旅游目的地居民对待游客是否热情、友好等，如果是参加旅行社组团游，还包括导游的服务质量和服务态度等。如果其中一个环节，如某一项单项产品或服务质量较差，引起旅游者的不满，可能会对这一次旅游活动的整体评价不好，那么这个整体旅游产品的声誉和口碑也会变差，进而影响到旅游产品的再销售。

二、旅游产品的特性

（一）综合性

旅游活动是一项综合性的社会、经济、文化活动，涉及食、住、行、游、购、娱在内的产品和服务。因此，旅游产品的综合性表现在它是由多种旅游吸引物、交通设施、住宿餐饮设施、娱乐场地以及多项服务组成的综合性产品。这种综合性既体现为物质产品与服务产品的综合，又体现为旅游资源、基础设施和接待设施的结合。随着旅游者需求的日益多样化，旅游产品所包含的内容也必然更加广泛。从旅游产品的内容来看，它是以旅游线路为内容，凭借多种旅游资源、多种旅游设施和各式各样的特殊旅游服务活动所共同组成的产品。从旅游产品的形成过程来看，生产或提供旅游产品所涉及的部门和行业众多，除涉及旅游部门中的各个行业外，还涉及不少旅游部门之外的其他国民经济部门与行业。

（二）无形性

旅游产品构成中有一部分物质产品如客房、餐饮、景点设施等，但它们只是作为生产旅游服务的条件而存在。旅游产品主要表现为旅游服务，如导游服务、接待服务等。只有当旅游者到达旅游目的地享受到旅游服务时，才能感受到旅游产品的使用价值。人们在消费之前和消费过程中都无法触摸或感受到它的存在。旅游者花费一定的时间、费用和精力，获取的是一种旅游经历和体验，这种感受与体验对人们来说是无形的。旅游产品的无形性加大了旅游者的购买风险，也增加了旅行社与旅游者交易的难度。旅游产品的无形性要求旅游企业在推销其产品

时，要把无形产品有形化，把旅游产品的特征和质量转化成旅游者能看到或感觉到的信息，传递给潜在目标市场。

（三）不可转移性

有形产品的买卖表现为物质流动和所有权的转移。旅游活动最重要的一个特征就是异地性，旅游服务所凭借的旅游资源和旅游设施，无法从旅游目的地运输到客源所在地供游客消费，只有依赖于旅游者到达旅游产品生产地，才能实现旅游产品的生产与运输。旅游者在使用或消费过程中，只是取得在特定的时间和地点，对旅游产品的暂时的使用权，所有权并不发生转移。

（四）同时性

旅游产品具有生产与消费的高度同一性。旅游企业借助一定的旅游资源和旅游设施提供旅游服务，旅游者在消费的同时也参与了生产过程。因此，旅游产品只有进入消费过程才能实现其价值。由于旅游产品生产与消费的时空同一性，必须有现场消费的旅游者，旅游产品才开始生产，旅游者一旦离开生产立即终止。如消费者到酒店餐饮部消费，点菜后，服务人员按所点菜单制作菜肴并提供服务。因此，旅游产品生产不像物质产品生产那样可以暂时贮存起来，旅游产品的同时性决定了旅游产品不仅不能贮存，而且一旦旅游消费结束则旅游产品就自然解体。旅游者直接介入旅游产品的生产过程，并在直接消费中检验旅游产品的数量和质量，并以自己的亲身感受表明他们的满意程度。旅游产品的生产、交换、消费在空间上同时并存。当导游、司机、景点服务人员等向旅游者提供服务的时候，也正是旅游者在消费的时候。

（五）易替代性

虽然现代社会已经进入大众旅游时代，旅游活动正在成为人们现代生活的必要组成部分，但它毕竟不同于基本物质生活消费，而要受到政治、经济、社会等各方面复杂因素的影响，表现为较高的需求弹性和替代性。首先是旅游产品与其他商品之间存在互相替代关系，旅游产品的价格同其他商品价格的不同变化，会引起旅游产品需求量的变化。其次是旅游产品本身也具有很强的替代性。外出旅游是为了获得一种新鲜的体验，不同的旅游目的地各有各的特点，消费者选择的余地很大，且带有随机性，这就导致不同旅游目的地和不同类型的旅游产品相互替代性很强。实践表明，旅游产品的需求价格弹性、需求收入弹性和交叉弹性都比较高，从而使旅游产品经营具有较大风险，同时竞争也很激烈。

三、旅游产品的形态

旅游产品的形态是旅游产品的存在形式和表现类型。传统旅游产品的形态，主要有观光旅游产品、文化旅游产品、商务旅游产品、度假旅游产品等。随着社会的发展，人们的旅游需求日益增长，在传统旅游产品依然存在并不断完善和发展的基础上，又产生了一些新的旅游产品。

(一)观光旅游产品

观光旅游产品是以满足旅游者游览自然风光、城市风光、名胜古迹等为目的的旅游产品。进入大众旅游时代，为满足旅游者的需求，各个国家和地区相继开发出新的观光旅游产品。如主题公园、国家公园、野生动物园、植物园等。观光旅游产品具有资源审美价值高、可进入性强、服务设施齐全、环境氛围好等特点（图6-1）。

图6-1　阳朔遇龙河

(二)文化旅游产品

文化旅游产品是指满足旅游消费者了解旅游目的地文化需求的旅游产品。主要有博物馆游、民俗风情旅游、宗教旅游、文学艺术旅游等。

阅读材料

景德镇推出的"陶瓷文化旅游"

景德镇是世界闻名的瓷都。以"瓷"为中心，景德镇中国旅行社推出了具有鲜明特色的"陶瓷文化旅游"系列产品，游客可考察景德镇湖田、南市街古瓷遗址和高岭山，参观古陶瓷博览区、陶瓷馆和大型瓷厂，游览明代民宅，参加白瓷彩绘游、传统制瓷游、赏瓷品茶游等多条特色旅游线。"白瓷彩绘游"是由陶瓷名家指导教授瓷上绘画技艺，游客自己用瓷笔和彩色颜料在白瓷上作画，24小时内烧成成品，带回作永久纪念；"传统制瓷游"是由名师指点，游客在古窑厂，采用白如玉粉的瓷粉，亲历手工制作瓷坯、入窑烧炼，并在6日内拿到成品留作纪念；"赏瓷品茶游"是游客既可欣赏古今名瓷，领略"海上陶瓷之路"起点的古风，又可畅游茶园，品尝1915年获得巴拿马国际博览会金奖的"浮红"香茶。

（资料来源：周艳春主编. 旅行社运营操作实务. 上海：上海交通大学出版社，2011，49.）

(三)度假旅游产品

度假旅游产品是旅游者选择一个旅游目的地,进行休闲和消遣的旅游产品。由于现代人工作紧张、精神压力大,度假旅游产品满足了人们暂时逃避紧张、枯燥、压抑的工作环境和生活节奏,到安静优美的环境中去放松和休息的愿望。度假旅游产品包括海滨度假、湖滨度假、森林度假、山地度假等。度假旅游的特点是:度假旅游强调休闲和消遣,停留时间较长,一般多以散客的形式进行家庭游,并且重复选择同一个度假地的可能性也较大。

(四)商务旅游产品

商务旅游产品是因经营洽谈、会议等商务行为而开发的旅游产品。一般商务人士在完成商业活动后,通常都会顺便到附近景点观光游览,或者一些商务活动本身就包括了观光考察活动。参加商务旅游的多为管理人员,其旅行费用多为所在公司承担。商务旅游的特点是不受季节和气候等因素影响,消费水平高于一般的旅游者,客人停留时间短但重游率高,客人重视酒店的地理位置和高质量的服务。

(五)康体旅游产品

康体旅游产品指能够使旅游者身体素质和状况得到改善的旅游活动。康体旅游产品包括体育旅游和保健旅游,体育旅游是以体育活动为主要旅游目的的旅游产品,如高尔夫、滑雪(图6-2)、水上运动等,保健旅游以恢复或保持身心健康为主要目的,如疗养旅游、健身旅游等。

(六)宗教旅游产品

宗教旅游产品是为信仰宗教的旅游者前往宗教圣地进行朝拜活动而设计的旅游产品。如信仰伊斯兰教者把到麦加朝觐作为人生最大的理想,每年来自全世界的穆斯林云集在麦加。我国的四大佛教名山五台山、峨眉山、普陀山(图6-3)、九华山是佛教徒所向往的宗教圣地。

图6-2 滑雪场

图6-3 普陀山

（七）修学旅游产品

修学旅游产品是以外出学习为主要目的的旅游产品，主要购买者是青年学生。修学游的形式有入境、出境和国内修学旅游三类。由于我国历史文化悠久，许多地方积极开发有特色的旅游产品，如书法绘画吴文化系列游、世界园林遗产游、传统戏曲游等，吸引了大量的海外修学旅游者。而出境修学旅游也是目前中国市场上较热的一个旅游项目，以出国学习英语会话、感受外国高等教育等内容为卖点。随着我国教育模式由"应试教育"向"素质教育"的转变，国内修学旅游作为一种传统而现代的素质教育手段，正在逐渐兴起和被广泛推广。

（八）探险旅游产品

探险旅游产品是利用人们的好奇心理和寻求新鲜事物的欲望而设计和开发的旅游产品。探险旅游的目的地主要是那些人迹罕至或尚未开发的地方，如原始森林、峡谷、雪山等。参加者多为学生或中青年人，在旅游目的地停留时间较长，对住宿和饮食的要求不是很高。

四、旅游产品构成分析

（一）按市场营销理论划分

我们可以把旅游产品看作是满足游客需求的整体，而这个整体可以划分为三个层次：核心产品、有形产品、延伸产品（图6-4）。

1. 核心产品

旅游产品中的核心产品就是游客通过购买旅游产品所追求的核心利益或是旅游产品所提供的基本效用。在产品整体概念中是最基本、最主要的部分。对于一个整体旅游产品而言，旅游最主要的活动就是离开家到目的地进行游览、观光或休闲，在这个过程中要满足旅游者在常住地和目的地之间、不同目的地之间的移动及满足一系列的基本生活需求，因此整体旅游产品的核心产品就是旅游六要素"吃住行游购娱"。

2. 形式产品

旅游产品中的形式产品是指旅游企业向市场提供的旅游产品的具体构成项目和旅游服务的外在表现形式，即在旅游活动中，游客所具体感受和体验的旅游产品的差异。包括旅游产品的质量、风格、特点、式样、品牌和包装。如同是出发到北京游玩，游览基本相同的景点，但旅行社可能会有不同报价的产品，它们可能会在游览时间、交通方式、住宿酒店星级等方面有差异。

3. 延伸产品

旅游产品中的延伸产品是指游客在购买和消费旅游产品的过程中所获得的附加服务的总和。延伸产品附属于旅游的核心产品和有形产品共同为游客提供效用。如优惠付款条件、旅游信息咨询、免费接送服务、售后服务等，这些附加利益和服务可提高游客的满意度。

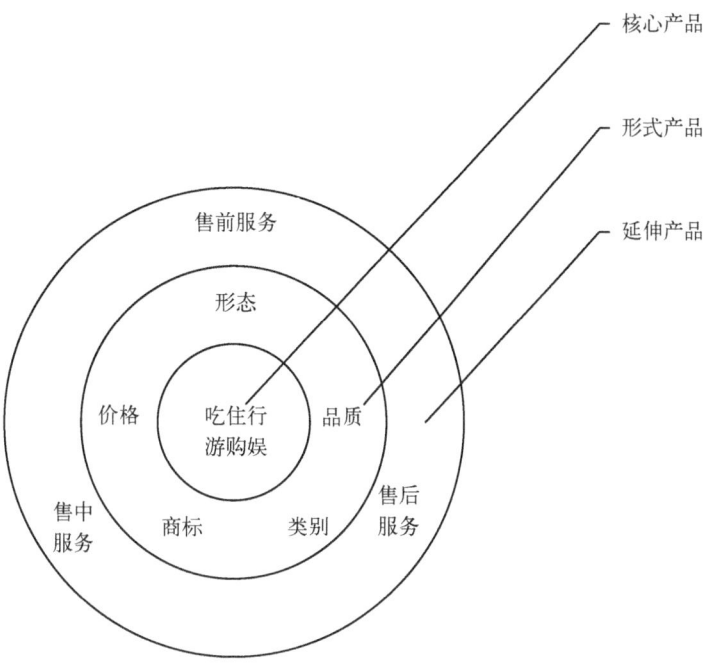

图 6-4 旅游整体产品的层次

（二）按消费形式划分

按消费形式划分，旅游活动由吃、住、行、游、购、娱组成。因此，可以将旅游产品划分为餐饮产品、住宿产品、交通产品、游览产品、购物产品、娱乐产品。餐饮和住宿是向旅游者提供生活设施条件的产品，由各类餐馆、宾馆酒店、招待所、客栈等构成；交通是使旅游者能够在常住地和目的地之间，以及目的地景区与景区之间移动的工具，是实现旅游活动的手段；游览是向旅游者提供旅游活动的中心内容，也是旅游者从事旅游活动的主要目的；购物是向旅游者提供辅助性消费的内容和形式；娱乐是向旅游者提供娱乐和放松身心的活动。

（三）按构成要素划分

从旅游产品凭借物构成的主要内涵划分，旅游产品的凭借物包括旅游资源、旅游设施、可进入性、旅游服务。其中旅游服务是旅游产品的核心。

1. 旅游资源

旅游资源指自然界和人类社会凡能对旅游者产生吸引力，可以为旅游业开发利用，并可能产生经济效益、社会效益和环境效益的各种事物和因素。旅游资源是旅游业赖以运行的物质基础和前提条件。一个国家或地区旅游业的发展规模和前景，在很大程度上取决于该国或该地区旅游资源的特色、丰度、分布及对旅游资源的开发保护情况。旅游资源最大的特点就在于能激发旅游者的动机，吸引游客到异地进行旅游观赏、消遣娱乐等活动，以此来丰富自己的文化生

图 6-5　丽江束河古镇

活。根据旅游资源的成因和属性，可将旅游资源分为自然旅游资源和人文旅游资源两大类。

根据国家标准《旅游资源分类、调查与评价》，旅游资源可分为八个大类，包括地文景观、水域风光、生物景观、天象与气候景观、遗址遗迹、建筑与设施、旅游商品、人文活动（图6-5）。

2. 旅游设施

旅游设施指直接或间接向旅游者提供服务所凭借的物质条件，分为旅游基础设施和旅游专用设施两种。旅游设施在旅游产品构成中不是决定旅游者旅游流向的主要因素，但会影响旅游者对旅游产品的总体感受。旅游基础设施是指旅游目的地城镇建设的基本设施，如水、电、热、气的供应系统，废水、废气和废物的排污处理系统，邮电通讯系统，交通运输系统，安全保卫系统，环境卫生系统以及城镇街区的绿化、美化、路标、路灯、停车场的设置等。旅游专用设施是指旅游经营者直接服务于旅游者的凭借物，一般包括住宿、饮食、交通及其他服务设施。

3. 旅游服务

旅游服务是旅游产品的核心。旅游者购买并消费的旅游产品，除了少量有形物质产品外，大量的是旅游服务的消费。

从服务产品产生的过程来看，旅游服务包括服务观念、服务技术和服务态度。服务观念是服务工作的前提，只有树立正确的服务观念，才可能具有积极主动的服务精神和服务态度；服务态度是服务工作外在的集中表现，是旅游消费者关注的焦点；服务技术是服务工作的基础。

从经营者角度来看，旅游服务由服务设施、服务项目和服务价格构成。服务设施是旅游服务的物质基础，决定了旅游服务能达到的水平和标准；服务项目则决定着能为旅游者提供的服务形式和内容；服务价格是服务质量的货币表现形式，通常不同的价格反映着所提供的不同等级的服务。

旅游服务根据经营阶段划分，可分为售前、售中、售后服务三部分。售前服务是旅游活动开始前的准备性服务，包括旅游产品生产、旅游线路设计等；售中服务是旅游活动过程中直接向旅游者提供的服务；售后服务是旅游者结束旅游活动后的办理相关手续、委托代办、跟踪回访等服务。

4. 可进入性

可进入性是旅游产品组合的前提条件，也是连接旅游产品各组成部分的线索，表现为进入旅游目的地的难易程度。主要包括以下内容：

（1）交通、通讯条件

交通是进行旅游活动的必要条件，良好的交通是旅游业发展的基础。交通条件包括对外交通的条件，如机场、港口、公路、铁路等，也包括区内交通条件，如交通的种类、数量、能力等。旅游目的地的通讯设施具备与否，其配套状况、规模、能力及线路布置等，也对旅游活动有影响。

（2）手续繁简程度

包括出入境手续的难易、验关程序、服务效率和频率及咨询信息等，直接影响旅游目的地的旅游者人数和收入。如一些国家实行免签和落地签，极大地方便了旅游者出行，也为本国带来了更多的旅游收入。

（3）旅游目的地的社会承载力

主要指目的地居民对发展旅游业的态度、社会治安状况、人口密度、交通状况等，是影响可进入性的重要因素。

五、旅游产品的组合

（一）旅游产品组合的涵义

旅游产品组合是指对实现旅游活动所需要的旅游产品各构成要素进行科学组合，以时间和空间为主线制定旅游行程计划和设计旅游线路，并安排相应的游览景点、导游服务、食宿、购物、娱乐、旅游交通等。

生态旅游产品组合线路

线路1：云南探险旅游线路组合

昆明—丽江玉龙雪山、虎跳峡徒步—德钦白马雪山登山—西藏世界屋脊探险；

昆明—思茅澜沧江漂流探险—西双版纳热带丛林探险—缅甸或老挝登山探险；

昆明—大理—剑川—丽江—中甸—奔子栏—德钦—盐井—芒康—昌都滇藏茶马古道探险。

线路2：云南野生动植物观察旅游产品

观鸟：苍山、西双版纳、迪庆、丽江拉市海、西部高黎贡山和盈江、瑞丽高黎贡山余脉；

观亚洲象：西双版纳；

观滇金丝猴：滇西北；

珍稀野生植物考察（观兰花、山茶花、杜鹃花等）：西双版纳、高黎贡山、苍山。

（资料来源：http：//blog.sina.com.cn/s/blog_4d1f5d8601000coa.html）

 在旅游产品组合中要注意些什么问题？

（二）旅游产品组合技巧

旅游产品组合的技巧包括时间安排的合理性、空间安排的科学性、适应需求的针对性、所选交通工具的便捷性、舒适性和部分旅游产品的参与性等五个方面。

1. 时间安排的合理性

进行旅游产品组合，首先要考虑时间安排的合理性。如旅游公司的包价旅游，从一日游到多日游旅游线路的设计，就是以时间为序组合旅游产品。切实可行、有张有弛、衔接紧密的时间安排，将有利于旅游产品质量的提高；而时间安排不当，行程过于紧张会让旅游者旅游体验的质量降低。

2. 空间安排的科学性

在旅游产品的空间设计方面，不能让旅游者在各景点之间疲于奔命，而要作出科学安排，景点选择要有特色，路线尽量不要重复。

3. 适应需求的针对性

不同的社会、职业、文化背景和风俗习惯的旅游者对旅游产品的需求往往有较大的差异，因此旅游企业在组合旅游产品时，要根据需求的差异性提供各种因需而异的旅游产品。

4. 所选交通工具的便捷性和舒适性

选择适当的交通工具既可节省旅途时间和交通费用支出，又能带给旅游者安全、便捷和舒适。应注意尽量不安排单日超过 12 小时以上的火车、汽车旅行，否则游客过于劳累，会影响旅游产品质量。

5. 部分旅游项目的参与性

在旅游产品组合中，不仅要使旅游者游得尽兴，而且应尽可能让旅游者体验参与的乐趣。近年来，旅游者对静态的观赏游览的兴趣逐渐下降，更愿意参与体验到旅游活动中。如西双版纳傣族园为了摆脱以静态观赏民俗文化对游客吸引力不足的状况，推出了"学唱一首傣家歌、跳一曲傣家舞、吃一顿傣家饭、住一宿傣家楼、观一次傣家景、干一回傣家活、泼一身幸福水、当一天傣家人"的傣家乐旅游项目，吸引了众多的旅游者。

任务二　旅游产品生命周期及其营销策略

案例导入

深圳世界之窗打破主题公园的"周期论"

深圳世界之窗是用浓缩精华的概念，吸引人来了解世界，通过世界之窗看世界。"你给我一天，我给你一个世界"，这句话非常精确地表达了世界之窗的意象特征。世界之窗 1994 年 6 月 18 日开业，至 2010 年来共接待游客 4 200 多万人次。最高峰的 1995 年，游客人数超过 390 万，是迄今为止中国主题公园的最高纪录；1994 年 10 月 1 日，当天入园 7 万多人次，也是中国主题公园单日购票入园的最高纪录；世界之窗 16 年来实现营业额 50 亿元，利润 16 亿元人民币；世界之窗多次在全国假日办黄金周景区景点监测中取得门票收入全国第一的经营业绩。从 2000 年到现在，公司连续 9 年利润过亿，被业界称为"中国主题公园的一个奇迹"。中国主题公园业一度盛行的主题公园只有 3～5 年的"周期论"被世界之窗用事实打破了。世界之窗有关负责人表示，世界之窗能够在竞争激烈的主题公园市场持续稳定发展，成为国内效益最好的旅游景区，关键是牢牢把握世界文化的发展潮流，不断地创新，形成景区独一无二的核心竞争力。

随着游客需求的发展，第一、第二代以观赏静态景观为主的主题公园已经不能满足游客的新需求，世界之窗开始打造集观赏、运动、教育、娱乐、都市文化、休闲等多种功能于一体的第三代主题公园。

1999 年以前，景区的 108 个景点基本上都是静态观赏性的景观。1999 年至现在，世界之窗创新增添了 20 多个景点和项目，大部分是参与性项目：从国内第一个以文化主题包装的游客参与性娱乐项目——科罗拉多大峡谷漂流探险，到国内首创的大型室内真雪滑雪场——阿尔卑斯滑雪场；从全国最具影响力的开放式环球舞台，到世界最长、国内第一条以文化主题包装的电控滑道娱乐项目"亚马逊丛林穿梭"，世界之窗的每一个大型项目问世都开了国内主题公园的先河。2010 年暑期，世界之窗推出全球首座实景拍摄悬空式球幕影院——投资上亿元的"飞跃美利坚"项目，让游客"飞"着看电影，真实感受美国标志性的景观，包括金门大桥、总统山、大峡谷、拉斯维加斯夜景、纽约港等 12 个代表性景观的四季景色。多年来，世界之窗已逐步由静态观赏型的文化公园转化为集动感参与、文化娱乐于一身的现代世界文化主题公园。

自 1996 年起，世界之窗国际啤酒节已举办了十五届，是世界之窗最具特色的品牌活动之一，也是深圳市旅游局局重点推介的节庆活动，它将啤酒、世界风情、娱乐和时尚元素融合在一起，是啤酒文化、主题公园文化和东西方文化融合的大型综合性活动。每年啤酒节重头戏都在夜晚的恺撒宫，世界之窗邀请知名艺人倾情加盟，再加上世界之窗自有艺术团的表演，给大家展示的是大型演艺吧的概念，给游客提供了一个休闲、放松的全新体验。

世界之窗不但每年在创新，而且一直在追踪市场的感觉，跟着游客的需要来做产品，有效改变了生命周期，保持在平稳的不断上扬的曲线上。从企业的角度来讲，世界之窗开业 16 年来，始终不断更新和调整企业发展战略思维。从这个意义上说，世界之窗为中国旅游企业做了表率。

（资料来源：http://szsb.sznews.com/html/2010-09-02/content_1217097.htm，有改动）

思 考

1. 什么是旅游产品的生命周期？深圳世界之窗目前处于生命周期的哪个阶段？这阶段的特点和相应的营销策略是什么？
2. 深圳世界之窗为何能打破主题公园只有 3～5 年的周期论？它对其他旅游景区的发展有何借鉴意义？

一、旅游产品生命周期

产品生命周期是市场营销学中的一个重要概念，20 世纪 80 年代初，被引入到旅游研究领域。旅游产品生命周期就是指一个旅游产品从投放市场到最后被淘汰退出市场的整个过程。一般包括投入期、成长期、成熟期、衰退期四个阶段（图 6-6）。

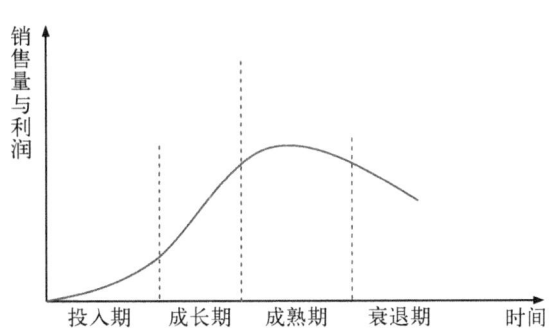

图 6-6 旅游产品生命周期示意图

二、研究旅游产品生命周期的意义

（一）满足旅游者不断变化的需求

随着旅游者人数的增加，旅游需求日益多样化并且处于不断发展变化之中，旅游产品必须不断丰富和创新，才能适应旅游者的需求。

（二）有针对性地制定相应的营销策略

研究旅游产品的生命周期，旅游经营者才能根据旅游产品生命周期不同阶段的不同特点，制定不同的营销策略；并加快旅游产品的创新步伐，不断对旅游产品进行更新换代。同时，当旅游产品处于衰退期时，才能采取有效的措施减缓衰退期的到来，延长旅游产品的生命周期。

三、旅游产品生命周期各阶段的特点及经营策略

（一）旅游产品的投入期

阅读材料

云南禄丰恐龙谷

从1938年开始，云南禄丰境内先后发掘出恐龙化石190多具和不同数量的腊玛古猿头骨化石及其他古生物化石，被学术界誉为"恐龙之乡"、"化石之仓"、"亚洲人类发祥地"和"天然的自然博物馆"。恐龙谷已被中外专家评为巨大潜力的云南23个优选景区之一，是具有极强科考价值、科普价值、文化价值和旅游价值的世界自然遗产。恐龙谷2008年4月开园，目前在市场上已经有了一定的知名度。

 思 考　恐龙谷要获得更高的知名度，可采用的策略有哪些？

旅游产品的投入期是指旅游产品刚开发出来投放市场，销售缓慢增加的阶段。

1. 投入期的特点

新产品首次进入市场，旅游消费者对旅游产品的特点和能给他们带来的利益还不十分清楚，对这些产品还处在观望阶段。因此，产品销售量的增长往往比较缓慢。由于销售量低，分销和促销费用高，因此利润很低，甚至亏本。此时，市场上的竞争者较少。

2. 投入期可采用的营销策略

① 运用各种促销手段大力宣传旅游新产品，尽快在目标市场上提高其知晓度，以打开市场销路、回收资金、取得经济效益为目标。

② 完善旅游新产品的配套服务，不断提高旅游产品的质量和对现有产品不完善的地方进行改进。

③ 在市场上建立起初步的销售网络，解决渠道过窄而导致的销路不畅问题。因此，可实行广泛的销售渠道策略。

④ 定价策略方面可采取高价格策略，以较高的价格树立旅游产品高质量的市场形象；也可采取低价格策略，让旅游消费者迅速接受该产品。

（二）旅游产品的成长期

 阅读资料

大理州鹤庆县新华村

新华村不仅有独特的田园风光和浓郁的白族风情，而且有着悠久的民族手工艺品加工历史。新华村是一个"小锤敲出千年文明史"的古老村寨，早在南诏时期，鹤庆新华村就开始从事金、银、铜等民族工艺品的制作，高超的技艺和精美的产品沿博南古道、茶马古道远播四方，新华村靠一把小铁锤敲出了千年文明发展历史，"鹤川匠人"的美名传誉海外。新华旅游村的开发建设项目于1998年4月4日正式开工建设，1999年5月中国昆明世界园艺博览会开幕之际，新华旅游村的开发建设初具规模，开始接待游客。2001年7月，新华村被国家旅游局评定为国家AA级景区。之后，相继被国家有关部委命名为"中国特色村"、"中国民间艺术之乡"、"中国民俗文化村"。

 思 考 新华村要在旅游业中取得更好的成就，可采取什么策略？

如果新产品满足市场的需求，它就会进入成长期，销售额迅速攀升。

1. 成长期的特点

旅游者对旅游产品的认知程度提高，旅游销售额快速增长，旅游产品被市场上大多数人所认识。销售渠道被打开，众多的中间商愿意加入到旅游产品的销售队伍中。旅游产品的单位成本下降，企业盈利增长；旅游产品的质量逐渐稳定并不断提高。但此时，旅游产品市场竞争的压力也随之加大。

2. 成长期可采用的营销策略

① 产品策略：以提高旅游产品质量、完善功能为核心，在提高旅游产品配套服务能力的同时，开始创立名牌，塑造旅游产品的优质市场形象，培养消费者的品牌忠诚度。此时，可以在基本产品为主体的基础上继续增加新的衍生品种。

② 价格策略：把价格恢复到正常价格水平，并根据旅游需求的季节波动，进行适当的价格浮动。可根据不同目标市场和地区游客的经济承受能力实行产品差别定价，推动产品更广泛的市场渗透，提高企业的市场占有率。

③ 销售渠道策略：旅游产品销售量的提高和市场扩大，要求企业建立起更加密集、广泛、高效的销售网络，需要企业对前期销售网络进行筛选，并把产品推进到新的分销渠道销售。

④ 促销策略：成长期促销的重点要转变到品牌的忠诚宣传上，可通过用前期旅游者的旅游体验和经验来增强对游客接受旅游产品的说服力。

⑤ 市场开拓策略：前期的市场策略相对比较集中，无论是针对的目标市场和地理范围都比较集中。产品进入成长期，应该对产品潜在的旅游市场进行细分，并考虑向新的细分市场渗透的策略。

（三）旅游产品的成熟期

西双版纳旅游"二次创业"取得明显成效

曾经的西双版纳作为云南旅游的老品牌，成功打造了"西双版纳"这个在全国乃至全世界都享有一定知名度的旅游品牌。但是，西双版纳旅游产品老化和发展缓慢的问题日益突出，在全省各地新兴旅游项目迅速崛起的情况下，逐渐被其他地方超越。如何改变落后，再创辉煌，成为西双版纳加快发展亟需解决的重大课题。2006 年，西双版纳确定"二次创业、转型升级、再创辉煌"奋斗目标，决心把西双版纳打造成为云南旅游二次创业的主战场，突出"热带雨林、避寒胜地、和谐家园、神秘风情"这个独特品牌，做好"热、傣、水、边"和"三个好地方"（即南方人避寒过冬的好地方，东南亚傣民寻根访源的好地方，国内外游客亲近自然、追求健康的好地方）这两篇大文章，坚持把转型升级作为主攻方向。西双版纳走过一段旅游产品老化的徘徊期后，以"二次创业"为契机，取得了明显的成效，旅游业几项主要指标重新跨入全省先进行列。

（资料来源：http://news.yunnan.cn/html/2010-09/11/content_1340521.htm）

 西双版纳为何需要二次创业？

旅游产品在经历成长期后，销售增长放慢、竞争者不断加入，就进入了成熟期。

1. 成熟期的特点

成熟期的旅游产品已经被大多数潜在旅游消费者所接受，旅游产品质量已经很稳定。随着更多的竞争者加入，旅游市场上相同或相似的旅游产品蜂拥而至，竞争非常激烈。为了在竞争中保护自己的产品，营销费用增加，因此利润虽高但增长停滞或下滑。

模块二　旅游市场营销战略与组合策略

2. 成熟期的营销策略

成熟期的营销重点在于保护市场，维持现有的市场份额，开辟新市场。主要可采取的策略有：

① 开拓新的市场：在旅游产品成熟期，旅游企业可通过开辟新的市场来吸引新的目标旅游者购买，以延长产品的生命周期。如在欧美日等世界主要经济体客源呈现零负增长格局之际，中国旅游者持续以两位数增长率成为澳大利亚增长最快的客源国。澳大利亚旅游局把中国市场作为重要的营销对象，采取了一系列举措：在亚洲市场启动四项由澳大利亚政府"亚洲发展基金"发起的关键战略性项目，以加强澳大利亚旅游在亚洲市场的推广力度；在澳大利亚主要旅游目的地和景区配备中文讲解员、机场等地放置中文路标和指示牌、各景区和旅游中心印发中文介绍的宣传单和小册子。

② 改进旅游产品：通过改进旅游产品，可使产品重现生命力，延长产品的生命周期。改进旅游产品，可从旅游产品的质量、功能、形态等方面入手。如一些老牌酒店，通过重新装修、配备相应设施、提高服务质量等，星级从原来的三星或四星升至五星。

③ 调整市场营销策略：此阶段，可通过对产品、价格、销售渠道和促销四个组合加以合理的改进，以促使销售量回升。可提供更多的旅游项目，改变分销渠道，增加广告投入；根据情况调整价格，既可采用高价，也可采用低价或中等价格。

（四）旅游产品的衰退期

阅读材料

世博会召开后的昆明世博园

总投资 16.5 亿元的昆明世博园，曾成功举办了历时半年之久的中国 99 昆明世界园艺博览会。整个会展期间，前来参观世博园的游人多达 943 万人次。与当年大批涌来的游客相比，目前入园的人数已大为减少，在旅游淡季，有时一天仅 2 000 人左右。世博会结束后游客减少是正常的，但这也正是世博园必须正视的问题，是世博园着急之所在。世博园占地 218 公顷，有 2 500 个植物种类，共建有 77 个园区。园内用工最多时达 2 000 多人，每天仅用电就 3 万多千瓦时。花园大道上 50 万盆的鲜花，全部更换一次就要 175 万元，一年要换 6 次。整个世博园一年的管理成本就要上亿元。世博园公司已将原有的 2 000 名工作人员减至现在的 390 人，全园的各项支出费用也已明显减少，绿化保养及花卉更换费用也从 1 885 万元减少到 1 270 万元。

（资料来源：http://www.people.com.cn/GB/jinji/36/20020821/804224.html）

思　考　面对这种情况，世博园应采取什么样的策略？

产品衰退期是旅游消费者对旅游产品的兴趣发生转移，销售量及赢利迅速下降的阶段。

1. 衰退期的特点

在这一阶段，新的旅游产品已进入市场，正在逐渐代替老产品。旅游者或丧失了对老产品的兴趣，或由新产品的兴趣所取代。企业销售量迅速减少，利润下降甚至亏损，竞争者纷纷退出市场。

2. 衰退期的营销策略

① 放弃策略：果断结束已经无法挽救、给旅游企业造成亏损的旅游产品的业务，退出旅游市场；还有少量市场的旅游产品，可采取逐步放弃的策略。

② 坚守阵地，收缩市场：如果其他竞争者纷纷退出，在市场上仍有一批该旅游产品的忠实用户，可坚守一段时间；或可收缩市场，减少促销费用和渠道费用，把主要资源用于仍有利润的市场。

③ 转型、改造旅游产品：如果产品具有可改造性，并能满足新的市场需求，可从功能、形态等方面对其进行改造。

四、影响旅游产品生命周期的主要因素

（一）旅游产品的吸引力

一些高品位的旅游资源，由于其所具有的独一无二的垄断地位，多年来一直对旅游者具有强劲的吸引力，如自古就以"五岳归来不看山，黄山归来不看岳"而著称的黄山、"浓妆淡抹总相宜"的杭州西湖。

（二）旅游目的地的自然与社会环境

旅游目的地的自然与社会环境的改变也会影响旅游产品的生命周期，如一些原汁原味的民族村寨、古城等，随着旅游业的发展，自然环境遭到破坏，淳朴的民风荡然无存，原来的旅游环境氛围已经完全改变，很可能逐渐失去消费者的青睐。

（三）消费者需求的变化

旅游者的消费需求很可能会受到经济、社会的改变而发生改变。如以前的旅游者倾向于去一些传统的知名旅游景区，而现在的一些旅游者可能倾向于选择知名度不是很高、游客较少，但环境清雅安静的地方放松身心。

（四）市场竞争因素

如果一些旅游产品不具有垄断性，市场上同类型的旅游产品竞争者多，会影响到旅游产品的销售。如素有"江南第一古镇"的周庄，吸引了大量的旅游者，但它面临着同是江南古镇的同里、甪直、西塘、乌镇、南浔的竞争，虽然它们具有极大的相似性，但各个古镇又有自己独

特的地方，从很大程度上分流了客源。

任务三　旅游新产品开发策略

案例导入

成都中秋节飞机奔月旅游

中秋节是我国民间重要的传统节日之一，有人认为是中国众多传统节日中最具浪漫色彩、最具人情味的，它是被恪守传统的人和现代派都一致认可的佳节。中秋节被中国人民赋予了太多的美好愿望，圆圆的月亮被世人视为人间团圆的大好日子。平时不太关注月亮阴晴圆缺的人们，都期盼中秋这一天能一睹明月。

而作为四川省会的成都，地处四川盆地西部，终年少日照，是国内阴天最多的地区之一。每到中秋月圆之时，成都总因阴云密布而与明月无缘，每每中秋夜，成都人只能点起心中的明月，在其他城市极其平常的中秋赏月对于成都人来说无疑是一种奢望。

正是因为这一特殊的气候因素，《成都晚报》策划人在一次茶楼聊天中，蹦出了坐飞机上天赏月的话题。此后一周，策划人员向周边的亲戚、朋友讲述这个创意并探求他们的意见，询问了上百人，答案无一例外："太棒了！"初步的民调坚定了策划者的信心。

关于奔月线路也初步决定由成都起飞，穿过云层到达距成都500公里的西昌上空赏月。为什么选定西昌呢？由于海拔、气温、日照、经纬度等条件好，加之大气中悬浮物质少，空气透明度大，所以西昌观月亮光亮圆大。自古人们都能在西昌经常观赏到分外明亮皎洁的地球卫星——月亮，故西昌以"月城"的美称闻名海内。

因为此次"奔月"必须动用民航飞机，所以根据民航总局的空管法规，航线需要特批。此次活动的合作伙伴四川航空公司和《成都晚报》经过努力，于8月21日三条航班最终得到民航总局的批准。

《成都晚报》利用媒体优势以最快速度在8月22日的晚报上，将这一盛事以两个连版报道的隆重形式公之众人。市民反响非常踊跃，报名、咨询者众多，咨询热线火爆至极，特批航班从三架次增至五架次。之后在拟订票价的问题上，一周的有奖竞猜价格时间吊足了市民的胃口。采纳群众建议和专家意见，价格尘埃落地，起价仅仅328元，而从成都仅是到西昌青山机场的单程票价都是460元，此价格还包含了上天追月、一场盛大的酒会及大礼包，真正做到了"大众化参与、平民化价格"。情侣套餐、三口之家、合家欢、三代同堂四类优惠票价，与千年以来的中秋传统思亲、男女姻缘主题紧密结合。然后又是小伙子将在中秋奔月飞机求婚，之后，又爆出售票首日92岁老人欲奔月圆梦，更是牵动了各个年龄阶层人的神经。同时《成都晚报》推出评选2005年度"最佳嫦娥"、"最佳吴刚"有奖竞猜免费送票活动。竞猜短信、电话蜂拥而至，暑假期间那种全民总动员的干劲再次在成都大街小巷燃起，奔月成为成都市民茶余饭后的热门话题。此时，一些企业也积极地参与进来命名奔月专机。2005年中秋节，五架民航飞机满载近千成都市民，直上云霄，共览中秋明月！当天中央电视台在《新闻联播》中，主播以"新意"、"别致"、"创新"、"突破"等词语评价此次活动。

（资料来源：http：//222.209.223.71：1000/eol/jpk/course/layout/page/index.jsp?courseId=1321）

思 考
1. 分析此次旅游产品开发经历了哪些程序？
2. 此次飞机奔月旅游成功的原因有哪些？

随着新需求、新市场的不断涌现，旅游产品的生命周期有越来越短的趋势，这需要旅游企业不断推陈出新，在旅游产品设计上以"新"取胜。

一、旅游新产品的涵义

旅游新产品，既可能是与众不同的全新产品，如设计并推出市场上从没有过的旅游线路，也可能是局部改进与创新的新产品，如原有的旅游线路加了新景点、新服务项目，甚至可能是一些小小的变化，如客房、餐厅装饰等做些改动。旅游市场营销所认为的新产品，根据其在功能上或形态上与现有产品相比而具有的新颖程度，一般分为四类。

（一）全新旅游产品

采用新原理、新设计、新方法生产的市场上前所未有的旅游产品。全新旅游产品推出往往给旅游者耳目一新的感觉。如迪拜近年来兴建的海底酒店，创造性地将科幻小说《海底两万里》中的描述变为了现实。海底酒店有220个水泡式的水下树脂玻璃套房，所有客房都设置在水下，从房间里可以看到房间周围有珊瑚礁、五彩的鱼群和蔚蓝的海水。

图6-7 海底酒店

（二）换代新产品

在原有旅游产品基础上作出重大变革，使旅游产品性能有重大改进，如对低星级酒店进行改造和装修后变成高星级酒店等。

（三）改进新产品

只对原有旅游产品进行局部改进而不进行重大改革所设计的旅游产品，如原有旅游线路增加一两个更有吸引力的景点、停留时间更长等。

（四）仿制新产品

仿制目前旅游市场已有的旅游产品，有时也作局部的改变但总体上属仿制性质。大部分旅游产品科技含量不高或缺乏专利保护，很容易被别的企业仿制。

二、对旅游新产品开发风险的认识与防范

旅游新产品开发是旅游企业保持市场竞争力的重要手段，但旅游产品开发也有较大的风险。新产品开发往往有失败的可能，如果开发出来的旅游产品不被市场接受，意味着巨额开发费用的损失。又由于旅游新产品大多数不以实物形态存在，因而难以申请专利保护，旅游新产品投放市场获得成功后，众多的竞争者会蜂拥而至加入竞争。在旅游产品的开发过程中，要注意以下问题：

（一）旅游新产品要适应旅游市场需求

这既是取得成功的前提条件，也是避免开发费用浪费的前提条件。只有受旅游者欢迎的新产品，才能带来良好的经济效益。因此，在开发旅游新产品之前，做好市场调研与预测工作就显得十分重要。

（二）考虑旅游企业的实力

旅游企业既要充分考虑市场需要又要根据自身的资金、人才、经营管理等条件，扬长避短开发新产品。中小旅游企业更不能轻易上新项目，而应该集中优势开发那些成功率高、市场潜力大、经济效益好的新产品。在开发新产品时应进行必要的风险评估，测算投入产出比，尽量避免新产品开发失败，即使失败，也应把损失控制在可承受的范围内。

（三）走联合开发之路

旅游企业间进行联合开发，能降低开发风险、增加开发成功的机会。联合开发集多家旅游企业的新产品开发、促销的能力，有利于形成一定的优势；并且与独家开发相比，客源市场也会更为广阔。一些旅游企业联合开发、推出旅游景点，联合推出包机、包火车旅游线路，如果失败每家企业损失不大，如果成功则能形成多赢的局面。

三、开发旅游新产品的一般程序

新产品开发关系到旅游企业的生存与发展，开发旅游新产品从构思到取得商业上的成功，应遵循科学的开发程序，缜密安排、紧密衔接。

旅游新产品开发一般经过八个程序，即收集创意、筛选创意、形成新产品概念并进行测试、拟定新产品营销计划、经济分析、试制、市场试销、正式投放市场。

（一）收集创意

在开发旅游新产品过程中，旅游经营者要集思广益，创造宽松的环境、构建必要的创意激励机制，激发员工丰富的想像力。激发创意的方法很多，有头脑风暴法、角色扮演法、相似类推法、连接联想法、焦点法等。此外，旅游企业还可以从旅游者、同行竞争者、旅游中间商等处吸收新产品的创意。

（二）筛选创意

收集创意是为开发旅游新产品服务，但收集来的各种创意可能绝大多数或可行性较差或与旅游企业发展目标不符。因此，旅游企业对收集来的大量创意需要进行筛选，以去粗取精。一些旅游企业采取企业高层主管、员工代表、本行业专家三结合的方式进行筛选，这有利于减少误选或漏选情况的发生。

（三）形成新产品概念并进行测试

旅游企业对筛选后的创意进一步提升，发展成旅游新产品概念。其任务是把创意转变成旅游者喜闻乐见、愿意购买的现实产品，因而这项工作是新产品开发中的关键性环节之一。不同的创意会形成不同的新产品概念，相同的创意也可能会形成不同的新产品概念。

（四）拟定旅游新产品营销计划

为提高旅游新产品的市场成功率，旅游企业在形成新产品概念并经过测试后，就要制定相应的营销计划。旅游新产品营销计划包括新产品的目标市场、在旅游市场上的定位、目标市场规模与发展潜力、目标市场占有率、价格、渠道、促销等营销策略。

（五）商业分析

旅游企业推出新产品是商业行为，必须讲求经济效益。因此在旅游新产品研制出来之前，还必须进行经济分析。经济分析又称商业分析，是指对旅游新产品潜在盈利进行分析评估。新产品商业分析方法很多，应用较多的有销售量测算、量本利分析法等。

（六）试制

在经过商业分析之后如果不可行则应果断放弃以防止损失的增加，如可行即进入新产品试制阶段。旅游企业在试制阶段的任务是把概念性旅游产品转化成现实旅游产品。一些企业在新产品试制成功后，请各方面人士提出意见和建议，并据此进行改进。

（七）市场试销

旅游产品研制以后一般还不宜大批量生产，而应拿到市场试销。通过试销，旅游企业可进一步了解旅游者偏好，了解旅游者对旅游产品在质量、样式及价格等方面的意见，发现旅游产品设计时所忽略的缺陷。旅游企业根据市场试销搜集来的信息，对旅游新产品加以改进和完善。一些旅游企业正式开业前的试营业活动就属于市场试销。

（八）正式投放市场

经过试销改进后，旅游产品即可全面上市，也就进入了商业化过程。在旅游新产品刚投放市场时，一般销售量较小，各种费用较高，往往会发生一定程度的亏损，这是正常现象。同时，旅游新产品正式推向市场，选择什么时机也十分重要，特别是时令产品，对时机的把握尤为关键。

四、旅游新产品开发的趋势

旅游企业往往不遗余力地开发旅游新产品，推出的新产品种类繁多。从国际、国内旅游市场看，旅游产品升级换代速度加快，旅游新产品开发的科技含量提高、特色化、绿色化趋势明显。

（一）升级换代速度加快

一方面旅游者兴趣变化速度加快，另一方面旅游企业之间竞争进一步趋向白热化，这种现状迫使旅游企业不得不加快旅游新产品开发速度，以"新"取胜，即使一些知名度很高的旅游景点也要尽可能推出新产品、新项目，以迎合变化着的游客需求。旅游者的需求正从以前的观光型转向参与体验型再转向休闲度假型，因此传统的静态的观光游览产品已经难以满足游客的需求，旅游企业应更多地开发观光、度假、休闲、康体等结合的综合产品。

（二）科技含量进一步提高

在旅游产品开发中，越来越多地采用高科技手段。高科技的广泛运用可节省旅游产品开发的成本，更好地满足游客对旅游服务质量和服务快捷性的需求。老牌景区龙门石窟在旅游信息化高度发展的时代，推出了"智慧龙门"。该景区建立了官方微信，旅游者关注官方账号后，便能收到景区第一时间推送的景点介绍、天气预报、游客动态、项目推介、洛阳旅游资讯、最新优惠信息等内容；其停车场安装了智能停车监控，解决游客停车难的问题；游客服务中心内还提供全智能讲解服务客户端的下载，只要下载一部手机客户端，每到一处，就能听到关于该处景点的详尽讲解；智能购物系统可以为游客提供各种商品的详细介绍；游客还可直接利用智

能手机网上购买龙门石窟景区门票，进入景区刷手机即可。

（三）特色化趋势

一些旅游企业在旅游新产品开发过程中，模仿的东西较多，没有自己的特色，既造成了投资的损失又降低了旅游质量。如20世纪80年代，深圳推出的人造微缩景观获得成功后，全国各地一哄而上，纷纷投资兴建三国城、西游记宫，短暂红火后，就被市场抛弃。最后，多家类似景区关门，甚至有的自行爆炸拆除。因此，走特色化道路才能让旅游企业在竞争中立于不败之地。

（四）绿色化趋势

自20世纪70年代以来，人们越来越关注环境问题。绿色旅游产品开始受到消费者的欢迎，生态旅游正是这一背景下的产物。开展生态旅游的地方首先是生态环境较好的地方，也要求旅游者在旅游的过程中不对环境造成破坏。绿色酒店所倡导的"环保"、"低碳"的理念也受到赞誉。

任务四　旅游产品品牌管理

 案例导入

广之旅的品牌化之路

多年来，广之旅把"一切为了游客满意"作为企业价值观，通过广之旅品牌的建立、建设、维护和提升，实现了商业模式的不断创新，使企业在激烈的市场竞争中脱颖而出，获得了超常规的跨越式发展。"广之旅"品牌成为全国地方旅行社中第一个"中国驰名商标"，在全国旅行社中唯一被世界生产力科学联盟（WCPS）授予"2006世界市场中国行业十大年度品牌"。

广之旅国际旅行社股份有限公司的前身是创立于1980年的广州市旅游公司，广之旅原来的公司名称是地名加行业名，标志是象征广州的红棉加"马踏飞燕"，跟中国旅游标志有所雷同。为了使社会公众易于识别广之旅的企业形象，广之旅实施品牌战略的第一步，就是请来专业广告公司对企业形象重新包装，以"灿烂阳光，怒放红棉，无边绿野"作为公司标记。亮丽鲜明的红、黄、绿三色，和洒脱酣畅的几笔，勾划出一个风光无限的旅游世界，醒目鲜明而又极具个性，令人见而难忘。同时，以朗朗上口的"广之旅"作为公司简称，寓意为服务广州市民，接待来广州的八方游客，广阔的旅游空间。

广之旅坚信品牌要以品质为基础，没有优良的品质，品牌无法持续不坠。为了使广之旅的品牌建设获得产品和服务层面的品质保证，公司开始推行全面质量管理。首先是健全规章制度，落实质量责任。设立专职部门质培部并配备专职人员，对员工进行经常性培训和监控服务质量。深入开展QC小组活动，增强企业管理的科学性和有效性。其次是健全导游全陪制度，一方面，由导游全过程记录游程并附自我鉴定；另一方面，向游客派发意见征询书。同时，公司对所有的旅游团进行质量跟踪监督。

为确保旅游服务质量，使广之旅的品牌形象在社会公众心目中获得提升，广之旅主动将社会监督

机制引入公司。1994年,广之旅在全国旅行社中第一家推出旅游质量保证金制度。1996年,广之旅在成功实施质量保证金的基础上,又进一步推出了"旅游服务承诺制",以提高客人满意度为核心,以提高员工服务意识为重点,这使广之旅的服务效率、服务水准和服务质量大大提高,迅速达到了当时国内同行中的一流水平。

旅游业是人对人的服务行业,它强调的是一种知识型的经营和服务。随着游客出游次数的增多,游客对旅游品质和对旅行社的要求也不断提高。在"细分目标市场以最大限度满足消费者"的指导思想下,"广之旅"加大旅游产品的开发深度。建立产品差异性,围绕既定目标的客源层喜好,设计和包装了若干旅游线路产品,吸引了大量游客,提高了品牌的竞争力。

旅游品牌要切实转化为实实在在的业绩增长,除了做好产品和服务之外,还应结合独特的、富有成效的营销策略,通过铺设贴近消费者的渠道网络,强化品牌传播,达到促进销售的目的。在广之旅的品牌崛起过程中,大规模的持续不断的营销公关,可谓功不可没。近年来,广之旅运用报纸、杂志、电台、电视和互联网,立体化、不间断地大量发布系列旅游广告,向顾客及时传递公司旅游产品信息。同时,策划"美在花城"等一系列大型活动,树立公司品牌形象。此外,还借鉴国外旅游同行的成功经验,率先进军电视领域,斥资数十万元分别与广东电视台合作推出"无限风光广之旅"栏目,与广州电视台合作推出"广之旅,哪里最好玩"栏目,丰富广东电视的旅游资讯,引导广东游客的旅游消费。在公关宣传方面,广之旅通过参与社会公益活动,积极开展旅游文化建设,使企业品牌形象日渐丰满(图6-8)。

图6-8 广之旅的品牌标识

回顾多年来的品牌发展历程,广之旅董事长郑烘先生认为,旅行社要保持竞争力,关键在于品牌优势。而品牌一定要以品质为基础。没有品质作为保证,品牌建设无异于在沙滩上建造楼阁。

(资料来源:http://www.boraid.com/article/html/80/80023.asp)

思 考

1. 什么是旅游品牌?
2. 旅游企业应如何实施品牌策略?

随着社会的发展和进步,旅游产品的竞争越来越激烈,同类旅游产品在功能、形态、质量、价格等方面的差异越来越小,品牌成为体现旅游企业竞争力的一个重要内容。

一、旅游品牌的基本概念

旅游品牌是指用名称、术语、符号标记,或者其组合,来识别一个旅游经营者或其旅游产品及服务,并使之与竞争对手的产品及服务区别开来的商业名称及标志。它由品牌名称、品牌标志和商标等构成。品牌名称是指能用语言形式来表达的部分;品牌标志是指可以识别

但不能用语言表达的部分，用特定的符号、图案或色彩等表达；商标是指在有关部门登记注册后，获得专用权，并受法律保护，未经商标所有权人许可，其他企业不得使用或仿效（图6-9）。

香格里拉酒店标识　　　　如家酒店标识　　　　云台山标识　　　　携程旅行网标识

图6-9　旅游品牌标识

在旅游产品中，不同的品牌可以包括不同的景区、不同的旅游路线、不同的酒店、不同的旅行社和不同的旅游商品。

当一个品牌享有相当知名度的时候就成为名牌，其结果是市场向名牌集中，消费者向名牌靠拢，利润向名牌集中，从而提高了旅游企业自身的竞争力和获利水平。

二、旅游品牌代表的内涵

品牌已经成为企业形象和文化的象征。旅游消费者可从中感受到消费该品牌带来的心理上的价值利益。

（一）品牌属性

品牌首先代表着特定产品的某种属性，属性是品牌最基本的含义。例如，"皇冠酒店"所表达的高档、高质量的饭店服务。

（二）品牌利益

品牌意味着旅游产品本身为顾客带来特殊的利益。产品属性需要转换为旅游消费者需要的功能性或情感性利益。

（三）品牌价值

品牌还体现了旅游经营者通过品牌赋予游客的特殊价值。旅游者可以通过品牌了解旅游产品品质。知名的旅游酒店品牌、知名的旅行社和景区等，通常以较高的品质和服务吸引旅游者。

（四）品牌文化

品牌同时也向游客传达着特定的文化信息。一个具有文化内涵的品牌才能具有持久的生命力。

（五）品牌个性

品牌还反映着一定的产品个性，即企业特色和产品特色。如几乎在世界各个国家都有的青年旅馆，以接待年轻、花费较低的顾客为主，一般是多人共住，共用卫生间，但是价格低廉，通常地理位置较好。

（六）品牌用户

每个品牌都有自己相对固定的目标群体，品牌暗示着购买者的消费者类型。

三、旅游企业实施品牌策略的意义

（一）是强化旅游产品差异化的有力手段

旅游品牌一经注册，其他企业就不得再使用。旅游企业可通过品牌向市场传递企业文化、经营理念、产品质量、消费档次等信息。旅游产品销量好时，通常会被竞争者模仿，具有很大的相似性，但竞争者无法使用别人的品牌，这就成为强化旅游产品差异化竞争的有力手段。

（二）能给旅游企业带来经济效益

如果旅游品牌形成一定的知名度和美誉度，被一部分消费者所认可，就会吸引更多的消费者购买该产品。消费者都有攀比和趋同的消费心理，目标市场主流消费者的消费偏好会带动整个目标市场的消费潮流。

（三）有助于发展旅游企业与消费者的牢固关系

现代品牌战略强调，品牌是一个以消费者为中心的概念，没有消费者就没有品牌。品牌的价值体现在品牌与消费者的关系中，即品牌所代表的企业和产品能够给消费者带来实际的利益。一旦某品牌在功能、品位、风格等独树一帜，通常使一些消费者形成某种品牌偏好，成为该品牌的忠实客户。

（四）是提高旅游企业竞争力的武器

在市场竞争条件下，品牌代表着与其他产品相比所具有的特殊品质，从而降低了价格战对旅游产品的冲击。一个在市场上有影响力的知名品牌可以使消费者放心购买，并且愿意付相对较高的价格去购买"物有所值"的旅游产品。这就使旅游企业保证了产品的稳定销售，从而在市场竞争中取胜，甚至成为行业的领头羊。

四、旅游产品的品牌策略

（一）挖掘产品特色

市场上同一类型的旅游产品众多，要让更多的消费者认识某一品牌并营造旅游者对它的忠诚度，必须具备与众不同的特色。就旅游区而言，应当缜密分析自身优势，创建自身特色，树立差异的市场形象。目前，一些旅行社合作经营散客组团旅游，采取了对同一游线分别销售、共同组团、轮流发车、轮派导游的合作手段，虽然可以平衡客源波动，但模糊了各旅行社服务质量的差别，不利于旅行社在竞争中改进服务水平，不利于培养游客对旅行社服务的品牌忠诚。

（二）提供优质服务

旅游产品是由食住行游购娱共同构成的一个整体产品，而优质服务是其中最重要的内容，也是旅游者判断和评价产品优劣的一个标准。如希尔顿酒店的服务宗旨："顾客是企业的生命，为了保持顾客高水平的满意度，我们不断地听取评估顾客意见，在我们所在的各个国家实行公平的制度来处理顾客投诉并尊重消费者权利。"

（三）适当的宣传促销手段

任何品牌的旅游产品投放市场，都需要运用适当的宣传促销手段。大众传播媒介和人际传播媒介的综合运用，能有效扩大品牌的知名度，但更重要的作用应是向游客提供充分信息、营建亲切气氛，形成面向某一细分客源市场的品牌形象。

（四）培养旅游者的品牌忠诚度

许多旅游企业通过建立会员制、客户关系档案等，对一些重要客人、经常光顾旅游企业的客户给予额外的关注和一定的价格优惠，以此培养旅游者的品牌忠诚度。

阅读材料

"好客山东"品牌首推六大旅游产品

一、孔子在这里诞生——游三孔，知天下

曲阜，山东西南部一座举世闻名的历史文化重镇。近年来，世界范围内蓬勃兴起的"孔子热"、"汉语热"、"儒学热"风起云涌，为曲阜走向世界提供了强劲的动力。"文化圣地，度假天堂"、"孔子故里，好客山东"先后成为山东旅游对外促销的口号。每年孔子诞辰期间举办的中国（曲阜）国际孔子文化节，被誉为"炎黄子孙的庆典，东方文化的盛会"。

二、泰山在这里崛起——登泰山，保平安

泰山古称"岱宗"、"岱山"，为"五岳之首"，历史文化、自然景观、地质地貌和谐融为一体，是首例世界自然文化双遗产、世界地质公园、首批全国文明风景旅游区、首批国家5A级旅游景区、首座中国书法名山。近年来一大批新的旅游景点和旅游项目不断开发涌现，古老的泰山再次焕发了青春。

图6-10 "好客山东"标识

三、奥运在这里扬帆——亲蓝海，享休闲

青岛奥林匹克帆船中心坐落于青岛市东部新区浮山湾畔，毗邻五四广场，著名风景点"燕岛秋潮"就位于景区内燕儿岛山的东南角，整个景区依山面海、风景优美。奥帆中心作为中国滨海旅游休闲示范区，旅游项目发展建立在奥运文化传承、重大赛事节庆、海洋休闲度假、浪漫婚庆、文化娱乐五大板块基础上。

四、黄河在这里入海——赏奇观，抒豪情

这是一片神奇的土地，万里黄河从这里入海，胜利油田在这里崛起。东营市本着"尊重自然、天人合一"的规划理念，突出河海交汇、新生湿地、野生鸟类三大景观和黄河、湿地、石油三大文化。

五、长城在这里始建——读齐鲁，做好汉

齐长城，比万里长城早490余年，被誉为"中国长城之父"、"世界壁垒之最"，距今已有2 500多年历史，是我国现存的规模宏大、年代最久远的长城遗产。家喻户晓的"孟姜女哭长城"其实讲的就是齐长城。齐长城横贯山东，蜿蜒逶迤济南、泰安、莱芜、淄博、潍坊、临沂、日照、青岛等8个城市。

六、运河在这里重建——品水城，看古今

枣庄有着7 300年的始祖文化，境内的北辛文化是迄今为止黄淮地区考古发现最古老的文化，集始祖文化、城邦文化、运河文化、工业文化为一体。它处于"一山、一水、两汉、三孔"黄金旅游线上，是一座充满活力、独具魅力的新兴旅游城市，既有北方城市的豪放，又兼具江南水乡的秀美（图6-10）。

（资料来源：http://news.xinhuanet.com/travel/2011-12-18/c_122440423.htm）

项目小结

旅游产品是旅游业存在和发展的基础,是旅游经济活动的主体,旅游产品的数量和质量关系到旅游业的发展。

旅游产品作为一种以服务为主的综合性产品,具有独特的产品特性,如综合性、无形性、可替代性等。旅游产品是一个整体概念,也是旅游者的一段旅游经历,包括了旅游者旅游过程中食、住、行、游、购、娱的所有过程。从市场营销的角度来看,可将旅游产品分为核心产品、形式产品和附加产品。

旅游产品生命周期是指旅游产品从投入旅游市场到退出市场的全过程,包括了投入期、成长期、成熟期、衰退期四个阶段。处于不同生命周期阶段的旅游产品具有不同的特点,根据不同的特点,旅游企业应采取不同的产品策略、促销策略、价格策略。

随着旅游产品生命周期不断缩短,新需求、新市场不断涌现,旅游企业应不断推陈出新,在旅游产品设计上以"新"取胜,因此需要了解旅游新产品有些什么形式,并遵循科学的开发程序,进行新产品的开发。

随着社会的发展和进步,旅游产品的竞争越来越激烈,同类旅游产品在功能、形态、质量、价格等方面的差异越来越小,品牌成为体现旅游企业竞争力的一个重要内容。旅游企业应从挖掘产品特色、提供优质服务、采取适当的宣传促销手段、培养旅游者的品牌忠诚度等几个方面来实施旅游产品的品牌策略。

综合能力训练

◆◆◆◆◆◆◆◆◆◆◆◆◆◆ 基本训练 ◆◆◆◆◆◆◆◆◆◆◆◆◆◆

一、名词解释

旅游产品　　旅游产品生命周期　　旅游品牌

二、选择题

1. 只有当旅游者到达旅游目的地享受到旅游服务时,才能感受到旅游产品的使用价值,这说明旅游产品具有(　　)。

   A. 无形性　　　　　　　　B. 综合性
   C. 替代性　　　　　　　　D. 同时性

2. 下列属于文化旅游产品的是(　　)。

   A. 桂林山水游　　　　　　B. 世界之窗
   C. 故宫游览　　　　　　　D. 上海世博会

3. 在旅游产品的生命周期中,营销重点是保护市场的时期是(　　)。

   A. 投入期　　　　　　　　B. 成长期
   C. 成熟期　　　　　　　　D. 衰退期

4. 按照市场营销理论,旅游产品可划分为(　　)。

   A. 核心产品　　　　　　　B. 形式产品

C. 附加产品　　　　　　　　D. 延伸产品

5. 影响旅游产品生命周期的主要因素有（　　）。

A. 旅游产品的吸引力　　　　B. 旅游目的地的自然与社会环境

C. 消费者需求的变化　　　　D. 市场竞争因素

三、简答题

1. 简述旅游产品的构成。
2. 举例说明旅游产品成熟期的特点及相应的营销策略。
3. 开发旅游新产品包括哪些程序？
4. 简要说明如何实施旅游产品的品牌策略。

四、案例分析

青岛的旅游新产品

除了一年一度的青岛国际啤酒节、电子家电博览会、时装周等旅游金名片外，日前，青岛市旅游局推介了山东贺年会、2012全球克利伯帆船赛、2014青岛世园会等旅游新产品。

青岛今年新添了方特梦幻王国、青岛海泉湾等新旅游大项目。其中，方特梦幻王国占地70万平方米，总投资20亿元以上，由飞越极限、生命之光、崂山道士、水漫金山、宇宙博览会等10多个主题项目区组成，包含主题项目、游乐项目、休闲及景观项目200余项。

青岛海泉湾度假区位于山东省即墨市鳌山湾滨海大道，是一个大型综合旅游休闲度假区。度假区内拥有珍贵的海洋溴盐温泉资源，其中心建筑面积3.4万平方米，钢结构穹顶跨度最大处达到128米，是目前为止国内跨度最大的室内海洋温泉。度假区内的奥特莱斯商业区还给游客提供了购物场所。

如果选择在12月到青岛，还能赶上于当月中旬启动的第三届"好客山东贺年会"，贺年会分元旦、春节、元宵节"三个节点"，推出贺年宴、贺年游、贺年礼、贺年乐、贺年福"五大产品"，并开展贺年会之最、贺年会金点子、贺年会服饰、贺年会好玩游戏、贺年会摄影大赛、贺年会主题街区等，营造火红过年的气氛。

问题：

1. 作为知名的旅游城市，青岛为何要不断地推出新产品？
2. 旅游新产品的开发如何才能取得成功？

◆◆◆◆◆◆◆◆◆◆◆◆◆◆◆◆◆　**技能训练**　◆◆◆◆◆◆◆◆◆◆◆◆◆◆◆◆◆

一、任务名称

旅行社新产品开发

二、任务目标

使学生能够了解旅游产品的内涵和新产品的开发步骤。

三、任务实施

1. 对所教班级进行分组，6~8人为宜。
2. 小组通过学习教材、查询资料，了解新产品的开发步骤。
3. 集思广益，搜集创意，进行旅游新产品的设计。
4. 制作PPT，并在课堂上以小组派代表汇报的方式展示。

四、成果考核

教师根据学生的PPT制作及汇报情况计分，纳入平时成绩。

项目七
旅游市场营销价格策略

 学习目标

通过本项目学习，你应该能：
1. 了解旅游产品价格的概念、类型、特点
2. 理解旅游产品定价的目标及影响因素
3. 掌握旅游产品定价的方法和策略

任务一　旅游产品价格

 案例导入

销量不等于效益

某饭店是北京一家四星级的商务型饭店，原有 280 间标准客房和各式套房，并拥有较为完备的商务和其他服务设施。饭店开业 7 年来，出租率一直稳定在 80% 以上，且平均房价一直居于同星级前茅。为此，饭店对原有的另一幢非出租的内部公寓进行更新改造，使它增加了 250 间客房。但是由于北京其他四星级饭店也纷纷进入市场，加上市场外部环境的影响，致使该饭店出租率下滑到不足 40%。因此，该饭店管理层及时调整营销策略，促使销售部采取各种方式来提升出租率。经过 3 个多月努力，饭店的出租率上升到 70%。然而，由于新增客源主要为旅行团队，致使平均房价由原来的 450 元下滑到不足 250 元。此外，原有饭店老客户由于不满意目前的客源混杂现象，纷纷对饭店提出抱怨，有些长住客户决定搬出饭店。员工对接待旅游团也不适应，因而当来客登记和客人离开结账时，大堂经常出现混乱现象，客房清理不及时和行李不能按时送达等现象也时有发生。这些都对饭店的经营提出了挑战。

（资料来源：http：//www.hedubook.com/book/search_result.asp）

思　考
1. 该饭店所做的营销决策调整是否正确？它存在哪些缺陷？
2. 你认为饭店在房间定价时应注意哪些问题？

一、旅游产品价格

旅游产品价格简称旅游价格，是旅游消费者为了满足旅游活动的需要所购买的旅游产品的

价格，是由供求状况决定的，以货币形式表现的旅游产品价值。它是旅游产品价值、旅游市场供求状况，以及某个国家或地区货币价值三者变化的一个综合表现。

二、旅游产品价格的类型

（一）根据旅游产品的不同形式划分

根据旅游产品的不同形式，旅游价格可以划分为单项旅游产品价格和组合旅游产品（线路旅游产品）价格两类。

1. 单项旅游产品的价格

单项旅游产品是旅游消费者在旅游活动中所涉及的吃、住、行、游、购、娱等项目中某一个单独的项目。单项旅游产品的价格是由成本和利润构成的。成本是指提供旅游服务的成本、从业人员工资以及企业经营管理费用的总和。利润是旅游产品价格扣除了成本以后的剩余部分，是旅游业从业人员通过社会劳动所创造的价值。一般情况下，利润和旅游产品的价格成正比，价格水平越高，则利润越大。

2. 组合旅游产品（线路旅游产品）的价格

组合旅游产品（线路旅游产品）是旅游经营者，尤其是以旅行社为代表的经营者，将多个单项旅游产品组合在一起，形成完整的一次旅游活动产品提供给旅游消费者。

组合旅游产品（线路旅游产品）的价格主要由购进产品成本、旅行社自身经营成本和利润三方面构成。在旅行社组合旅游产品时，对于交通费、餐饮费、景区门票和住宿费等这些购进产品来说，都是批量购买，因此旅行社购买这些产品的单价要比旅游消费者购买的单价便宜。同时，购进产品费用的总和也会比旅游消费者单独、多次购买组合的旅游产品费用总和低。

（二）根据购买旅游产品的方式划分

从旅游消费者购买旅游产品的方式，可以将旅游价格划分为旅游单价、部分包价和全包价三类。

1. 旅游单价

旅游单价就是指旅游消费者按照单独、零星的购买方式所购买的旅游产品的价格。主要是指在一定时期内，不同旅游经营者制定的不同的旅游产品价格，例如交通价格、餐饮价格、景区门票价格、住宿价格等，旅游消费者以个人、单独、零星的方式进行购买，此时的旅游产品价格即为旅游单价。

2. 部分包价

部分包价是指旅游消费者在通过旅行社购买旅游线路产品时，只选择购买线路产品中的某一部分或者是某几部分的产品，其余部分的产品由旅游消费者以单独、零星的方式购买，或者不购买。

3. 全包价

全包价也称旅游包价、统包价，是指旅游消费者参加旅行社组织的旅游活动，并按旅行社

的线路产品要求，一次性支付此次旅游活动的全部费用，全程参与所有的旅游行程安排，此时的价格即为全包价。

 阅读材料

一般旅行社普通全包价旅游价格组成一览表

费用组成	费用明细	备注
综合服务费（可分为经济等、标准等和豪华等三种类型）	市区内交通费	含行李运输费，每天限90～100千米
	餐费	提供一日早、午、晚三餐的收费
	领队减免费	只限于标准A等10人以上团队，实行成人16人减免1人综合服务费
	导游服务费	劳务费、差旅费等
	宣传推广费	实行专款专用，组团社和旅行社按1元/人天收取
	组团社和接团社手续费	
房费	按旅行社与饭店签订的协议价格计费	
城市间交通费	飞机、火车、轮船（内河、海运）、汽车客票价格以及燃油附加费	指旅行团在城市转移过程中所发生的费用
文娱活动费	根据《旅游行业对游客服务的基本要求》的规定，将文娱活动作为固定节目安排	游览日程在3天以内的，安排1次，4至7天的不少于2次；8天以上的不少于3次
超公里费	景区间交通费用每日超过90～100公里之外的公里数×公里价。可按人数增收，也可按整团收取	
附加费	门票费特殊活动费、游江游湖费、专业活动费、保险费、途中饮料费、行李搬运费、票务手续费和不可预见费	

（资料来源：周艳春主编. 旅行社运营操作实务［M］. 上海：上海交通大学出版社，2011：79.）

（三）根据旅游营销的角度划分

从旅游目的地和旅游企业的营销角度，可以把旅游价格划分为旅游差价和旅游优惠价两类。

1. 旅游差价

旅游差价是指同种旅游产品，由于在时间、地点、质量和销售环节等方面的不同而引起的价格差异。由于在不同时间、不同地点的市场对同一旅游产品的需求会有很大的差异，所以在旅游供给一定的情况下，受到供求关系影响，旅游价格就会不同。一般情况下，旅游差价主要

有以下几种类型：

① 批零差价：批发价格与零售价格之间的差异。

② 地区差价：不同地区销售形成的价格差额（旅游热点地区实行高价，冷点地区实行低价）。

③ 季节差价：不同季节的价格差额。

④ 质量差价：同类旅游产品质量不同产生的差价。

2. 旅游优惠价

旅游优惠价是指在旅游产品明码标价的基础上，给予旅游产品购买者一定比例折扣或者是其他形式的价格优惠。旅游产品是服务产品，属于非生活必需品，其价格弹性一般较大。因此，对于旅游企业争取市场占有率，掌握竞争优势来说，旅游优惠价格是一种有力手段，它可以使得旅游企业与旅游消费者之间保持一种长期的良好关系。旅游优惠价主要有以下四类：

① 根据旅游消费者购买旅游产品数量的多少实行优惠价格，例如旅游团队购买产品时享受的优惠价。

② 对于特殊群体，如学生、军人、残疾人、老年人等给予的优惠价。

③ 通过价格折扣进行促销活动时的旅游优惠价。

④ 提前预定时享受的优惠价。

 阅读材料

黄山门票优惠政策

对导游和旅行商的优惠：(1) 导游带团来黄山，凭本人有效全国导游 IC 卡证免收门票。乘坐索道的旅游团队购票满 12 张免 1 个地陪导游，满 24 张免 1 个地陪导游和 1 个全陪导游，以此类推。导游需出示本人有效全国导游 IC 卡证。(2) 旅行商来黄山考察期间凭本人旅行社总经理资格证书（或旅行社总经理岗位职务培训证书）免收门票。

对特殊群体的优惠：(1) 学生（全日制本科及以下学生）、现役军人、军队及退休干部、未成年人、全国道德模范、英雄模范和省部级以上劳动模范来黄山旅游，凭相关证件门票按旺季价格享受半价优惠，即 115 元/张。(2) 60 岁以上的老年人凭本人有效居民身份证件，门票按旺季价格享受半价优惠，即 115 元/张。(3) 残疾人凭《中华人民共和国残疾人证》门票按旺季价格享受半价优惠，即 115 元/张，持有国家残联颁发的一至四等残疾证的残疾人士可享受免票待遇。

（四）根据旅游产品的需求程度划分

根据旅游消费者对旅游产品的需求程度，看其是否是旅游消费者的必需品，可以将旅游价格划分为基本旅游价格和非基本旅游价格两类。

1. 基本旅游价格

基本旅游价格是指满足旅游者在旅游活动中的基本要求，也是必须要求的各种单项旅游产品的价格，主要包括交通、餐饮、住宿和观光游览等旅游产品的价格。

2. 非基本旅游价格

非基本旅游价格是指旅游活动中，对于旅游消费者来说，是可以购买也可以不购买的旅游产品价格，购买与否不影响旅游消费者进行旅游活动，例如旅游商品价格、娱乐服务价格、康体服务价格、通信服务价格等。

（五）根据旅游产品的价格是否符合价值规律划分

根据旅游产品的价格是否在其实际价值内上下波动，即是否符合价值规律，可以将旅游价格划分为一般旅游价格和特种旅游价格两类。

1. 一般旅游价格

一般旅游价格是指以旅游商品实际价值为基础，根据市场供求状况，旅游产品的价格围绕价值上下波动。此类价格主要包括餐饮价格、交通价格、住宿价格、生活日用品价格等。

2. 特种旅游价格

特种旅游价格是指旅游产品的价格和价值背离较大的，或者是无法具体衡量的旅游产品价格。例如旅游商品中的某些古玩、名人字画、奇珍异宝等的价格，名人题字或游览过的旅游景区景点、住宿过的酒店等的价格。

（六）根据旅游产品价格的范围划分

从旅游消费者活动以及旅游产品所涉及的范围，可以将旅游价格划分为国内旅游价格和国际旅游价格两类。

1. 国内旅游价格

国内旅游价格是指旅游消费者在本国国内旅游时，购买旅游产品的价格。

2. 国际旅游价格

国际旅游价格是旅游者进行国际旅游活动时，购买国际旅游产品的价格，包括出境旅游价格和入境旅游价格。两种价格组成都包括三部分，即国际交通价格、旅游目的地国家或地区的旅游产品价格以及客源国的旅游服务价格。

目前，在我国采取的是国际旅游价格标准针对国际旅游者制度，国内旅游价格标准针对国内旅游者制定的方针。我国国内旅游的价格要明显低于国际旅游的价格。

三、旅游产品价格的特点

（一）综合性

旅游价格的综合性特点是由旅游产品的综合性所决定的。由于旅游产品是由有形的物质产品和无形的服务产品等多种成分构成的，决定了旅游产品的综合性。旅游价格是旅游产品价值的货币表现，为了满足旅游消费者多样化的需求，同样需要具有综合性特点，才能满足旅游消费者的需求。

（二）季节性

旅游活动存在一定的季节性，某些旅游目的地具有明显的淡旺季之分。因此，旅游企业通常在淡季的时候会降低旅游价格进行促销，而在旺季时候则要适当提高旅游价格。

（三）垄断性

某些旅游产品由于特殊的地理位置以及其他历史、社会和自然因素的原因，使得其价格在一定意义上表现出垄断性的特点。

（四）高弹性

由于旅游产品在不同的时期存在一定的价格差异，并且旅游产品是一种人们社会生活中的非必需商品，因此是一种价格弹性较大的商品。

（五）多重组合性

旅游产品在很大程度上是各个单项旅游产品组合而成的综合性产品。因此，旅游产品本身是组合性的产品，而旅游价格是旅游产品一次性或多次性价值相统一的价格，所以旅游价格具有多重组合性。

四、影响旅游产品价格定价的因素

确定旅游产品的价格，也应该遵循经济规律，要以生产旅游产品或者提供服务的社会必要劳动时间为依据。并且旅游市场的供求关系受多种因素的影响，变化很大，因此，在制定合理的旅游产品和服务的价格时必须全面考虑各种影响因素。这些因素归纳起来可以分为旅游企业的内部因素和外部因素两大类。

（一）旅游企业的内部因素

1. 旅游产品的成本

旅游产品的成本是由旅游产品在生产过程和流通过程中所花费的物质资料消耗和支付给劳动者的工资构成的。旅游企业在制定旅游产品的价格时，要考虑到获取利润的比例，因此旅游产品的价格往往要高于成本。旅游产品的成本是影响旅游产品价格最基本、最直接的因素。

2. 旅游产品的营销目标

对于不同的旅游产品，旅游企业会根据不断变化的市场供求状况和自身的经营状况制定相应的价格。另一方面，出于不同时期旅游企业自身发展的考虑，旅游企业对目标市场的营销目

的不一样，也会影响到旅游产品的定价。但是一般情况下，制定出的旅游产品或服务的价格会在一定时期内保持相对稳定的浮动范围。

3. 旅游企业的经营战略目标

由于旅游企业在市场竞争中所处的环境、自身实力和对市场信息的掌握程度不同，以及旅游企业对市场占有率和利润率的要求不同，所采取的经营发展战略也不尽相同。对不同的经营发展战略，要采取相应的旅游产品价格策略。

4. 旅游产品的特色

旅游产品也属于社会商品，同样存在着可替代性，尤其是旅游交通、住宿、娱乐和购物等方面的产品，出现同类替代产品的几率很大。在同一地区，如果旅游产品的可替代性很大，那么就会导致该旅游产品的需求弹性变大，销售的难度也加大，随之而来的则可能就是降价销售，利润率降低，甚至是低于成本价的恶性竞争。因此，旅游产品的特色也是影响旅游产品的生产者和经营者制定价格的一个重要因素。旅游产品越有特色，其可替代性越弱，其价格越具有垄断性。

（二）旅游企业的外部因素

1. 旅游产品的供求关系

价格是市场经济中对供求关系最直接的反映。当旅游产品的供求关系发生变化时，旅游产品的价格也应该随着调整。一般情况下，在旅游旺季的时候，旅游产品供不应求，其价格呈现上升趋势；而在旅游淡季时，旅游产品的市场需求下降，价格也会随着下调。

2. 非价格竞争因素

旅游产品的价格表明的是旅游产品价值的多少，而在体验经济已经代替服务经济成为市场主流的时候，旅游消费者在购买旅游产品或服务时，不仅仅只是考虑价格因素，更多的旅游消费者把旅游企业提供服务的质量、消费中所获得的利益等作为首要考虑因素。一般要提供较高水平的服务，旅游企业才会实现较高的旅游产品增加值。

3. 旅游市场的竞争状况

旅游市场竞争的激烈程度对于旅游产品的定价影响程度呈正相关。在旅游市场中，旅游产品竞争越激烈，对旅游产品定价的影响就越大。在垄断市场中，如果某项旅游产品只有一家旅游企业经营，在没有竞争对手的情况下，可以完全控制该旅游产品的价格。在不完全竞争市场中，旅游企业提供的产品都存在一定的差异，这些差异使得旅游企业各自具有一定的优势，企业可以通过局部调整价格来寻求利润的最大化。而在完全竞争市场中，旅游企业本身基本没有主动定价的权利，只能被动地接受市场竞争所形成的旅游产品价格。

4. 汇率变动

汇率变动主要影响出境旅游和入境旅游目的地的旅游产品定价，通过旅游产品的报价形式表现出来。如果客源国的货币对旅游目的地国家的货币升值，能够促进海外旅游者的积极性，入境旅游者人数增加；如果旅游目的地国家的货币对客源国的货币升值，则会造成入境旅游者减少。

5. 通货膨胀

旅游目的地产生通货膨胀会导致单位货币的购买力下降，增加旅游企业产品的生产成本和经营费用，从而使得旅游企业通过提升旅游产品价格来确保企业的盈利能力。客观上在目的地旅游产品价格提高的情况下，旅游者人数就会减少，旅游收入也会随之下降。

6. 政府的宏观调控

为维护正常的旅游市场秩序，规范旅游市场行为，避免旅游经营者不正当的竞争行为或损害当地旅游形象的牟取暴利行为，政府会通过行政手段、法律手段对旅游产品价格进行宏观调控管理，对某些旅游产品制定最高限价和最低限价，维护旅游消费者、旅游经营者和旅游目的地三者的利益。

任务二 旅游产品价格的制定

案例导入

一次成功的客房提价

某三星级酒店与多家旅行社、企事业单位、政府机关等签订了住房优惠协议，如酒店标准房全价418元，协议价仅228元。最近，该酒店将60间客房中的35间进行了重新装修。新旧标准间的协议价格仍然是228元。重新装修的客房更受客户的欢迎，通常每天上午就被预订完，没有预订到的客户意见很大；并且住过新装修客房的客户通常不愿意住老客房。该酒店为此召开了会议，共同解决这个问题。参会人员一部分人认为：应维持原价。理由是：客户长期以来已经认同228元的价格，提价会导致客人不能接受或不满，可能会失去许多老客户，影响酒店的收入。而另一部分人则认为：新客房应该涨价。理由是：新旧标间有一定的差别，可以将新标间调高30元，调价幅度不算大，客户可以接受；同时，酒店的利益可大幅提高。按新标间90%的住房率计算，每间提价30元，一年酒店可以增加344925元。为谨慎起见，避免决策失误给酒店带来不必要的损失，酒店领导要求销售部门做好市场调研工作。反馈回来的意见主要有：一部分客户对新标间提价有异议；一部分客户认为新标间的装修更有档次，认为228元略低，提一点价也可以接受。经过多次讨论后，酒店决定将新标间调整到258元，同时赠送免费自助早茶，并且让销售部以书面和口头的形式通知客户，2个月后再开始执行新价格。事实证明：该酒店标准间的提价是成功的。

(资料来源：http://www.hotelvi.com/txt/article/201205/2075.html)

思 考　为何酒店调价的工作能够成功？试以旅游市场营销中的定价策略进行分析。

一般情况下，旅游产品价格的制定需要经过六个步骤，分别是：分析旅游产品市场需求、分析旅游市场竞争情况、确定旅游产品的定价目标、计算旅游产品的成本费用、选择旅游产品的定价策略、确定旅游产品的定价方法。其中最为关键又最有难度的就是定价策略和定价方法的选择。

一、旅游价格制定的机制

在市场竞争过程中，价格变动与供求变动之间相互联系、相互制约。商品价格的变动对整

个社会经济活动有十分重要的影响，会引起商品供求关系变化；而供求关系的变化，又反过来引起价格的变动。旅游产品的价格制定也必须遵循相应的市场机制。

（一）价值理论是制定旅游产品价格的基础

价值理论是关于社会事物之间价值关系的运动与变化规律的科学。由于社会事物之间的相互作用在本质上就是价值作用，任何社会事物的运动与变化都是以一定的利益追求或价值追求为基本驱动力。旅游产品也不例外，其价格的制定要以价值理论作为基础。

（二）市场供求关系决定旅游产品的现实价格

旅游产品定价是根据其价值决定的，但旅游产品的市场供求关系是决定其现实价格的最重要因素。当旅游产品供给一定时，旅游需求的增加会导致价格的上升；而旅游需求的减少则会导致价格的下降。当旅游需求一定时，旅游产品供给的增加会导致价格下降，而旅游产品供给的减少则会导致价格的上升。

（三）市场竞争状况决定旅游产品的成交价格

旅游企业制定出的价格往往是理想价格，最终将旅游产品的价值转化为货币表现的是成交价格。一般情况下，旅游产品的成交价格会低于旅游企业最初所制定的价格。旅游市场竞争状况越激烈，旅游产品的成交价格就会越低于旅游企业制定的理想价格。相反，当市场不存在竞争时，即在寡头垄断市场中，旅游企业对价格具有绝对的控制权，成交价格基本符合旅游企业对产品的理想价格。

（四）政府的经济政策调节着旅游产品的成交价格

政府通过财政政策、货币政策等宏观经济手段来调节市场的总需求，目的是要保持均衡的经济增长、充分就业、物价稳定和国际收支平衡。旅游产品作为市场商品来说，都涉及上述四个方面，所以政府的经济政策会对旅游产品最终的成交价格起到调节作用。

二、旅游产品的定价目标

旅游产品的定价目标是指旅游企业在制定旅游产品价格时所要达到的预期目标，往往制定出的价格是旅游企业的理想价格，会高于旅游产品的现实价格和成交价格。旅游产品的定价目标是旅游企业营销目标的基础，同时也是选择定价方法和制定价格策略的前提条件和依据。主要有以下四种定价目标：

（一）利润导向定价目标

1. 以利润最大化为定价目标

旅游企业通过制定最高预期的旅游产品价格，以获得最大利润。这种定价目标适用于旅游企业在市场竞争中处于较大优势的地位，声誉较高，旅游产品具有突出特色、可替代性小的情况。采用这种定价目标必须对旅游产品成本和市场的需求做出准确判断，在旅游消费者能承受该产品最高价格的范围内，保证产品的销路。同时，旅游企业也应该着眼于长期经营的最大利润，而不是短期最大利润。

2. 以预期投资最大收益率为定价目标

投资收益率是指预期的收益占投资额的百分比，占比越大，收益越高。在其他条件一定的情况下，旅游产品价格的高低取决于旅游企业所确定的预期投资收益率的高低。

（二）以维持企业经营为定价目标

当旅游企业把旅游产品的价格刚刚制定在产品成本线附近时，此时的旅游产品价格会相对低于市场价格，但至少能保证产品盈利。大多数情况下，是旅游企业在经营遇到困难时，为了维持正常的经营运作、业务开展，而采取的一种低价定价目标。

（三）以提高市场占有率为定价目标

市场占有率是指某种旅游产品的销售量（或销售额）在旅游市场中占同类旅游产品总销售量（或总销售额）的比例。产品市场占有率高，可以形成规模经济，从而降低成本，提高利润。在这种定价目标下，旅游企业通常会选择制定比同类旅游产品较低的价格来吸引旅游消费者，以提高旅游产品的销售量来增加市场占有率，为今后旅游企业扩大旅游产品的市场份额，提高利润提供有力的保障。

（四）竞争导向定价目标

市场供求状况瞬息万变，旅游企业应该充分了解竞争对手的旅游产品供给情况和价格水平，据此制定自己企业同类旅游产品的价格。对于实力有限的旅游企业来说，可以选择与竞争对手相同或者是略低于其产品价格来制定自己的旅游产品价格。对于实力较强，又想通过提高市场占有率来增加利润的旅游企业，可以采取低于竞争对手的价格来制定自己的旅游产品价格，同时也能防止其他竞争对手进入该旅游产品市场。对于资源充足、规模较大的旅游企业来说，一般不会轻易因为竞争对手的旅游产品的价格改变来提高或降低自己企业的旅游产品价格，以免引起价格战而破坏市场秩序，而应采取保持稳定的利润率，树立良好的企业形象的定价目标。

三、旅游产品定价策略

任何产品在投放市场之前都要确定一个价格，旅游产品也不例外。旅游企业对产品进行定价时，不仅需要科学的理论和方法指导，同时也需要选择适当的定价策略。旅游产品定价策略是旅游市场营销策略的重要内容，是指旅游企业和旅游目的地根据旅游市场的具体情况，确立定价目标，灵活运用各种价格手段，使制定的价格适应市场的变化，以实现企业的市场营销目标。由于旅游产品与一般产品不同，旅游价格策略既有共性又有个性，因此可采用以下几种定价策略：

（一）新产品定价策略

新产品的定价是旅游产品定价策略中一个十分重要的问题，这关乎新产品能否顺利进入旅游目标市场，并为今后在市场中占有一席之地奠定基础。其难点在于无法准确定位旅游消费者对于新产品的价值认知。如果定价偏低，会影响到整个旅游企业的经营效益；如果定价偏高，则难以被旅游消费者接受，对新产品进入市场造成不利影响。新产品定价策略在旅游经济学中又被称为率先定价策略，常见的新产品定价策略有以下三种：

1. 撇脂定价策略

撇脂，原意是指将牛奶上面最富有营养成分的那一层油脂撇出来。撇脂定价策略是一种高价格策略，在新产品上市时，由于短期内可替代性不强，可以把价格定得高一些，以求在短期内获得较高的利润，尽快收回投资。

采用这一策略的优点是可以使旅游企业在短期内较快地获取较高收益，收回新产品开发成本；在保证高效资金回收的前提下，逐渐扩大产品的生产能力和经营能力；并且也有一定的降价空间，为今后竞争加剧时采取降价促销策略，限制更多竞争者加入留有较大的余地。但是，其缺点是新产品定价过高，会抑制旅游市场需求，很难获得消费者的支持，不利于开拓市场，导致销售量减少，利润有限。另外，高价格、高利润会吸引和刺激更多的竞争者进入该产品市场，必然会导致新产品价格下降，利润缩水。

因此，这种价格策略一般适用于目前市场对新产品的需求较高，制定高价格不会刺激更多竞争者进入，该新产品市场竞争不激烈的情况；或新产品独特新颖，不易被模仿，生产能力不能被迅速扩大，生产技术及资源具有垄断性的情况。如黄山风景区被列为世界"自然和文化"双遗产后，门票价格大幅提高，而游客量却不降反升，因为资源垄断性强、被替代的可能性小。

2. 渗透定价策略

渗透定价策略又称低价渗透定价策略，与撇脂定价策略相反，是旅游企业在把新产品投入市场时，为了能够尽快占领市场，吸引更多的旅游消费者，而把新产品价格定得较低，并借此排斥竞争者的加入，从而达到长期占领市场的目的。

这一策略的优点是由于新产品价格较低，产品容易被消费者接受，有利于迅速占领市场，以达到薄利多销的目的。同时，微薄利润有利于阻止竞争对手的进入，提升自身的市场竞争力。待产品在市场站稳后，再逐步调高价格，使之摆脱微利的不利境地。缺点是产品的单位利润低，企业调整价格的空间有限，投资回收期较长，风险比较大，如果遇到较强的竞争对手，不能迅速占领市场，将会遭受重大损失。

渗透价格策略适用于：旅游产品特点不突出，技术含量低，能够大批量生产；旅游产品的价格需求弹性大，降低价格能够明显刺激市场需求增加；旅游产品的市场潜力大，低价位能够扩大市场份额；企业供给能力强，旅游产品有供大于求的趋势；潜在竞争者多，旅游企业有能力降低可变成本等情况。

3. 市场满意定价策略

市场满意定价策略也叫折中价格策略，是介于撇脂定价和渗透定价之间的定价策略。不少旅游企业认为，过高和过低的价格都是价格决策中的极端行为，往往对旅游企业形象、旅游产品销售、旅游中间商、旅游者都不利，因而宜权衡各种利弊得失，兼顾各方面利益，既不以高价吓走游客，也不以低价排斥同行，采取适中的、令各方面较为满意的价格策略。这种定价策略兼顾了供给者与需求者双方的利益，既能保证旅游企业和旅游目的地获得一定的利润，又能被旅游消费者所接受，形成稳定的客源市场。

其优点是对旅游消费者具有一定吸引力，能促进新产品的销售，保证旅游企业取得一定的利润。而缺点则是很难把握供求双方都满意的价格水平，并且由于产品的定价是被动地适应市场供求双方，不是积极主动地参与市场竞争，使得旅游企业或旅游目的地难以适应复杂多变的市场状况。

4. 暂时降价定价策略

旅游新产品刚刚上市时，旅游企业为了吸引更多的消费者，缩短旅游者接受新产品的时间，会采取一种临时降价策略。如该新产品被消费者接受，占据一定的市场份额以后，再将价格调整到正常水平。

（二）心理定价策略

心理定价策略是指在旅游企业和旅游目的地制定旅游产品价格时，运用心理学原理，根据不同旅游消费者在购买旅游产品时的不同购买心理，对旅游产品进行区别定价，以满足他们心理、精神、物质、生理等多方面的需求，达到诱导其购买的目的。

1. 尾数定价策略

尾数定价策略也叫做非整数定价策略，是相对于整数定价而言的，它使产品价格低于但又非常接近下一个整数的价格，即以零头数结尾的非整数价格，利用旅游消费者想低价购买的消费心理，使消费者获得一种享受价格优惠的印象。

这种定价方法能够给旅游消费者一种便宜、旅游企业定价认真负责、价格精确的直观感觉，从而激起旅游消费者的购买欲望，促进产品销量的提升。例如中国人喜欢价格以数字6、8、9结尾，其实99.6元、99.8元和99.9元仅比100元少了1至4角钱，但直观感受就是比100元便宜，看起来更具有吸引力。这种定价策略一般适用于低价旅游产品。

2. 整数定价策略

将产品价格有意识地制定成整数，将零数忽略不计，这是针对消费者追求高质量的心理而

设计的。整数价格便于计算，有时候还能起到提升产品身份的作用，使旅游者产生一种购买价高质优产品的心理，促进旅游产品的销售。

在旅游市场中，大多数消费者都是非专业人士，难以充分了解旅游产品的性能和质量，根据价格判断是最常用的方法之一。在这种情况下，旅游企业采用整数定价策略，就可以提高旅游产品本身的价值。这种定价策略适用于优质、高档、品牌等高价旅游产品的定价。

3. 声望定价策略

声望定价策略是针对消费者"名牌效应"、"价高质必优"的心理，以及旅游产品在消费者心目中的声望、信任度和产品的社会地位，来对产品制订价格的一种策略，并且往往价格会较高。采取这种定价策略，不仅能使旅游企业获得单位旅游产品的较高利润，而且有助于提升旅游产品的形象，从而进一步提升旅游企业的声望。对于旅游消费者来说，满足了他们通过购买旅游产品来提高社会地位的炫耀心理和被认知的心理。一些知名度较高的旅游企业、有较大市场影响力和深受消费者欢迎的旅游产品可采用这种定价策略。

4. 习惯定价策略

习惯定价策略是指旅游经营者在定价过程中维持旅游者已经形成的有关价格的心理定式，使旅游产品的价格不受市场供求关系变化或成本变动的影响，而是对旅游产品的组成形式进行相应的调整。这种定价策略适用于已经在旅游消费者心目中具有特殊价值的，价格长期固化的旅游产品。

5. 招徕定价策略

招徕定价策略是指旅游经营者有意将某些产品的价格定得很低，甚至低于成本价格，以发挥低价促销作用，迎合旅游者廉价购买的心理，借机带动并扩大其他旅游产品的销售。这种定价策略往往在某些节庆活动、举行重大活动或旅游旺季时，通过降低某些旅游产品和服务的价格来刺激旅游消费，招徕顾客，增加销售量，一般要与广告宣传配合使用。目前，在旅游淡季该定价策略也越来越受到旅游经营者的重视。

（三）价格折扣定价策略

旅游经营者制定了某些旅游产品的基本价格后，在一定时间内是不会随意更改的，但实际的市场成交价格可以根据实际情况适当做出调整，一般会低于基本价格，即在基本价格基础上给予一定价格折扣，这就是价格折扣定价策略。它是旅游经营者为了吸引旅游消费者，扩大旅游产品的销售；或者是为了加强与旅游中间商的合作关系，在既定的旅游产品基本价格基础上，对旅游消费者和旅游中间商实行折扣价格的一种策略。

1. 数量折扣策略

数量折扣是根据顾客购买产品数量的多少而相应地降低产品销售价格，给予不同的折扣。一般是数量越多，折扣越大，以此鼓励旅游消费者和中间商集中购买，或者是多购买，从而扩大产品销量和收益。如旅游团队人数越多，线路产品的价格折扣也越大，旅游者享受的价格优惠也越多。

数量折扣策略又分为累计数量折扣和非累计数量折扣。累计数量折扣是指在一定时间内，按照消费者购买总量或者总金额给予阶梯价格折扣，通常适用于旅游批发商向旅游企业购买的时候。非累计数量折扣是按消费者每次购买的总量或总金额给予不同的价格折扣。

2. 现金折扣策略

现金折扣策略又称付款期限折扣，是指旅游经营者对现金交易或按期付款的旅游消费者和旅游中间商购买产品时给予的价格折扣。目的是为了加快企业的资金周转率，减少因赊欠造成的利息损失和坏帐损失。

3. 季节折扣策略

季节折扣策略是指旅游企业按不同季节的不同市场需求给予相应的折扣，以吸引消费者购买更多的旅游产品，又称之为季节差价。主要适用于购买者购买淡季产品或冷点旅游线路时的一种折扣方式，但旅游企业要充分考虑采用季节折扣策略后能否达到预期的销售量，并最终实现增加利润的目的。

4. 同业折扣

同业折扣一般是旅游经营者对旅游批发商、中间商或零售商给予的价格折扣。折扣的高低往往是旅游业业内各个旅游生产者和经营者合作与否的一个重要决策标准。

5. 功能折扣策略

功能折扣策略也称为交易折扣策略，是旅游经营者根据各类旅游中间商在旅游经营活动中所担任的不同角色给予的不同价格折扣。一般情况下，给予旅游批发商的折扣要大于给予旅游零售商的折扣。采用这种折扣策略，目的在于鼓励各类旅游中间商销售本企业的旅游产品、充分发挥他们组织旅游市场营销活动的功能，有利于拓宽旅游企业和旅游目的地的销售渠道；通过利益驱使，调动批发商和零售商的积极性。但是由于没有考虑到销售数量和金额的大小，不利于调动那些销售数量和金额很大的零售商的积极性。

（四）差别定价策略

差别定价策略是指旅游经营者根据旅游消费者对旅游产品的需求弹性的差别，相同的旅游产品以不同的价格销售的策略。

1. 旅游者差别定价策略

同一旅游产品，旅游经营者针对不同的旅游者制定不同的价格，采用旅游者差别定价策略可以稳定市场客源，维持旅游经营者相对稳定的基本销售收入。最常见的就是景区门票对学生、军人、教师的优惠。有时候为了开拓新市场，增加销售收入也会采用这种策略。

2. 旅游产品形式差别定价策略

同样的旅游产品，旅游经营者可以根据其不同的形式制定不同的价格。采用旅游产品形式差别定价策略可以满足不同旅游者的个性需求，使旅游产品更具有针对性。最常见的就是饭店相同标准的房间，根据楼层、朝向不同制定的不同价格；或乘坐火车时，同一档次的卧铺车厢，因卧铺位置的不同，其价格会有所不同。

3. 时间差别定价策略

在不同的时间阶段，旅游者对同一旅游产品的需求会有差别，所以旅游经营者对同一旅游产品在不同的时间阶段应制定不同的价格。旅游企业对同一种旅游产品在旺季、淡季、黄金周、周末都可能制定不同的价格。

四、旅游产品的定价方法

阅读材料

某旅行社的产品报价

某旅行社的热门旅游产品"昆明—大理—丽江双飞双卧四晚五日游"的行程见下表：

昆明—大理—丽江双飞双卧四晚五日游行程一览表

时间	旅游行程	住宿	用餐
D1	7：50 由石家庄正定机场乘航班（东方航空 MU3733）飞昆明，10：40 抵达素有"春城"美誉的高原城市昆明。中午入住酒店；下午安排南屏步行街、金碧广场等市区游览、参观云南地矿珠宝；晚上自由活动	昆明	中、晚餐（飞机上用早餐）
D2	早餐后游览世博园（180 分钟）；午饭后乘车至石林，游览天下第一奇观、阿诗玛的故乡——石林风景名胜区（游览时间 120 分钟），参观七彩云南，欣赏云南茶艺表演。晚返回昆明，乘火车前往大理	火车	早、中、晚餐
D3	早抵大理，游览大理古城（约 60 分钟），漫步驰名中外的洋人街，感受南诏古国韵味；欣赏白族歌舞、品尝三道茶（约 30 分钟）；午饭后游览苍山风景区和崇圣寺；晚上自由活动	大理	早、中、晚餐
D4	早餐后乘车前往丽江，游览丽江古城、四方街、木府（120 分钟），下午乘索道游览云杉坪、白水河、甘海子及号称小九寨的玉龙雪山（120 分钟），蓝月谷（云杉坪电瓶车和蓝月谷电瓶车 40 元费用游客自理）；晚餐后乘火车返回昆明	火车	早、中、晚餐
D5	早抵昆明，早餐后逛鲜花市场（60 分钟），18：55 乘机（河北航空 NS3270）返石家庄，21：40 抵达，结束愉快旅程	昆明	早、中餐（飞机上用晚餐）

说明：

(1) 服务标准：入住四星级酒店，提供标准团餐（9 正 4 早，正餐十菜一汤）。

(2) 报价含：石家庄往返昆明机票及税费、昆明往返大理火车、空调旅游车费、景点第一门票、旅行社责任险、丽江古城维护费、导游服务费；

(3) 报价中不含：航空保险、旅游意外险、单房差、游客个人消费及自愿选择的自费项目。

(4) 出团时间：8月上旬。

(5) 团队人数：25 人以上。

问题：这个行程究竟应该向客户报多少价格呢？

旅行社在进行产品定价时，首先选择的是成本加成定价，即单位产品价格 = 直接成本 + 利润，然后采用需求导向定价法并结合竞争导向定价法，对已经确定的产品基本价格进行必要调整，以适应当时的旅游市场。

成本测试：根据前面全包价旅游产品的费用组成，计算出该线路的成本费用是：

(1) 房费：65 元/人（昆明）+ 55 元/人（大理）= 120 元/人。

(2) 餐费：9（正餐）×15 元/人 + 4（早餐）×5 元/人 = 155 元/人。

(3) 门票费。昆明：石林 140 元/人；大理：10 元/人；丽江：玉龙雪山 220 元/人；古城区：80 元/人。合计：450 元/人。

(4) 交通。市内交通：150 元/人（旅游大巴，30 人以上）；区间交通：昆明至大理、丽江至昆明往返硬卧火车票 78＋90＝168 元/人（中铺）；大交通：往返昆明机票：2 360 元/人。

(5) 综合服务费：5×10 元/人＝50 元/人。

线路成本＝房费＋餐费＋门票费＋市内交通＋区间交通＋大交通＋综合服务费＝3 453 元/人

2. 确定产品价格

根据市场调查，该产品竞争对手价格是 3 780 元/人，对比竞争对手价格，决定本社报价采取低于竞争对手的价格。

3. 选择定价方法

采用成本加成法定价，价格范围在 3 453 元/人以上，3 780 元/人以下。

4. 最终定价

综合考虑各种因素，采用吉祥定价法，最终的价格为 3 680 元/人。

旅游产品的定价方法是旅游企业在特定的定价目标指导下，依据旅游产品的成本、产品的市场需求和竞争程度三大因素，运用价格策略等理论，对产品价格进行计算的具体方法。旅游产品的成本决定了其价格的下限，市场需求状况决定了价格的上限，而市场竞争的激烈程度促使价格在上下限之间波动。竞争产品与替代产品的价格是旅游产品定价的出发点，旅游企业应该依据三大影响因素，再根据实际情况选择相应的定价方法。

（一）成本导向定价法

成本导向定价法就是在平均总成本的基础上加上一定的期望利润，计算出旅游产品的价格。这是旅游企业以旅游产品成本为基础的定价方法，也是最常用、最基本的定价方法。主要分为以下五类：

1. 成本加成定价法

该方法是在单位成本的基础上，加上期望的利润，形成的旅游产品的售价。其计算公式表示如下：

$$单位旅游产品价格＝单位产品成本×（1＋预期利润率）$$

单位产品成本是产品单位变动成本和平均分摊的固定成本之和。这种方法的优点是计算简单，简便易行，有利于缓解和同类产品的价格竞争，旅游企业可以获得预期利润；而缺点则是没有考虑旅游市场需求和竞争程度两大因素，缺乏应对市场变化的灵活性。主要应用于制定旅行社产品、饭店餐饮产品等旅游产品的价格。

2. 盈亏平衡定价法

此定价法就是在旅游企业总的固定成本、平均变动成本不变，并且能预计产品的预期销量的情况下，实现销售收入与总成本相等时的旅游价格，也就是旅游企业盈亏平衡的价格，又称为保本定价法。按该价格销售出预期数量的产品，企业就能保本。盈亏平衡定价法的计算公式为：

$$单位旅游产品价格＝（固定成本＋变动成本）/预期销售量$$

3. 目标收益定价法

旅游企业根据成本及预测出来的总销售量，确定一个目标收益率，从而制定旅游产品的价格。其计算公式表示为：

单位旅游产品价格＝（总成本＋目标利润）/预期销售量

其优点是如果旅游企业预计的销售量和估算的总成本都很准确，就能实现预期的目标利润。缺点是单纯以预计销售量来制定产品价格，难以保证销售量的实现。因此只有旅游产品具有垄断性，市场占有率高，需求弹性小的时候才采用目标利润法进行定价。

4. 最低营业价格法

最低营业价格又称停止营业价格，按照这样的价格销售，只能弥补产品的单位变动费用，而不能弥补产品生产的固定费用。如果低于此价格，则连产品的变动费用都不能得到补偿。此价格即为旅游产品的下限价格，其计算公式表示为：

单位旅游产品价格＝产品单位变动成本/（1－营业税率）

5. 减亏营业价格法

减亏营业价格法是将旅游产品价格确定在保本营业价格和最低营业价格之间。按此价格进行销售，企业也会亏损，但此价格除了可以弥补产品的单位变动费用外，还可以弥补产品的部分固定费用，降低企业的亏损。

（二）需求导向定价法

需求导向定价法是指旅游产品的价格根据旅游市场对该旅游产品的需求程度来决定，而不是以产品的成本来定价。其特点是能够灵活有效地利用价格差异，价格随市场需求的变化而调整。

1. 理解价值定价法

理解价值定价法也称觉察价值定价法，是指旅游企业和旅游目的地以旅游消费者对旅游产品价值的理解度为主要依据制定价格的一种方法。有效的营销活动将有助于旅游消费者对产品价值的理解，从而推高旅游产品价格。

2. 需求差异定价法

需求差异定价法是旅游企业和旅游目的地根据旅游消费者的不同需求为基础，强调满足消费者不同的个性需求，以消费者的需求差异而制定不同价格的定价方法。

（三）竞争导向定价法

竞争导向定价法指旅游经营者以旅游市场竞争对手制定的价格为依据的定价策略，是旅游企业站在市场的角度来制定产品价格，以市场上相互竞争的同类商品价格为定价的基本依据，根据竞争程度的变化确定和调整价格水平的定价方法。

1. 率先定价法

率先定价法是一种主动竞争的定价方法，是旅游经营者根据自身实力，结合旅游市场竞争情况，率先制定出符合市场行情、有竞争力的旅游产品价格。如果采用这种定价方法，为了适应市场竞争，旅游经营者还必须时刻关注竞争产品的价格变化，相应地对自己旅游产品的价格作出调整。这要求旅游经营者具有较大的规模和较强的实力，并且在竞争中处于主动地位。其优点是当先于同行业其他竞争者报出价格时，可以在该产品市场取得价格优势地位，占领市场的先机。

2. 随行就市定价法

随行就市定价法是指旅游经营者参照同行业中主要竞争对手的价格，制定旅游产品价格的定价方法。通常情况下，平均价格被认为是市场的合理价格，易于被旅游者接受，又可以避免旅游经营者直接的价格竞争，使企业获得稳定的市场份额。这种定价方法既可以保证企业获得平均利润，又可以应付竞争，是一种相对稳妥的定价方法。实践证明，同类产品的价格都是趋向于运用随行就市定价法制定的价格。

项目小结

旅游价格，是旅游消费者为了满足旅游活动的需要所购买的旅游产品的价格，是由供求状况决定的，以货币形式表现的旅游产品价值。不同的定价目标决定了不同的定价方法。在制定旅游产品价格之前首先要确定旅游产品的定价目标、分析影响旅游产品定价的因素，最终依据确定的定价策略，选择符合市场情况和旅游经营者自身情况的定价方法。旅游产品的价格制定是否合理、科学、可行及定价策略的恰当运用，定价方法的选取恰当与否，直接关系到旅游经营者市场营销活动的成败，甚至是其经营管理活动的成败。影响旅游产品定价的因素很多，要充分把握旅游自身可控的因素，时刻关注、掌握不可控的因素。

综合能力训练

基本训练

一、名词解释

旅游产品价格　　心理定价策略　　旅游产品定价方法

二、选择题

1. 影响旅游产品价格的最基本因素是（　　）。

A. 旅游产品成本　　　　　　　　B. 旅游产品营销目标

C. 旅游企业经营战略目标　　　　D. 旅游产品的特色

2. 以下属于影响旅游企业制定旅游价格的外部因素的是（　　）。

A. 通货膨胀　　　B. 汇率变动　　　C. 宏观调控　　　D. 价格竞争因素

三、判断题

1. 旅游供给者之间的竞争使旅游价格提高。（   ）
2. 同种旅游产品在不同的季节销售所形成的价格差额是季节差价。（   ）

四、简答题

1. 旅游产品的价格有哪些类型？
2. 旅游产品价格的特点是什么？
3. 影响旅游产品定价的因素有哪些？
4. 旅游产品的定价策略有哪些？

五、案例分析

某旅行社张家界、凤凰双卧五晚六天游的定价，费用包含：

(1) 全程10人一桌、8菜1汤、3早餐6正餐；餐标——正餐：20元/人，早餐免费。
(2) 住宿：张家界——住挂牌二星酒店标准双人间（60元/人）；凤凰古城：因无挂二星酒店，住非星级酒店标准双人间（65元/人）；单男单女安排三人间或加床，产生单房差客人自理。
(3) 交通：火车硬卧（往返：1 260元）、区间交通（180元）。
(4) 景点门票：含张家界景区第一大门票（248元/人）；含凤凰九景套票（148元/人）。
(5) 购物店：（略）平均每天进一个店。

费用不含：单房差、个人消费、旅游意外伤害险、自由活动期间的车餐费；不含景区索道、缆车、十里画廊小火车费用。

自费项目：自费项目推荐纯属自愿消费，价格严格遵守湖南省旅游局、物价局政策执行。

问题：

1. 旅游产品定价时应考虑哪些因素？
2. 请为这条旅游线路制定一个合理的价格。

技能训练

一、任务名称

旅游产品的定价目标、定价方法调查

二、任务目标

选择一个旅游企业，对其现阶段以及曾经使用过的定价目标、定价方法进行调查，了解旅游产品定价策略。

三、任务实施

1. 班级成员进行分组，6～8人一组。
2. 组员对调查的内容进行分工。

3. 对调查的内容进行汇总、讨论。
4. 选派代表在班里做交流发言，同学之间要相互提问并作答。
5. 教师进行指导，形成调查报告。

四、成果考核

1. 提交调查报告，字数不限。
2. 教师根据调查报告计分，纳入平时成绩。

项目八
旅游产品销售渠道策略

 **学习目标**

通过本项目学习,你应该能:
1. 了解旅游产品销售渠道的概念、类型、功能
2. 掌握旅游中间商的功能、销售渠道选择原则和旅游销售渠道策略
3. 理解旅游销售渠道的作用

任务一　旅游产品销售渠道的本质与类型

案例导入

全球酒店业的权威杂志《HOTELS》发布了全球酒店业 300 强的上一年度的排行榜,南京金陵连锁酒店以 10318 间客房、43 家酒店名列第 73 位,跻身全球酒店业 100 强。金陵饭店辉煌的背后,并没有号称中国酒店业第一渠道商——携程的身影。国内酒店管理集团只有金陵一家敢跟携程脱离关系,而金陵的底气,源于旅游销售渠道的多渠道合作。与国内一些酒店高达 30%的客源来自携程或 e 龙等渠道商不同,金陵饭店通过 IT 平台整合了多种订房渠道,"冲淡"了一家独大的旅游销售渠道格局。因此,任何一家渠道商的退出都不会对饭店的业务造成影响。

(资料来源:凤凰网 http://finance.ifeng.com/usstock/realtime/20090629/858121.shtml)

 **思　考**
1. 什么是销售渠道?
2. 旅游企业的销售渠道有哪些?

旅游销售渠道是旅游营销策略中重要的组成部分。旅游产品从生产者到消费者的营销过程,是通过一定渠道实现的。由于旅游产品的生产者与消费者之间存在着时间、地点、数量、品种以及使用权等方面的差异和矛盾,旅游产品生产者只有在适当的时间、适当的地点,以适当的方式把适当价格的产品提供给消费者,才能克服这些矛盾和差异,满足市场的需要,实现旅游企业的市场营销目标。

一、旅游销售渠道的涵义

旅游销售渠道即旅游产品从旅游生产企业向旅游消费者转移过程中经过的一切组织或个人

所构成的通道,起点是旅游产品的生产者即各个旅游企业,终点是旅游者,中间环节包括各种旅游代理商、旅游批发商、旅游零售商以及其他中介组织和个人等。在这个过程中,通常旅游产品的所有权并未发生转移,转移的是旅游产品的使用权,同时还有信息、货币等。

每一个旅游企业进行营销活动必不可少的重要环节就是能够对渠道进行直接而有效的控制,将旅游产品尽可能方便地提供给旅游者。因此,建立起畅通、完善的旅游产品销售集道对每一个旅游企业来说都是至关重要的。

但是,由于现实和潜在的旅游者数量巨大,而且分布广泛,将产品直接销售给旅游者所需要花费的人力、物力非常庞大,其效果也并不理想。因此,大多数旅游产品并不是由生产企业直接提供给旅游者,而是要经过一些中介组织,即旅游中间商。由于旅游中间商的存在,一方面,使旅游产品的生产和消费在数量、质量、品种、时间、地点等方面达到了平衡;另一方面,可以充分发挥中间商的专业优势,帮助旅游生产企业将产品更方便、快捷地提供给旅游者,提高销售效率,降低营销成本,也能及时给旅游者提供需要的旅游产品。

二、旅游销售渠道的作用和功能

(一)旅游销售渠道的作用

建立合理的销售渠道,是保证旅游企业再生产过程顺利进行的前提条件。合理选择旅游销售渠道是提高旅游经济效益的重要手段,通过一定的销售渠道旅游企业可以使自己的产品更广泛、更快速地进入目标客源市场,减少营销环节,缩短营销时间,节约营销费用,降低成本,提高经济效益。同时,旅游销售渠道策略直接影响其他市场营销策略的实施效果。因此,销售渠道的建立是否合理、有效,将直接影响到营销策略的实施结果。其作用主要体现在:

1. 旅游销售渠道是旅游企业进入旅游市场的必经之路

旅游产品生产者和供应者只有在出售了旅游产品之后才能实现其旅游产品的价值,进而实现自己的战略目标,而出售旅游产品需要经过旅游销售渠道才能成功,这也是旅游销售渠道最基本的作用。

2. 旅游销售渠道是旅游企业的重要资源

旅游销售渠道是出售旅游产品的途径,对旅游产品的销售有着直接的影响。如果旅游销售渠道数量多、容量大、信誉质量高、能力强,那么,旅游产品生产者和供应者便能以较高的价格、较大的数量、较低的成本销售自己的产品,及时获得较好的收益。因此,销售渠道理所当然地成为旅游企业的重要资源。

3. 旅游销售渠道可以加快旅游产品的流通过程

旅游产品是一种组合产品,在一般的旅游市场中,大多数旅游产品和服务并非由旅游产品生产者和供应者直接销售给旅游者,而是经过旅游中间商销售出去的。旅游中间商作为一个专业化的经济实体,在转移旅游产品和服务的过程中,凭着自己丰富的营销经验、良好的公共关系和众多的信息来源,可以减少旅游产品的交易次数,从而加快旅游产品的流通过程,提高销售效率。

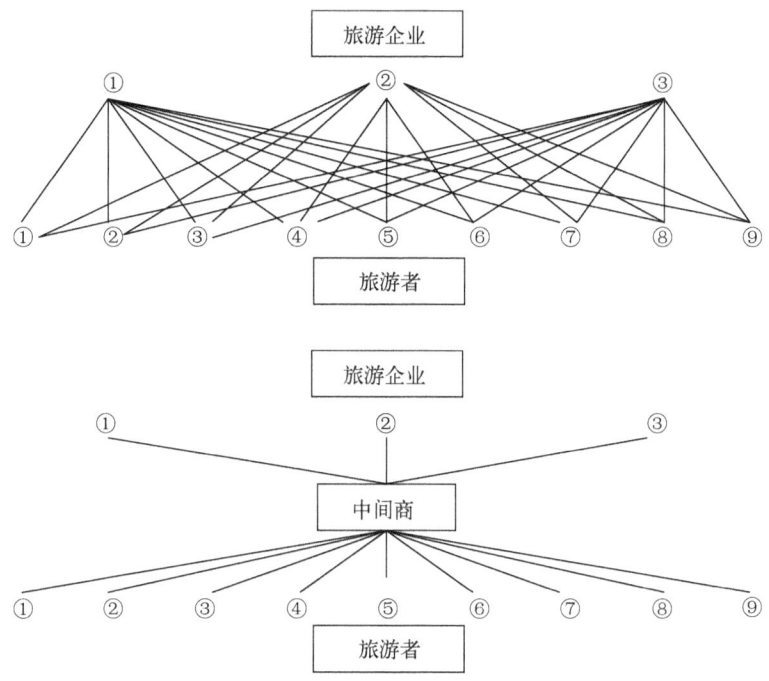

图 8-1　旅游中间商加快旅游产品流通过程图

如图 8-1 所示，3 家旅游企业和 9 位旅游者之间的交易，如果没有旅游中间商的介入，整个交易活动的完成需要 27 次，而在旅游中间商介入之后，只需 12 次交易便可完成全部交易活动。

4. 旅游销售渠道为旅游者购买旅游产品提供了极大的方便

旅游销售渠道的这一作用主要体现在：

① 旅游销售渠道具有组合旅游产品的功能。旅游产品生产者和供应者一般只生产或供应单项旅游产品，而旅游活动是一种综合性的活动，因此，通常只有将单项旅游产品组合起来才便于出售给旅游者。当单项旅游产品进入销售渠道后，旅游销售渠道就开始发挥组合功能，将单项旅游产品组合成整体旅游产品，从而方便了旅游者购买。旅行社作为旅游销售渠道的重要成员，是这种功能的典型实践者。

② 在购买的地点和时间方面，旅游销售渠道显得灵活而方便。设立旅游销售渠道的目的就是为了及时顺利地销售旅游产品，因而，在时间和地点上方便旅游者购买旅游产品便成为旅游销售渠道的基本特征。而且，随着现代通讯技术的发展，时间和地点对旅游销售渠道的限制也将逐渐减弱，旅游零售商可充分发挥旅游销售渠道"灵活而方便"的作用。

③ 旅游销售渠道可减少旅游者购买旅游产品的精力和费用。旅游销售渠道有了旅游中间商的介入，销售网点增加，销售环节减少，营销成本降低，旅游产品的价格会有所下降。因此，一般情况下，旅游者购买旅游产品的精力和费用都会有不同程度的降低。旅游销售渠道的重要意义在于它所包含的整个流通结构构成了了解旅游营销活动效率的基础。

（二）旅游销售渠道的功能

旅游销售渠道解决旅游产品价值的交付问题，具有简化交易程序功能、接触协商功能、信息反馈功能、促销与销售功能和承担风险功能。

1. 简化交易程序功能

旅游销售渠道为旅游者、旅游企业双方都提供了极大的便利。从旅游者的角度看，旅游企业通过形式多样的销售渠道把旅游产品带到旅游者面前，为旅游者节省了大量购买时间和精力。

2. 接触协商功能

旅游企业通过销售渠道搜寻预期购买者并与其沟通后，能够适当改进产品以使其符合购买者的需求。

3. 信息反馈功能

旅游市场是商流、物流、信息流的集合。旅游产品实体运动和价值运动的方向是生产者—中间商—旅游者，旅游者对旅游产品的接纳程度可通过营销渠道得到反映。

4. 促销与销售功能

生产者借助旅游销售渠道向目标旅游市场传播旅游产品的有关信息，说服旅游者购买；通过销售渠道在适当的时间、适当的地点把旅游产品提供给适当的旅游者，达成交易。

5. 承担风险功能

渠道性质不同、任务不同，在执行渠道职能时所承担的风险也有差别。以旅游经销商为例，通过购买旅游产品而获得了对旅游产品的所有权，但由于大部分旅游产品在价值上具有不可贮存性，如果不能及时把所购入的旅游产品销售出去，那么尚未售出的旅游产品价值可能会完全损失。由此可见，对旅游企业而言，旅游销售渠道还具有承担风险功能。

三、旅游销售渠道的类型

旅游产品从旅游企业到达旅游者的过程中，由于各种因素的影响，如市场特点、旅游产品的特点、旅游企业的自身条件、旅游中间商、旅游同行竞争者以及旅游者等，旅游产品销售渠道的形式呈现出多样化的模式。

（一）按是否借助中间商划分为直接销售渠道和间接销售渠道

从旅游产品生产者和旅游者是否直接进行旅游产品交易来看，可把旅游销售渠道分为直接销售渠道和间接销售渠道两种模式（图8-2）。直接销售渠道和间接销售渠道是旅游产品销售渠道的基本模式，主要区别在于是否通过旅游中间商参与营销活动。

1. 直接销售渠道

直接销售渠道是指旅游产品生产者不借助任何中间商，直接把旅游产品销售给旅游者。这是一种传统的销售方式，主要是依靠旅游企业的销售部进行旅游产品的销售。由于没有其他企

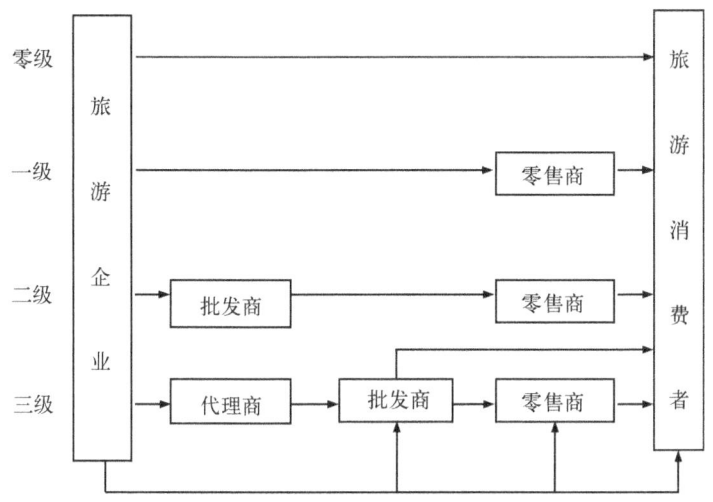

图 8-2　旅游销售渠道分级

业介入，所以没有层次环节之别，结构单一。如饭店派人直接到机场、车站、码头招徕客人，旅游者直接前往旅游地进行自助旅游等。采用直接销售渠道，可以使旅游企业对目标市场进行直接有效的管理：一方面，旅游企业可以直接获得目标旅游者的相关信息，建立客户档案，从而更能了解旅游者的需求和特点，不断地完善旅游产品，提高旅游产品的质量；另一方面，由于中间没有经过其他环节，可以减少旅游产品在转移过程中受到的负面影响。以更有竞争力的价格提供产品给旅游者，从而使旅游者能对旅游企业有正确直接的了解，有利于树立旅游企业的形象，如旅游者可以亲自考察体验旅游产品的质量、价格，避免由于旅游中间商的宣传和旅游者的理解不当而引起的误解。当旅游企业的目标市场比较集中时，采用直接销售渠道可以省去中间商的销售费用，从而降低流通成本。

(1) 渠道模式

直接销售渠道又称零级渠道，没有任何中间环节，即：生产者—旅游者。

直接销售渠道模式又分四种具体形式。

第一种形式是旅游者直接到旅游产品生产者处购买旅游产品。即旅游者以散客形式出现，直接到景点、酒店、旅游交通企业等处购买旅游产品，旅游企业采取等客上门的形式销售旅游产品。

直接销售渠道另一种形式是直接预定。随着电子技术的发展，旅游企业越来越多地采用电话预订、网上预订等方式直接销售旅游产品。网络销售渠道突破了出售旅游产品的时空限制，因而成为销售渠道的新宠。

直接销售渠道还有一种形式，即旅游生产企业在客源集中地自设门市部销售本企业产品，一般规模较大的旅游企业会在主要客源地自设门市部。

生产企业上门推销也属直接销售渠道的一种形式。

(2) 直接销售渠道优缺点

① 优点：生产者通过与旅游者"零距离"接触，可以了解旅游者对旅游产品质量、价格等方面的意见，以便改进营销组合、适应目标市场需要；由于没有中间商，省去了中间环节的

那部分费用。

② 缺点：旅游产品生产者与旅游市场接触面（网络销售渠道除外）有限，销售量有限，只适应于生产规模小或接待量有限的企业。

2. 间接销售渠道

间接销售渠道是指生产者借助中间商将产品销售给旅游者，是旅游企业主要的销售渠道。其特点是生产者不直接向旅游者售卖，而是先把产品卖给中间商或委托中间商代理，再由中间商进行售卖。一个旅游企业往往有多个间接销售渠道。由于通过中间商销售产品，提高了旅游企业市场扩展的可能性，减少了与旅游者的接洽次数，从而节省了旅游企业的人力和物力，在旅游目标市场比较分散的情况下，可以降低销售成本。间接销售渠道根据中间环节的多少分为一级间接销售渠道和多级间接销售渠道。根据所经过中间商环节的多少，具体有三种渠道模式。

（1）一级销售渠道模式

一级销售渠道模式指旅游产品生产者通过旅游零售商销售其产品，即：旅游产品生产者—旅游零售商—旅游者。

航空运输公司、铁路运输企业请旅行社等代理销售其客票，景点请酒店、旅行社代理销售门票等就属这种形式。在这种模式下，旅游零售商一般不买断旅游产品的所有权，而只进行代理销售，根据销售量从旅游产品提供者处取得佣金收入，有时还可从旅游者处获得代办手续费。

① 优点：一级销售渠道环节较少，有利于把旅游产品快速推向市场。

② 缺点：销售范围有限、规模有限。

（2）二级销售渠道模式

二级销售渠道模式是在一级销售渠道基础上加入了旅游批发商。生产者通过旅游批发商，再通过旅游零售商把旅游产品转移到旅游者手中，即：生产者—旅游批发商—旅游零售商—旅游者。

在这种模式下，规模大的生产企业将其产品以大批量预订的形式销售给旅游批发商，旅游批发商将众多的旅游产品加以组合、包装成包价旅游线路，再以批量形式出售给旅游零售商或委托旅游零售商代理销售，最终由旅游零售商将旅游产品销售给旅游者。

① 优点：二级销售渠道模式中的旅游批发商一般规模大、网点遍布，生产者借助旅游批发商，可以把旅游产品分销到更大的范围和更远的目标市场，适用于规模大的旅游企业。

② 缺点：生产规模小或供给能力有限的旅游企业不宜采取这种渠道模式，因为这会使渠道速度变慢，渠道费用上升。

（3）三级销售渠道模式

三级销售渠道模式是在二级渠道基础上加上了旅游代理商，这是环节最多、流程最长的长渠道。其基本结构为：旅游生产者—旅游总代理—旅游批发商—旅游零售商—旅游者。

这种模式在我国国际旅游市场营销中广泛采用。我国旅游生产企业一般是委托总代理商把产品销售给国外旅游批发商，再转由它们把产品委托给国外旅游零售商，由零售商再转卖给客源国旅游者。

① 优点：销售范围进一步扩大。

② 缺点：渠道最长，销售速度较慢，渠道费用最高。

（二）按销售渠道长度划分为长渠道和短渠道

旅游产品销售渠道长度是指旅游产品从生产者到旅游者所经过的中间环节的多少。旅游产品中间环节的数量不同，渠道的长度也不同。据此，销售渠道就有长渠道和短渠道之分。旅游产品所经过的中间环节越多，销售渠道就越长，旅游企业对销售渠道的控制能力越弱；反之，销售渠道越短，旅游企业对销售渠道的控制能力越强。其中，企业直销渠道最短。

（三）按销售渠道宽度划分为宽渠道和窄渠道

旅游产品销售渠道宽度是指一个时期内营销网点的数量，包括旅游企业自设的营销网点和旅游中间商的数量。一些规模大的跨国公司旅游营销网点遍布全球、渠道较宽，而一些小型旅游企业营销网点很少、渠道较窄（图 8-3）。

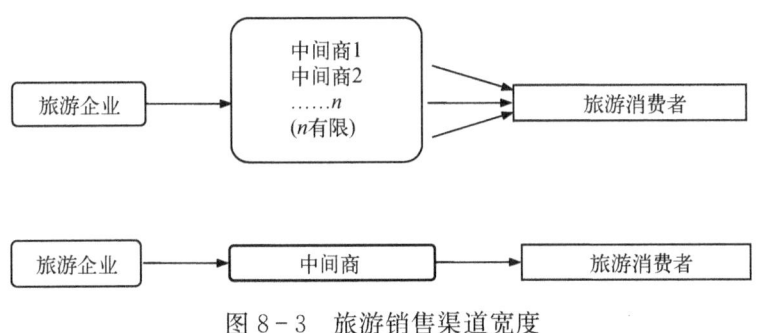

图 8-3 旅游销售渠道宽度

（四）按采用渠道的多少划分为单渠道与多渠道

单渠道是旅游企业通过一条销售渠道将产品送达目标市场，多渠道则指企业通过两条以上的营销渠道将产品送达目标市场。

任务二　旅游中间商

案例导入

经国家旅游局批准建立的第一家欧洲在华外商独资旅行社格里菲旅行社（中国）有限公司近日在北京正式开业。格里菲旅游集团 1975 年成立于英国伦敦，目前已发展为全球最大的旅游产品独立批发商，在世界各地拥有 2 000 多名员工和 31 家分支机构，年营业额高达 8.8 亿美元。

格里菲旅游集团亚太地区总裁白理德在北京国际饭店举行的新闻发布会上说，中国旅游市场极具发展潜力，而且中国对世界各地游客极具诱惑力。根据世界旅游组织的战略预测，到 2020 年，中国将

成为世界第一位入境目的地国家和世界第四位出境旅游客源地国家，中国入境人数将达到 2.1 亿人次以上，旅游业总收入将超过 3.6 万亿元人民币，相当于届时中国 GDP 的 8% 至 10%。中国公民出境旅游人数将达到世界旅游组织 1997 年预测报告中提出的 1 亿人次。

早在几年前，格里菲旅游集团就看好中国旅游市场，至今已在北京、上海、成都、香港、台湾建立了五家分支机构。仅在中国西部，格里菲就与 250 家星级酒店签订了合作协议。不仅如此，格里菲还要求其全球雇员会说普通话。白理德说，格里菲为中国引进更多高素质的客源，同时也非常希望与中国当地的旅游界同行深入合作，共同拓展旅游市场。据他介绍，格里菲将大力开展中国入境旅游业务，通过全球供应商重新包装中国旅游产品，并通过互联网连接全球的旅游零售商，采用中文以及英、日、韩文等多种语言，为境外旅游团队、商务旅游和散客提供多样化的选择和服务。目前，团队旅游业占格里菲全球业务量的 40% 左右，网上业务量约占 20%，每天还可为 2 万名散客预订旅游相关服务。同时，格里菲将在中国大力发展酒店业务、国内旅游业务和开发旅游景点市场。他们即将在中国大中城市的机场、火车站、地铁站和重要的公共场所逐步建设格里菲全球网络终端，采用世界科技前沿成果开发"旅游百科全书"系统，游客可以从网上查询旅游吸引物动画及图片介绍、最优旅行路线、门票价格、与城市距离、星级酒店方位、相关服务设施特色及客房预留、预订信息等。

目前，格里菲与中国各地的旅游界同行正在进行接触和会商，有的已达成合作协议。白理德说，北京作为中国的首都和世界著名的极富活力的国际大都市，拥有众多高水准的旅游吸引物和理想的旅游环境，必将成为国内外旅游界开拓、创新的生动舞台。他表示，他对投资中国旅游市场充满信心。

（资料来源：我要去旅游网，http://www.51766.com/xinwen/11002/1100259365.html）

 思 考
1. 什么是旅游中间商？
2. 旅游中间商的类型有哪些？

一、旅游中间商的概念

旅游中间商处于旅游产品生产者与旅游者之间，是专门从事旅游产品交换的中介组织或个人。其类型多种多样，包括：旅游代理商，旅游批发商、旅游零售商、专业旅游媒介以及电子销售系统等。由于旅游中间商的存在，可以减少旅游产品流通过程中的交易次数，便于把旅游产品分销到更远的空间，有利于旅游者购买，节省交易成本。

二、旅游中间商的类型

旅游中间商是协助旅游企业推广、销售旅游产品给最终消费者的经济组织或个人。它的利润来源于旅游产品购进价与销出价之间的差额或被代理企业支付的手续费或佣金。按旅游中间商是否购买旅游产品的所有权，可分为旅游经销商和旅游代理商两类。

（一）旅游经销商

旅游经销商是买进旅游产品再转卖出去的旅游中间商，其显著特点是旅游产品所有权在买卖双方的转移。经销商通过购买取得旅游产品所有权，收入来自于一买一卖的差价。旅游经销商可分为旅游批发商和旅游零售商两类。

1. 旅游批发商

旅游批发商通常指经营包价旅游批发业务的旅游企业。旅游批发商在销售渠道中一头联结旅游产品生产者，另一头联结旅游产品零售商。一般说来，旅游批发商的经营范围较广，可以在本地区，也可以在全国，甚至在海外通过设置办事处等机构进行销售活动，因此通常是一些实力非常雄厚的大型旅游公司或旅行社，具备较强的管理、宣传、销售能力。它们通过与交通部门（航空公司、铁路及旅游车船公司等）、政府相关机构或部门、饭店、旅游景点以及其他餐饮娱乐服务机构等直接谈判签订合同，购买一定数量的座位、门票和房间，将这些单项旅游产品组合成多种价格、多种时间和多种旅游目的地的包价旅游线路（大包价或小包价），再融入自己的服务内容，使之能满足旅游者整体的需要，并将其批发给旅游零售商。旅游批发商大多拥有较强的人力、财力、物力及采购优势，采用集团化经营，也拥有自己的零售网络，抗风险能力强，其利润主要来源于交通部门支付的代理佣金、饭店订房差价和旅游景点的门票差价等。

随着国际旅游的不断发展，旅游批发商在旅游产品分销渠道中的作用越来越大。由于单项旅游产品的生产者增加，竞争更加激烈，旅游者对旅游目的地的有关旅游产品缺乏全面的了解。为了节省时间和精力，旅游者往往更倾向于参考旅游批发商提供的旅游产品目录，从而选择价格、时间搭配比较合理的包价旅游。而旅游批发商对于将谁纳入其包价旅游的目录，并在目录中进行促销有着最终决定权。如目录中会包括与其签有协议的旅游目的地的饭店、景点、餐饮设施的描述，方便旅游者查阅，没有列入其中的其他旅游生产企业就失去了被旅游者选择的机会。

2. 旅游零售商

旅游零售商是直接向旅游者提供旅游产品的旅游中间商，其特征是从旅游产品生产企业或旅游批发商处批量代理销售旅游产品，再以零售价格出售给旅游者。旅游零售商是旅游产品销售渠道的最终环节。以旅行社为例，一方面，为适应旅游消费者的多种需求，旅行社要熟悉各种旅游产品的优劣、价格和日程安排，要充分了解旅游者的偏好、经济支付水平、生活消费方式等情况，以帮助旅游者组合旅游产品。根据旅游者的具体要求，向旅游者提供咨询服务，代为预订车、船、机票，帮助旅游者挑选合适的旅游线路以及旅游地的吃、住、行、游、购、娱等日程安排；另一方面，旅行社在销售活动中还应具有较强的沟通能力和应变能力，与旅游目的地的旅馆、餐馆、景点以及航空公司、车船公司等旅游企业保持良好的沟通和联系，可以不断地获得旅游市场和旅游者的需求变化信息，并随时根据旅游市场和旅游者需求的变化进行相应的调整。

（二）旅游代理商

旅游代理商是指受旅游产品生产者或提供者的委托，在委托权限内代理销售生产者或提供者的旅游产品的旅游中间商。其显著特点是旅游代理商不取得旅游产品所有权，其收入来自于被代理企业支付的手续费或者佣金。旅游代理商的主要职能是在允许的区域内代理旅游企业产品，向旅游者或旅游经销商销售旅游产品和提供有关信息等。如代理饭店接受预订、宣传饭店的产品、向旅游者提供饭店的信息等。当旅游企业需要在某一地区开拓市场，或客源集中于某一地区而又无法直接进行营销活动时，可以借助于旅游代理商的营销资源优势寻求市场机会，通过旅游代理商来扩大销售。例如：酒店预定中间商、航空票务公司、携程网、艺龙网、12580等都属于旅游代理商。

三、选择旅游中间商的原则

旅游销售渠道是旅游市场营销策略的重要组成部分，大多数旅游企业都通过旅游中间商来销售产品。选择适合的旅游中间商，对于那些规模大、目标市场范围广的旅游企业尤为重要。选择旅游中间商应遵循如下原则：

（一）经济原则

销售渠道的构建需要支付一定费用，销售渠道的维持也需要一定的费用开支。销售渠道的费用开支需要从销售渠道的收入中得到补偿，以收抵支取得经济效益。如果旅游企业维持某中间商渠道的支出大于收入，就会得不偿失。企业应选择费用最省、效益最高的旅游中间商作为本企业产品的销售渠道。

（二）控制原则

风险与利益往往是共生关系，选择旅游中间商应尽可能规避风险、减少风险。同时，旅游企业应能够对旅游中间商实行有效控制。旅游中间商相对稳定，才能维持旅游企业的市场份额、达到企业的发展目标。

（三）适应原则

选择旅游中间商的基本要求之一，就是所选择的旅游中间商要有现代营销意识、最靠近目标旅游市场，旅游者最容易找到他们，并能方便快捷地购买所需的旅游产品和得到所需要的服务。

任务三　旅游产品销售渠道策略

案例导入

旅行社的产品销售渠道通常分为直接销售渠道和间接销售渠道两个类型。其中，直接销售渠道是指目的地的旅行社与游客之间签订旅游合同或协议，将旅游产品直接销售给游客，在旅行社与游客之间不存在任何中间环节。间接销售渠道则是指目的地的旅行社不直接与游客签订旅游合同或协议，而是客源地的旅行社等中间商与游客签订旅游合同或协议，然后将游客转交给目的地的旅行社进行接待。在目的地的旅行社与游客之间存在着一个或多个中间环节。

目前，在我国的国内旅游市场上，绝大多数经营国内旅游业务的旅行社沿袭入境旅游市场上旅行社所采用的间接销售渠道策略，通过旅游客源地的旅游中间商（组团社）推销其旅游产品。与此同时，旅游客源地的组团社也采用境外一些旅游中间商的策略，将其所招徕的游客组成旅游团队，交给目的地的旅行社接待。旅行社尽管可通过间接销售渠道获得一定数量的客源，但是其所付出的代价也相当可观。

我国的旅行社之所以在推销国内旅游产品时也采取间接销售渠道，主要是因为当时多数经营国内旅游业务的旅行社（国内旅行社）存在起步晚、规模小、资金不足等困难，无法按照《旅行社管理条例》的规定在客源地设立分社。新颁布的《旅行社条例》取消了我国的旅行社在异地设立分社的限制，扫除了旅行社在国内客源地设立分社的制度性障碍，为旅行社建立直接销售渠道系统提供了有利的经营环境。另外，一批经营国内旅游业务的旅行社经过长期的积累，已经积累了较为丰富的财力和人力资源，具备了建立直接销售渠道的实力。在此情况下，旅行社应充分抓住这一有利机遇，调整旅游产品的销售渠道策略，整合国内旅游产品的销售渠道体系，以达到降低信息失真率、提高经营利润和降低最终产品价格的目的。

（资料来源：我要去旅游网，http://www.51766.com）

思　考

1. 旅行社建立销售渠道应考虑哪些因素？
2. 旅行社建立销售渠道可采用哪些方式？

一、影响旅游销售渠道选择的因素

（一）旅游产品

旅游产品具有多样化、综合性的特点，不同的旅游产品组合需要选择不同的销售渠道。零售商和旅游者对产品的需求是品种多、批量小。如果旅游产品组合面太窄、产品单一，就不能直接适应零售商和旅游者的要求，而必须通过批发商进行分销；如果旅游产品组合面较广、较深，产品品种较多，就容易适应零售商和旅游者的需要，采用的销售渠道就可短一些。商务型饭店、汽车旅馆、旅游景点、餐馆等旅游产品的针对性强，主要选择直接销售渠道；休闲度假

饭店、机场饭店、旅游车船公司等由于其产品覆盖面广,因此宜采用间接销售渠道。高档的、有特色的旅游产品多直接面向旅游者进行销售,大众化的旅游产品通过间接渠道能够获得更多的客源。

(二)消费者

当旅游者地理分布较集中、购买量大时,旅游产品生产者往往会选择在客源地建立直接营销网点;当旅游者地理分布较分散时,旅游产品生产者可利用中间商进行销售。市场需求大且消费者分布广泛,宜使用长渠道、宽渠道,以扩大营销空间。

(三)旅游企业自身

旅游企业的规模、市场形象、经营能力、企业实力对销售渠道有较大影响。旅游企业规模大、市场形象好、经营管理能力强,愿意加盟的经销商会较多,企业的挑选余地较大,对销售渠道的影响力和控制力也较强;相反,企业选择中间商的余地就小。规模较小的旅游企业,一般宜以短渠道为主,而规模大、供给能力强的旅游企业,宜采取较长的渠道。企业自身销售能力强、直接销售的经验丰富,可以采取直接销售渠道;如果自身销售能力弱,则应借助中间商的力量来销售产品。

(四)旅游中间商

旅游产品生产者能否找到理想的旅游中间商,是选择销售渠道所要考虑的重要问题。理想的旅游中间商应满足:能带给旅游购买者以便捷性、所承担的营销职能与生产者的需要相符、熟悉生产者所提供的旅游产品、在目标市场旅游者心目中形象较佳、合作意愿强、营销能力能达到生产者的期望、费用适中。

(五)竞争状况

当竞争对手所生产的旅游产品替代性不强甚至有一定互补性时,旅游企业可以选择与竞争者相同的销售渠道;当旅游企业产品竞争力比竞争对手的产品更强时,也可选择竞争对手所采用的渠道;当旅游企业产品竞争力不如竞争对手产品时,应另辟渠道,避免选择与竞争对手相同的中间商。

(六)营销环境

经济状况、政策法规、自然条件等也会影响旅游企业的销售渠道决策。如经济不景气时,市场需求不足,旅游企业要节约成本,往往减少渠道环节,而经济环境良好时,则可增加渠道。

二、确定销售渠道的目标

旅游企业只有明确了销售渠道的目标，才能设计出切实可行的销售渠道，并使销售渠道与本企业的战略目标和营销策略相适应。销售渠道目标应该反映以下两个方面的内容：

首先，销售渠道目标应能满足旅游者的需求，即给旅游者提供所需的服务和便利。销售渠道中的成员都必须为旅游者提供与旅游企业一致的服务水平，如能够提供的旅游产品种类、处理和完成预订服务的时间、产品的价格范围、中间商的服务质量标准、旅游者获得相关信息的方便程度等，并使旅游者能够更方便地购买旅游产品。只有满足旅游者要求的销售渠道，才能真正帮助旅游企业销售产品。

其次，销售渠道的目标应该反映旅游企业的整体目标，包括销售目标和市场占有率目标，这也是衡量销售渠道经济效益的重要指标。由于客源市场的变化难以准确预测，旅游企业必须在认真分析销售渠道的成本以及盈利可能性的基础上设计合适的渠道，从而为渠道确定一个销售目标，并根据渠道所具备的市场开拓能力确定要达到的市场占有率目标。

三、旅游销售渠道选择策略

在充分考虑销售渠道影响因素的前提下，旅游产品生产者可以采取适当的策略选择销售渠道（图 8-4）。

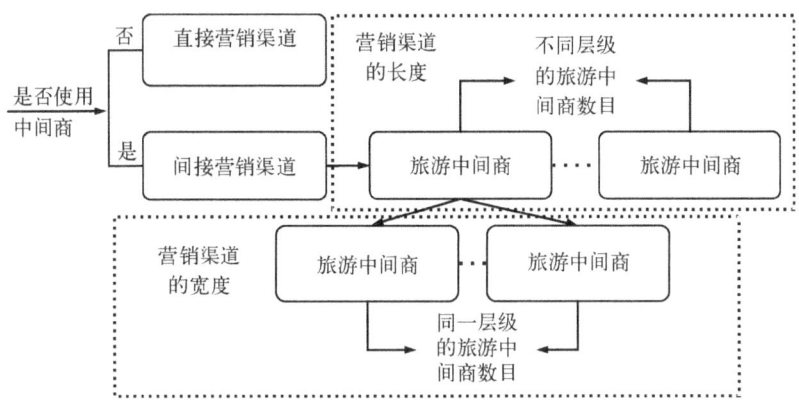

图 8-4　销售渠道策略

（一）销售渠道长度选择策略

旅游产品生产者常常面临着销售渠道长短的决策，如：是选择直接销售渠道还是间接销售渠道；假定采取间接销售渠道，中间商有几个层级较合理等。旅游产品生产者应根据内外部情况，择优选择长短适宜的销售渠道。

1. 短渠道策略

直接销售渠道是最短的渠道，其优势在于有利于生产者了解市场，由于没有中间环节，渠道费用也较节省；其不足之处是：销售范围较窄、销量有限，生产者不得不把一部分精力放到直接销售上，因而还会牵制生产者的精力。

2. 长渠道策略

长渠道的优势在于销售范围广，可借助中间商的网点营销产品；其不足之处是：要支付一定的差价作为中间商报酬或佣金，生产者与旅游者之间难以直接沟通，营销速度较慢。

（二）销售渠道宽度选择策略

销售渠道的宽度选择所要解决的是选择每个渠道层级的中间商数量多少的问题。有三种销售渠道策略可供选择，即密集型销售渠道策略、选择型销售渠道策略和独家经营型销售渠道策略。

1. 密集型销售渠道策略

密集型销售渠道策略又称广泛型销售渠道策略或无限制型销售渠道策略，是指旅游产品生产者不受限制地吸收中间商来经营其产品。

数量广泛的旅游中间商使旅游产品更接近目标游客，便于旅游者购买和充分展示产品。密集型销售渠道是最宽的销售渠道，最适合大众化旅游产品。但它的缺陷在于：渠道成员较为复杂，生产者不易控制，易造成渠道混乱。

2. 选择型销售渠道策略

选择型销售渠道策略是指旅游产品生产者择优选择一部分旅游中间商作为旅游产品销售渠道。旅游产品生产者根据目标旅游市场情况，通过对旅游中间商的调研、筛选，去掉那些效率低、成本高、企业难以控制、对企业旅游产品不太感兴趣或信誉不好的旅游中间商，剩下对本企业最有利的旅游中间商。

选择型渠道既能使旅游产品在特定的旅游市场获得一定的覆盖范围，又便于生产者控制渠道费用、降低渠道成本。

3. 独家经销渠道策略

独家经销渠道是指旅游产品生产者在一定时期内只在一个地区选择一个旅游中间商作为本企业的销售渠道。这种类型的销售渠道是选择型销售渠道的极端形式，是最窄的一种销售渠道。

独家经销渠道的优点是：旅游中间商积极性高，销售渠道之间没有竞争。其缺陷是：旅游产品生产者把一个时期、一定地区的营销任务全部由一个旅游中间商承担，一旦中间商力所不及、难以胜任，生产者的风险很大。故此，旅游生产者要十分慎重地精选独家经销的旅游中间商。

四、旅游销售渠道管理

旅游产品销售渠道是否能够达到最终的销售目标，取决于旅游企业对销售渠道的管理。由于销售渠道成员都是独立的企业，都有自己的经营目标，因此管理难度很大。旅游企业如何调动旅游中间商的积极性、主动性，减少各渠道成员之间的冲突，是旅游产品销售渠道管理的主

要内容。

（一）旅游产品销售渠道冲突的根本原因

各个类型的旅游渠道企业都有自己的经营利益，都从自身的利益考虑，希望自己能够获得最大的收益，而不顾其他渠道成员的利益，因而渠道容易产生冲突。

1. 渠道企业之间经营目标上的差异

旅游生产企业希望树立自身品牌形象，增强渠道的竞争力。因此，希望分销商独家分销自己的产品。而旅游中间商的经营目标是增加企业的分销收入，降低分销风险，因此就要分销多个企业的产品。这种目标上的差异，引起了企业之间的各种矛盾。

2. 渠道企业之间任务分工的不明确

旅游产品销售渠道成员之间产生冲突的原因之一，是渠道成员之间的市场区域划分不明确，各自的分工、责任和权利划分的不明确。

3. 渠道企业信息不对称

旅游生产企业主要掌握旅游产品开发生产的信息，而旅游销售商则更加了解旅游者的需求信息。由于两者掌握信息的差异，导致两者对市场状况的理解不同，从而引起冲突。

（二）协调销售渠道管理

1. 建立合理的利益分配机制

为了解决这些冲突，就要在渠道成员之间建立合理的利益分配机制，用机制促成渠道成员的利益共同化。

2. 进行渠道企业之间的目标管理

渠道成员之间的经营目标上的分歧，也是导致旅游销售渠道成员之间冲突的根本原因，因此，就要在渠道成员之间进行目标管理。

3. 细化各个渠道成员的责任和权利

明确渠道成员之间的责任、权利也是解决渠道冲突的一个有效方法。通过明确权利，可以明确不同分销商的市场范围，明确大客户的归属。明确责任则可以明确各个渠道企业在广告、促销、服务等方面的责任，从而解决上述冲突。

4. 加强渠道企业之间的信息交流

信息的不对称导致了渠道企业之间对市场理解的差异，从而引起一些渠道冲突。因此，加强渠道成员之间的信息交流，是解决信息不对称引起的冲突的主要方法。

（三）旅游销售渠道调整决策

市场需求处于不断的变化中，旅游企业的产品也在不断地创新、完善。根据企业的发展要求、市场的变化以及旅游中间商的表现，旅游企业不仅需要随市场环境变化而调整销售渠道，使销售渠道保持活力，而且也需要为改进渠道而调整现有销售渠道。调整旅游销售渠道的最终

目的是方便购买、提高销售额、增加利润额，这也是衡量调整销售渠道成败得失的最关键因素。根据具体情况不同，一般采用以下三种策略：

1. 增减某一销售渠道成员

通过对销售渠道成员进行评估，对销售不力、效率低下、不能适应市场变化、对销售渠道整体运作有严重影响的渠道成员，应该从销售渠道中予以裁减。而当现有的渠道成员数量太少或有更好的适合本企业的旅游中间商时，应考虑增加销售渠道成员。

2. 增减某一销售渠道

当某一销售渠道经常达不到销售渠道目标、企业销售渠道过多导致销售费用增加时，从提高销售效率的角度考虑，可以缩减某一渠道。反之，当销售渠道过少，影响了旅游者的购买时，可以增加某一渠道。

3. 改变整个销售渠道模式

实施这种策略时，对旅游企业的影响是非常巨大的，意味着要取消原有的所有销售渠道，重新进行销售渠道的设计。因此，采取这种策略应该慎重。在出现以下情况时应对销售渠道模式进行重新设计和组建：旅游企业原有的渠道产生了无法解决的矛盾，造成整个销售渠道的混乱，以致无法帮助企业销售产品；旅游企业没有经过认真科学的分析盲目选择销售渠道，导致整个渠道无法有效地开展销售工作；旅游企业本身的战略目标和目标市场进行重大调整时。

五、旅游销售渠道的发展方向

技术革命的影响和互联网的日渐普及，使得旅游电子商务成为旅游业的热点。旅游电子商务正逐步改变旅游消费方式和行业竞争格局。比如当旅游网站组织自己的旅游产品时，网站就扮演了旅游批发商的角色；当网站将旅游产品直接推向市场与消费者见面时，它又成为具有价格优势的旅游零售商。这样，网上旅游便缩短了销售渠道，减少了销售环节，降低了产品成本，提高了工作效率，可以为消费者提供价廉物美的旅游产品。所以，网络旅游的逐渐成熟将给传统的旅游中间商带来较大的冲击。

传统的旅游产品的购买是一个复杂的过程，旅游消费者在作出购买决策之前需要查阅大量旅游产品的信息，以确定旅游产品的价格和购买渠道，并向旅游中间商咨询。由于旅游中间商素质参差不齐，即使消费者决定购买旅游产品，也还是要到旅游中间商那里办理相关手续。旅游电子商务克服了这一缺点，可以为旅游消费者提供全面的服务，包括为消费者的旅游提供参考信息和建议，并且不受时空限制，还可用银行卡实现线上支付，对消费者购买旅游产品极为方便。而且，旅游电子商务提供的旅游产品往往具有比较优惠的价格，更能吸引消费者。

传统的旅游中间商在业务操作上要经历产品设计、订购、促销等诸多环节，效率低下，成本高昂。旅游电子商务的出现可以让旅游中间商在电子商务平台上轻松完成旅游产品的业务运作过程，同时进行宣传推广和在线销售，还可进行内部业务交流与合作，保持旅游业务高效顺畅的运营。

项目小结

旅游产品只有被旅游者购买才是现实的产品。在市场经济条件下，旅游产品的这种运动是依赖于一系列的买卖活动实现的。旅游企业要实现旅游产品的价值和使用价值，就必须有畅通的销售渠道。旅游产品销售渠道，是指旅游产品从旅游生产企业向旅游者转移过程中所经过的各个环节串联形成的途径。它的起点是旅游产品的生产者即各个旅游企业，终点是旅游者，中间环节包括各种旅游代理商、旅游批发商、旅游零售商以及其他中介组织和个人等。旅游企业通过建立销售渠道，能使自己的产品更广泛、更迅速地进入目标客源市场，提高旅游企业的经济效益。旅游销售渠道是否合理直接影响旅游企业市场营销实施的结果。旅游产品从旅游企业到达旅游者的过程中呈现出多样化的特点，一般可分为直接渠道和间接渠道、长渠道和短渠道、宽渠道和窄渠道等。

旅游中间商是指在旅游生产者和旅游者之间专门从事旅游产品营销的各种中介组织和个人，包括旅游代理商、旅游批发商、旅游零售商等。旅游中间商的作用表现在：促进产品销售，降低营销费用；组合旅游产品，满足旅游者的综合性需求；联系供求双方，促进信息沟通；减少销售损失，共同承担风险等。旅游企业选择中间商要遵循经济性、可控性和适应性的原则。

旅游企业在实施旅游销售渠道策略时，要考虑旅游市场特点、产品特点、旅游企业自身实力和经营范围，选择合适的销售渠道。旅游企业要加强与中间商的合作，处理好销售渠道成员之间的横向和纵向矛盾，调动旅游中间商的积极性、主动性，减少各渠道成员之间的冲突。旅游企业还需要根据企业的发展要求、市场的变化以及旅游中间商的表现，对销售集道进行适当的调整。

综合能力训练

基本训练

一、名词解释

旅游销售渠道　　　间接销售渠道　　　旅游中间商

二、选择题

1. 旅游企业选择一级间接销售渠道时，旅游产品一般经过（　　）环节提供给旅游者。
   A. 一个　　　　B. 两个　　　　C. 三个　　　　D. 四个或四个以上
2. 旅游企业在对销售渠道进行管理时，需要解决（　　）之间的矛盾。
   A. 旅游企业和旅游中间商　　　　B. 旅游者和旅游者
   C. 旅游中间商与旅游者　　　　　D. 旅游中间商与旅游中间商

三、判断题

1. 旅游产品销售渠道的宽度就是指旅游产品从生产者或供给者向旅游者转移过程中所经过的中间环节的多少。（　　）
2. 如果目标市场规模很大、地理分布很广，可以选择较宽、较长的销售渠道。（　　）

3. 旅游经销商不拥有产品的所有权，通过为委托人和消费者提供服务从中获取佣金。
（　　）

四、思考题

1. 旅游销售渠道的作用是什么？
2. 旅游销售渠道的类型有哪些？
3. 旅游企业选择中间商的原则是什么？
4. 影响旅游销售渠道选择的因素有哪些？

五、案例分析

网络时代的旅游营销渠道

在艾瑞咨询近日发布的《中国在线旅游网站数据流量来源分析》报告中显示，截至2011年9月17日，国内在线旅游网站在Alexa上流量排名前三名的分别为去哪儿网、携程、艺龙。从流量数据源来看，去哪儿网、携程和艺龙三家公司36%的流量来自百度和谷歌等搜索引擎。很多大型网站都会有20%～40%的流量来自搜索引擎。可见搜索引擎是网站流量入口的主要来源。

然而，除了搜索引擎，近两年来微博带来的营销效果也日益显著。新浪微博目前已经突破了2亿用户，微博热已经席卷旅游行业，上至国家旅游局，下至旅游景点、旅行社、酒店、航空公司等等都纷纷加入微博行列。很多旅游企业部门利用微博，要么实时发布相关旅游咨询，要么进行微博产品介绍和销售。如何经营好一个微博，有效利用微博扩大自我品牌的影响力，增加产品的销售量，已成为当下最为热门的研究课题之一了。

问题：
1. 旅游企业的传统销售渠道有哪些？
2. 和传统销售渠道相比，旅游企业通过互联网建立销售渠道的优缺点有哪些？

◆◆◆◆◆◆◆◆◆◆◆　技能训练　◆◆◆◆◆◆◆◆◆◆◆

一、任务名称

旅游产品销售渠道调查

二、任务目标

通过分组讨论设计调查问卷，在旅行社完成调研活动，使学生充分了解旅游产品销售渠道的重要性和意义。

三、任务实施

1. 对所教班级进行分组，6～8人为宜。
2. 小组内进行调研主题的讨论和确立。
3. 小组内进行问卷的讨论、设计、调研、报告撰写等人员的分工。

4. 对调查结果展开讨论，形成报告。
5. 选派一名代表发言汇报，要求主题突出，简明扼要，语言表达清晰流畅。
6. 教师适时指导。
7. 时间：2 周。

四、成果形式

1. 调查报告，1 500 字左右。
2. 教师根据学生表现及调研报告计分，纳入平时成绩。

项目九
旅游市场营销促销策略

 **学习目标**

通过本项目的学习，你应该能：
1. 了解旅游促销的概念
2. 理解旅游促销的作用
3. 掌握各种旅游促销手段的特点和实施方法

任务一 旅游促销概述

案例导入

西班牙的旅游业发展措施

西班牙的旅游业贡献了 11% 的国内生产总值，创造了 12% 的就业机会。据专家估计，旅游业对其他经济部门的间接效果为 1.7，在全球旅游业中占据着领先的位置。西班牙旅游业的发展并不是一条直线，而是经历了许多困难的阶段。但在公共部门和私营部门的共同努力下，克服了困难，使旅游业重新回到增长的道路上。

旅游公共管理局通过媒体宣传和广告创建并确立了西班牙作为旅游目的地的形象，并建立了一个平台支持西班牙旅游企业开发的旅游产品的营销。这项工作的主要部分通过西班牙旅游办事处网络进行。该办事处创办于 20 世纪上半叶，在 20 世纪下半叶迅速发展，并在近十几年把业务拓展到新兴市场。其主要任务是研究市场，加强媒体公关，策划和开展推广旅游产品的营销活动，与主要客源市场的专业旅行社加强接触。

媒体和广告是创建和巩固旅游目的地形象必不可少的工具。当西班牙在因政治和社会事件（袭击事件、事故）、自然灾害或者供应恶化等原因而导致其目的地形象在客源市场消费者的心中变差时，西班牙一般会利用公共关系、报刊记者和视听媒体（在 2010 年数量为 1.3 万）的通讯模式进行沟通。至于广告方面，西班牙有悠久的传统，自 20 世纪初就开始出版优质的海报和小册子。从上世纪 90 年代开始，小册子发生了变化，其作用从形象宣传转变为提供信息，主要是向游客提供关于旅游目的地的实用信息，采用固定格式和口袋书的形式提供。

此外，从 1977 年起，广告宣传活动开始针对每个不同的市场而有所不同。1982 年采用新的做法并沿用至今，这个做法是面向所有的市场采取一个总的广告宣传手法，采用统一的"版面设计"和主题，目的是建立西班牙作为旅游目的地的统一形象。针对每个市场的特点，选出最适合于每个产品和形象的代表。有时会使用拥有全球声望的西班牙名人作为代表：男高音歌唱家普拉西多·多明戈、高尔夫球手塞维耶罗·巴耶斯德罗斯、世界杯冠军足球队等等。在较长的一段时间里，西班牙旅游业都采用表达情感的宣传口号："与众不同的西班牙"、"一切沐浴在阳光中"、"生活的热情"。

（资料来源：中国旅游报，2013 年 1 月 11 日）

> 1. 西班牙旅游业发展中是如何克服困难的？
> 2. 西班牙旅游宣传中用到了哪些手段和工具？

一、旅游促销的概念

促销是一种信息沟通活动，即营销者（信息提供者或发送者）发出作为刺激消费的信息，并把信息传递给目标对象，以影响目标对象的态度和购买行为。美国著名的市场营销专家菲律普·科特勒认为沟通的构成要素有：信息发送者（信息源）、编码、信息、媒体、解码、受众、反应、反馈、噪音等。

旅游促销是旅游目的地或旅游企业将目的地或旅游产品的有关信息，通过各种宣传、吸引和说服的方式，传递给潜在购买者，促使其了解、信赖并购买自己的产品，以达到扩大销售目的的一种活动。旅游促销的根本目的在于激发目标旅游者的购买欲望，最终导致购买行为发生。

二、旅游促销的作用

旅游促销是旅游营销组合（4P's）中的一个要素，对旅游目的地与旅游企业的营销活动起着重要的作用，具体表现在以下几个方面：

（一）刺激旅游者的购买需求

旅游企业及旅游目的地使用促销手段，目的是对旅游消费者或经销商进行短期激励，通过广告、营业推广、公共关系、人员推销等促销组合，让潜在购买者了解旅游产品，并最终吸引消费者前来购买旅游产品。

（二）引导旅游者的消费需求

旅游产品的特点之一是需求弹性大，可替代性强。旅游促销的最终目的就是让消费者立即实施销售行为，但消费者一般对新产品具有抗拒心理，在某些时候又会对老产品丧失兴趣。因此，旅游经营者通过旅游促销活动，能够加深消费者对旅游产品属性、功能等的认识，使消费者去接受产品。

（三）使旅游企业在竞争中取胜

任何旅游企业的旅游产品在市场上都面临着竞争，相互竞争的同类产品往往具有相似性，不容易被旅游消费者辨识。通过举行旅游促销活动，可以突出旅游产品的功能和特点，强化旅

游产品整体产品中的附加利益,加深旅游者对旅游产品和企业的认识。

(四)提高销售业绩

旅游促销的根本目的是为了激发潜在旅游消费者的购买欲望和购买行为,达到扩大销售的目的。因此,通过市场调研、了解消费者需求、选择合适的目标市场,制定有效的促销方案,可以有效地吸引旅游者购买旅游产品。

三、旅游促销策略的类型 (图9-1)

(一)推式策略

通过以人员推销为主导的促销组合来影响中间商,使之迅速接受企业的产品并加强销售,最终达到强化消费者的旅游动机,使之购买。其作用过程表现为旅游供应商把旅游产品推荐给旅游批发商,再由批发商推荐给旅游零售商,最后由旅游零售商将其推荐给旅游者。推式策略适用于:
① 旅游经营者规模小,或资金少、实力较弱者。
② 旅游目标市场集中,分销渠道短。
③ 刚推出市场的旅游新产品。

(二)拉式策略

它是立足于直接激发旅游者对旅游产品的注意和兴趣,通过以广告为主的促销组合影响和吸引旅游者,激发其旅游动机,再通过旅游者需求来刺激旅行社及其他中间商的需要,使之增加对本旅游企业的订货。最终达到把旅游者逆向拉引到旅游企业或旅游目的地,实现旅游产品的销售目的。拉式策略适用于:① 旅游经营者实力雄厚。② 旅游产品具有独特优势,与其他旅游产品相比差异性明显。③ 对旅游产品的初始需求已经呈现出有利的趋势,市场需求日渐增长。

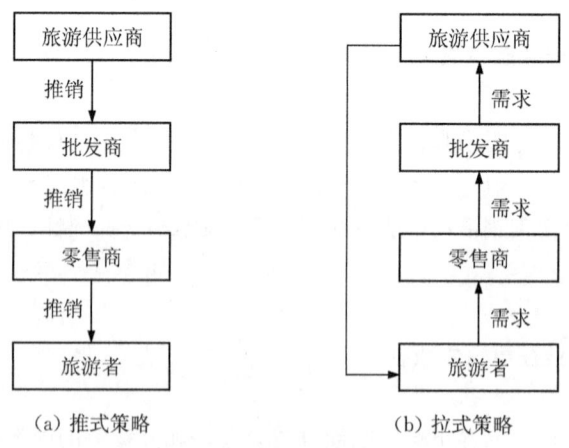

图9-1 旅游促销策略的类型

> 以下方式属于哪种旅游促销策略？
> (1) 产品上市会上公布当日买十赠一
> (2) 广泛的电视、报纸广告宣传
> (3) 印在促销单上的优惠券
> (4) 年底返扣及旅游大奖
> (5) 为期2周的少量电视广告
> (6) 产品试用

四、旅游促销组合策略的实施

（一）明确旅游促销的受众

旅游促销企业和旅游目的地在促销活动前要明确向谁沟通和对谁促销的问题，这样才能有针对性地向目标群体发送信息，并达到预期效果。旅游促销受众包括潜在消费者、中间商、旅游消费决策者等，促销受众决定了促销信息的内容、方式、时机、地点和手段。

（二）确定要达到的目标

在明确促销受众后，旅游经营者必须明确旅游促销所要达到的效果。旅游促销的最终目标是使消费者在受到旅游信息刺激后，认识和了解旅游产品，并最终做出购买决策。潜在旅游者在进行购买行动前，通常要经过知晓、认识、喜爱、偏好、确信和购买这些过程。

（三）设计旅游促销信息

旅游企业在明确所要达到的目标后，要拟定有效的信息。信息包括内容、结构、形式和信息源。

信息内容指向目标受众表达的内容，也被称为诉求。诉求分为理性诉求、情感诉求和道义诉求。理性诉求主要说明旅游产品会给消费者带来什么样的利益，如强调产品的品质优良、经济价值高；情感诉求主要是激发消费者某种内心情感，如新奇、荣耀、认同等以促使其购买；道义诉求是以社会规范为诉求，劝导旅游者。

信息结构是信息内容叙述和表达的逻辑结构。包括：信息中是否给出明确结论，信息中是否给出某种观点，信息中最重要的内容放置在何处。

信息形式是信息表达所采用的符号与编排。促销工具不同，信息的形式也会有所差异。

信息源是信息发出的源头，一个有吸引力的信息源所传递的信息能吸引更多的注意力，并最终被记住。

(四) 制定旅游促销预算

旅游促销预算是旅游促销方面投入的资金数额的估算。如果公司实力雄厚、资金足,可在进行充分的市场调查后,选择覆盖面广、效果好的促销工具和方式,还可以请专业的公司进行,以达到最佳的促销效果;如果资金预算较少,可采用成本较低的、相对简单的促销方式。

(五) 确定旅游促销组合

1. 各种促销工具的特点

旅游促销组合有广告、营业推广、公共关系和人员推销。旅游经营者要想取得高效的促销效果,就应该对各种促销工具的成本与特点有所了解(表9-1)。

(1) 广告

广告是一种大众化的传播方式。主要特点是:传播面广、效率高;形式多样、表现力强,有利于树立被传播对象的形象;但说服力弱,难以达到让消费者及时购买的效果。

(2) 营业推广

营业推广是一种短期内刺激销售的活动。主要特点是:刺激性强、激发需求快,能临时改变消费者的购买习惯;但有效期短、组织工作量大、耗费较大、影响面窄。

(3) 公共关系

公共关系是一种促进与公众建立良好关系的方式。主要特点是:可信度高、可接受性强、能赢得公众的好感、影响面广、影响力大;但设计难度大、组织工作量大、不能直接追求销售效果、运用限制大。

(4) 人员推销

人员推销是一种与消费者面对面促销的方式。主要特点是:方式灵活、针对性强、易培养与消费者的感情、建立长期稳定的联系、反馈及时;但效率低、传播面小、平均成本较高。

表 9-1 旅游促销组合工具

广告	公共关系	营业推广	人员推销
电视	研讨会	竞赛、游戏	推销展示
广播	慈善活动	兑奖	销售会议
杂志	捐赠	赠品	交易会、展览会
报纸	出版物	赠券	电话推销
网络	征文、摄影大赛等	折扣	书面推销
小册子	特殊事件	交易会、展览会	营业推销
宣传单	名人代言	样品	派员推销
广告牌	年度报告、总结会	红利提成	
直邮广告	人际交往接触	旅游节	

2. 影响旅游促销组合选择的因素

（1）旅游促销目标

不同的促销目标需要不同的促销组合来实现。

（2）旅游产品生命周期

一般说来，在旅游产品生命周期的不同阶段上，不同的促销方法产生的效果也不同。

① 投入期：广告、公关活动能让消费者对旅游产品建立良好的认知；营业推广可以促进购买者尝试购买该产品。

② 成长期：可选择人员推广、品牌广告，增加旅游产品销量，树立旅游目的地和旅游企业形象。

③ 成熟期：可选择品牌广告、营业推广，以维持相应的市场份额。

④ 衰退期：可选择提示性广告、营业推广，维持销售者对产品的记忆。

（3）旅游产品和市场特征

消费者对不同的产品会有不同的购买动机和购买行为，因此应有针对性地采取促销策略。不同的促销方法在不同的产品、不同的市场中的重要程度不同。由于旅游产品的消费者市场分布广泛，因此使用人员推销的成本过高，广告促销的效果更为明显；而对中间商而言，人员推销可能获得更好的效果。

（4）旅游企业特征

旅游企业由于经营规模、资金实力、市场覆盖率不同，决定了其旅游促销组合也有差别。

（六）评估旅游促销效果

旅游促销活动结束后，应对促销的整个效果进行评估。以此判断促销活动是否达到了预期目的，并为下次活动积累经验。

任务二　旅游广告

 案例导入

"美丽中国之旅"旅游形象广告走入东南亚千家万户

"美丽中国之旅"这张中国旅游的精美名片，正在被发送到东南亚地区国家的千家万户，将成为中国旅游的代名词和美好形象标识。根据国家旅游局关于做好"美丽中国之旅"形象广告海外宣传推广工作的指示，驻新加坡旅游办事处全面展开"美丽中国之旅"旅游形象广告在东南亚地区的宣传推广工作。

驻新加坡旅游办事处在接到国家旅游局发出的"美丽中国之旅"中国旅游整体形象广告稿后，立即着手研究在东南亚旅游客源市场开展宣传推广的方案和计划，马上开始了相关的宣传推广工作。新形象广告的首次展示是在2月22至24日举办的新加坡最大规模的国际旅游展览会上，占地面积108平方米的中国展台，被设计成以"美丽中国之旅"为主题，在展台4面的显著位置，都张贴了大幅"美

丽中国之旅"中国旅游整体形象广告图，观众无论从哪个方向走向中国展台，首先映入其眼帘的，都是"美丽中国之旅"中国旅游整体形象广告，极具视觉冲击力。同一展台还将被运往马来西亚，用于3月15至17日在马来西亚首都吉隆坡举办的马来西亚最大规模的国际旅游展览会，向马来西亚民众宣传"美丽中国之旅"中国旅游整体形象。

在旅游展览会上发布"美丽中国之旅"中国旅游整体形象广告的同时，驻新加坡旅游办事处还在新加坡城内最为繁华热闹、客流量最大的核心区域的户外电子大屏幕上，发布了"美丽中国之旅"中国旅游整体形象广告。为了增强宣传效果，向受众传递更多有关中国旅游的信息，驻新加坡旅游办事处在发布"美丽中国之旅"中国旅游整体形象广告时，还加上了中文的"美丽中国，风光无限，旅游天地，称心如意"和英文"Beautiful China, Wonderful Tourist Destination"宣传文字。

新加坡公共交通发达，公共汽车是多数市民每天上下班和出行必乘的交通工具，客流量巨大。为了尽快让新加坡大多数国民看到"美丽中国之旅"中国旅游整体形象广告，驻新加坡旅游办事处在新加坡客流量最大的公共汽车线路的沿线130个车站广告牌上，投放了"美丽中国之旅"中国旅游整体形象广告。

为了在更大的范围内宣传推广"美丽中国之旅"中国旅游整体形象，力争做到家喻户晓，驻新加坡旅游办事处已签约分别在新加坡拥有读者人数达143.2万人的英文报纸《海峡时报》和拥有55.5万读者的中文报纸《联合早报》上，发布大幅"美丽中国之旅"中国旅游整体形象广告。

随后，驻新加坡旅游办事处还将在新加坡的巴士车身、地铁站、旅游杂志、户外广告牌；在马来西亚户外广告牌、当地主流报纸、旅游杂志、办事处与当地旅游机构和旅行社联合举办的中国旅游产品推广与营销活动现场、旅游展览会场刊等媒介；在印度尼西亚的报纸、户外广告牌、旅游杂志、巴士车身、旅游展览会现场广告等媒介；在泰国、越南、菲律宾等国家的报纸、电视、户外广告牌、旅游展览会会场广告等媒介上，广泛、全面、大规模地宣传"美丽中国之旅"中国旅游整体形象广告，让"美丽中国之旅"的中国旅游整体形象，走进东南亚地区国家的千家万户，深入人心，使之成为促进中国与东南亚地区国家人民之间交流与交往的精神桥梁和联系纽带，让美丽中国成为人们向往的旅游目的地。

（资料来源：国家旅游局信息中心http://www.cnta.gov.cn/html/2013-3/2013-3-11-16-19-84144.html）

1. 你认为"美丽中国之旅"广告宣传方案如何？
2. 旅游企业可采用的广告媒体有哪些？

一、旅游广告的概念

旅游广告是旅游目的地国家和地区、旅游组织、旅游企业通过各种媒体向旅游目标市场的公众传播有关旅游企业或旅游产品的信息，以扩大影响和提高知名度，进而影响旅游者的购买行为，促进旅游产品销售的促销方式。

二、旅游广告的特点

（一）传播面广

旅游广告通过大众媒体将旅游产品的信息传播给广大的旅游者，信息传播快、范围广，可以使旅游企业及其产品迅速扩大影响。

（二）间接传播

旅游广告是通过传播媒体进行宣传介绍的，旅游企业同旅游者不直接见面。因此，旅游广告的内容和方式对宣传效果的影响极大。

（三）强烈的表现力和吸引力

旅游广告在利用声音、色彩、影像等艺术和技术手段方面具有得天独厚的优势，因而与其他旅游促销方式相比，旅游广告具有更强的表现力和吸引力。

（四）促销效果的滞后性

旅游广告对旅游者购买行为的影响难以立即发生作用，其效果在一个较长的时间内才能得以充分体现，因而旅游广告的促销效果滞后。

三、旅游广告的类型

（一）根据使用媒体的不同分

旅游广告可以划分为：电波广告（广播和电视媒体）、印刷广告（包括报纸、杂志等媒体）、户外广告、邮政广告、销售现场广告、礼品广告、其他媒体广告等（图9-2）。各类广告媒体的优缺点如表9-2所示。

表9-2 各类广告媒体的优缺点

广告媒体	优点	缺点
电视	覆盖面广，视听结合，感染力强，传播及时	成本高、干扰大、传播时间有限
广播	覆盖面广，成本低	表现力弱，稍纵即逝
杂志	针对性强、印刷精美、图文并茂，保存期长	时效性差，传播范围窄

续　表

广告媒体	优点	缺点
报　纸	灵活、及时，本地覆盖面大，收费低、便于查询	印刷质量一般，表现力差、感染力较弱，不易保存
网　络	覆盖面广，成本低，灵活	干扰大，可信度低
小册子	针对性强，印刷精美	时效性短，信息量小
广告牌	持续时间长，费用低，竞争少	信息内容少，针对性弱，受发布地点限制
直邮广告	直接邮寄，针对性强，竞争少	人员投入多，成本相对较高

（a）旅游杂志

（b）旅行社报纸广告

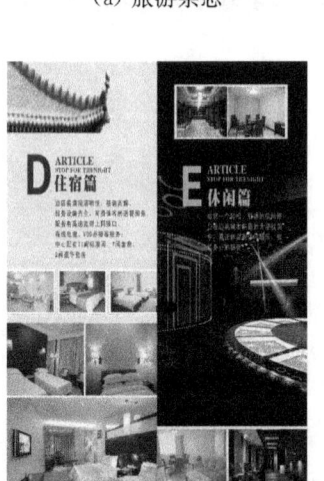

（c）酒店宣传册

（d）户外广告

图 9-2　不同媒体上的旅游广告

（二）根据直接目的不同分

旅游广告可以划分为三种类型：宣传型广告、劝导型广告、提示型广告等。

1. 宣传型广告

这种广告着眼于新产品内容的推介或旅游目的地、旅游企业和旅游产品形象的塑造，适用于旅游产品的投入期，目的在于为刚上市的旅游产品创造基本的需求市场。

2. 劝导型广告

这种广告通过有效的手段来宣传旅游产品的优势特征与额外利益，刺激消费者购买产品，适用于旅游产品面临激烈竞争的时期，目的在于为旅游产品创造专门性的需求，以求更好地在市场上立足。

3. 提示型广告

这种广告通过提醒旅游消费者及时购买旅游产品，能缩短旅游者重复购买旅游产品的时间间隔，适用于旅游产品的成熟期，目的在于保持旅游产品的知名度和吸引力。

四、旅游广告策划

一项完整的旅游广告策划一般由四大环节组成，即调查与分析、决策与计划、宣传与实施、效果评估与测定组成。

（一）旅游广告调查与分析

广告调查是市场调查的一种，是进行广告策划的基础。只有对旅游市场和旅游消费者有清楚的了解，并掌握了有关的信息和数据，才能做出准确的策划。在广告调查阶段，主要了解旅游企业、旅游产品、旅游市场和旅游消费者的情况。在此基础上，围绕旅游目的地和企业的经营战略，对企业的内部环境和外部环境进行分析。

阅读材料

澳大利亚旅游业开展对华宣传计划瞄准二线城市居民

据澳大利亚联合通讯社3月12日报道，基于一份最新的调查成果，澳大利亚旅游局针对中国未来十年的市场宣传计划，将深入扩展至中国增速最快的二线城市。据悉，当前澳大利亚旅游局在中国的宣传主要针对中国三大中心城市——北京、上海和广州。

报道称，这是澳大利亚旅游局首次组织针对中国二线城市游客行为和旅游偏好进行调查，这些城市很多城市的人口甚至超过纽约的810万。12日公布的这份研究表明，中国旅游产业在2011年给澳大利亚带来超过38亿美元的价值，比上一年增长15%。2012年1月算起的前12个月内，共有55.8万名中国游客赴澳旅游。

此外，本次研究还发现，一线和二线城市居民休闲旅游的动因没有太多差别。报道指出，针对这份最新研究结果，澳旅游局总经理安德鲁·麦克沃伊表示，该研究对于其部门将市场范围和影响力最大化具有十分重要的作用。"我们计划利用这一发现，优先发展中国的市场宣传活动，"麦克沃伊在一份声明中说，"2012年，澳大利亚旅游局将在中国市场宣传资源方面实施前所未有的投资计划，因为不论从发展速度还是从其高价值角度，这个市场都是前所未有的。""这就是中国崛起所带来的真正的机遇所在。"麦克沃伊说，中国的竞争十分激烈，而若要在这里获得长期的成功，便需理解，有很多潜在的客户居住在北京、上海和广州以外。

(资料来源：环球网，2012-03-12)

（二）旅游广告决策与计划

1. 广告目标决策

广告目标决策主要解决"做什么广告"、"为什么做"、"如何做"及"要达到的效果"。旅游目的地与旅游企业借助广告所要达到的目的，包括：提高旅游产品知名度、建立旅游需求偏好、维持消费者对产品的记忆几个方面。总的来说，广告的最终目标是增加销售量和利润。

2. 广告定位

广告定位突出旅游产品的特色，确定旅游产品在市场中的位置。广告定位之后要考虑的是如何形成好的创意。成功的广告在于能够运用独特的、新奇的诉求方法，准确地传递商品信息，有效地诱发消费者的购买动机、欲望和行为。因此，把握主题进行创意是广告策划的中心环节，应努力做到定位准确、创意新颖。

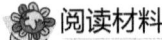

就是不想离开它！——法国阿基坦大区旅游广告

法国阿基坦大区旅游广告由衣服篇、女包篇、单车篇、长发篇组成。阿基坦大区位于法国西南沿海，西临大西洋，南接伊比利亚半岛，与西班牙相邻，风光旖旎，且是全世界最好的波尔多葡萄酒产区。"Aquitaine, You will not want to leave!"旅游海报画面上表现出人不同寻常的行为，这些古怪的行为自然会引发人们的好奇。我们看到这些行为的结果是"束缚"，从这个结果来看，只能由两种方式引起，被动或主动。画面传达的信息明显是主动，是这些人不想离开。由此来说明在阿基坦旅游使人流连忘返（图9-3）。

(a) 衣服篇　　　　　　　　　(b) 女包篇

图9-3-1　法国阿基坦大区旅游广告—1

（c）单车篇　　　　　　　　　　（d）长发篇

图9-3-2　法国阿基坦大区旅游广告—2

3．广告媒体计划

根据旅游企业和旅游产品的性质、特点，采取相应的广告媒体。不同的广告媒体具有不同的特点，它限制着打广告的企业和目的地对广告意图的表达和目的的实现。选择不同的媒体，需要考虑各种媒体所能传播的信息量的多少、媒体占用的空间与时间的多少、支付的费用等。因为目标市场广泛，旅游目的地的宣传适宜采用电视作为媒体，如许多国家或地区拍摄的旅游宣传片；而旅行社的线路产品通常选择当地的报纸、网络作为媒体；旅游景区通常选择在目标市场悬挂广告牌等。

4．旅游广告预算

广告预算是旅游企业和广告部门对广告活动所需费用的计划和估算，它规定了广告计划期内开展广告活动所需的费用总额、使用范围和使用方法。广告预算对旅游企业的产品销量有直接的影响，因此销量目标是广告预算额的决定因素。广告预算包括：广告媒体费、广告设计制作费、广告调查研究费、广告部门行政费用等。

5．旅游广告信息决策

旅游广告信息应该包括旅游产品特性、旅游产品价格、购买地点和联系方式及旅游企业的概况。

旅游产品可能具有多方面的特征，但是应挑最具代表性和传播价值的特性进行广告信息的制作。旅游企业在对多种广告信息进行选择时，应该从信息的吸引力、独特性和可信度几个方面来进行判断。最后，广告信息的表达应有明确的重点、题材简洁、引起情感共鸣、编排合理。

（三）旅游广告宣传与实施

旅游广告策划人员根据广告策划书的计划，安排、设计与制作广告作品，制定实施策略，开展广告宣传，并进行必要的监督，及时调整广告宣传方案。

（四）广告效果评价与测定

旅游广告效果是旅游广告经过广告媒体传播后对受众所产生的直接和间接影响的总和。可从传播效果、销售效果等方面来评定。当整个广告策划、实施工作结束后，广告人员应及时进行评估，总结经验，寻找问题，并写出相关的广告宣传工作总结报告。

任务三 旅游公共关系

 案例导入

世界上最好的工作——全球最热的旅游推广案例

2009年澳大利亚昆士兰旅游局面向全球多个国家和地区，高薪聘请一名大堡礁汉密尔顿岛看护人，当选者可以在豪华海景房观赏广袤太平洋瑰丽的日出和夕阳，在全世界最洁净的海域划船喂鱼、畅游潜水，在大堡礁的碧海蓝天里通过博客、照片和视频记录护岛生活的点点滴滴，并在半年后获得近70万元人民币的酬劳。这是澳大利亚昆士兰旅游局提供的"世界上最好的工作"。

昆士兰旅游局收到了全球200多个国家34700多名应聘者的自荐视频。从多轮筛选中脱颖而出的16名候选人齐聚澳大利亚大堡礁的汉密尔顿岛，参加最后一轮面试。在来自全世界的10余架摄像机面前，选手们参与了丰富的活动：深海潜水、直升机观光、品尝美食大餐……在看似轻松的活动中，每一个环节都包含着对选手们的考验。面试还特别设置了"写博客"环节，因为大堡礁看护人的一项重要工作就是写博客记叙岛上生活。经过三天的筛选，主办方宣布：来自英国的本·绍索尔获胜。

选拔结束后，昆士兰旅游局称，活动投入170万美元成本，却收获价值1.1亿美元的全球宣传效应。2010年4月，中国大陆地区参团前往昆士兰的游客数量已经达到2009年全年人数的总和。"世界上最好的工作"营销战略在戛纳广告节上赢取了11项全场大奖中的2项，其中包括首次设立的公关类全场大奖，以及4项金狮奖。

（资料来源：http：//news. xinhuanet. com/newscenter/2009-05/07/content_11326281. htm）

 思　考
1. 昆士兰旅游局提供"世界上最好的工作"目的是什么？
2. 一个良好的旅游公关策划能达到什么效果？

一、旅游公共关系的概念

旅游公共关系是指以社会公众为对象，以信息沟通为手段，为树立、维护、改善或改变旅游企业或旅游产品的形象，发展旅游企业与社会公众之间良好的关系，营造有利于旅游企业的经营环境而采取的一系列措施和行动。

二、旅游公共关系的特点

① 通过第三方发布信息，可信度高，往往有一定情节或趣味性，可接受性强。
② 有效的公关活动有利于赢得公众对旅游企业的好感，建立企业与社会公众的良好关系，

对于企业的发展十分有利。

③ 活动设计的难度较大，需要充分利用一些机会，并把握好时机。

④ 公关活动的影响很大，有利于迅速树立被传播对象的良好形象。

⑤ 公关活动不追求直接的销售效果，其运用受外部条件的限制较多。

三、旅游公共关系的活动方式

按照活动的类型和特点，旅游公共关系可划分为以下五种：

（一）宣传型公关活动

这是运用各种传播媒介和交流方式进行内外传播，使各类公众充分了解旅游企业并支持旅游企业，进而形成有利于旅游企业发展的氛围。这类旅游公共关系活动能够及时通过媒体进行正面宣传，导向性强、时效性强、传播面广、推广速度快。

（二）交际型公关活动

它是在人际交往中开展公关工作的一种活动方式。目的是通过人与人的直接接触与沟通，为旅游企业建立广泛的社会关系网络。其方式有团体交际和个人交往。团体交际包括各种招待会、座谈会、宴会、茶话会、舞会等；个人交往有交谈、拜访、祝贺、信件来往等。

（三）服务型公关活动

它是以提供优质服务为主要手段的公关活动方式。通过为公众提供热情、周到和方便的服务，以赢得公众的好感为目的，让公众了解旅游企业，并建立企业良好形象的活动。

（四）社会型公关活动

它是指旅游企业利用各种社会性、公益性、赞助性的活动，来塑造旅游企业的形象，提高企业的社会知名度和信誉度。

社会型公关活动的形式主要有三种：一是以旅游企业本身的重要活动为中心开展的公关活动，如利用企业开业剪彩或周年纪念的机会，邀请各界嘉宾以联络感情；二是以赞助社会福利事业为中心开展的公关活动；三是资助大众传播媒介举办各种活动，以提高旅游企业的知名度。

（五）征询型公关活动方式

它是以采集社会信息为主的公关活动方式。目的是通过信息采集、舆论调查、民意测验

等，掌握与旅游企业有关的信息，为旅游企业的经营管理决策提供依据，不断提高旅游企业的总体形象。

四、旅游公共关系策划

旅游公共关系策划是指公关人员为实现塑造企业良好形象、改善企业组织环境这一根本目标，在进行认真调查研究、全面准确地掌握信息的基础上，找出旅游企业组织需要解决的公关问题，充分发挥想象力、创造力，确定旅游企业公共活动的主题与战略，制定出最优活动方案的过程。主要包括以下几个过程：

（一）确定公共关系目标

公共关系的目标在于促进或阻止某种事情的发生，开发利用环境的有利条件或弥补环境带来的不利条件，促进和创造有利于企业的舆论，控制不利于企业的舆论。

（二）选择公共宣传媒介与表达方法

旅游企业要通过深入挖掘旅游企业或旅游产品的特色或亮点或以某一特殊事件，来宣扬企业或产品的形象。如果旅游企业的目标是要提高知名度，可以通过选择大众传播媒介传递信息；如果要提高企业的美誉度，可通过慈善活动、捐款等。还可针对性地进行公共关系专题策划：

1. 危机公关

一旦发生突发事件，如旅游者受到人身伤害、自然灾害、交通安全等重大事故、突发公共卫生事件、突发社会安全事件等，旅游目的地或旅游企业的公共关系状态便处于危机之中。危机如果发生在旅游目的地，会在短时期内造成十分消极的影响，如游客数量、旅游收入锐减，旅游目的地吸引力下降；如果是由于旅游企业引起的危机，会导致旅游企业出现营业停顿、营业额下降等，旅游设施和供给能力大量闲置，严重的导致企业破产倒闭。危机对旅游者的冲击最直接的影响是危害旅游者的安全。面临强大的舆论压力和严峻的社会环境，如何及时化解危机，通常需要精心策划，综合利用各种传播渠道和应对策略。

阅读材料

墨西哥旅游业是这样走出地震危机的

墨西哥是世界上有名的旅游国家，旅游业发达。墨西哥首都墨西哥城是世界最大的城市之一，它是举世闻名的古玛雅文化、中美洲阿兹特克族人文化和托尔特克文化的发祥地。然而，1986年发生的一场大地震却使它的旅游业骤然遭受到空前的巨大打击。墨西哥的旅游人数由之前的几千万人，一下子几乎降为了"零"。当时已订好了机票、饭店的游客，纷纷取消了出游的计划。

> 在这万分危急之中,墨西哥出资请了美国的著名公共关系专家来到墨西哥策划,意在挽救国家经济重要支柱的旅游业。美专家通过一番深入的调查和努力,了解了真实的墨西哥地震后的形象,通过电视、新闻等诸多媒体向外如实地报道损失,使游客对墨西哥地震后的现状有一个正确、直观、现实的了解,摆脱游客们对墨西哥震后惨状的猜测、疑虑和可怕的想象。然后则是出巨资到美国、日本等发达国家邀请文艺、体育和政界名流到墨西哥旅游。在他们下榻的饭店客房里、在著名的景区和街头巷尾,到处留下这些名人的身影,然后由墨西哥新闻界将这些录像在世界各地播放,用名人影响解除人们来墨西哥旅游的顾虑,引起外国游客对墨西哥的探究心理,在短时间内取得了极大的效果。一个多月的沉寂之后,墨西哥的旅游业又兴旺起来,游客人数竟超过了地震前,墨西哥的旅游业不但没有因此而崩溃,反而通过努力使诸多相关的行业也兴旺起来,获得了盈利。
>
> (资料来源:http://www.docin.com/p-256513006.html)

2. 新闻发布会

它是旅游企业为了向旅游者宣布重要信息或对已经发生或将要发生的事件作出解释而组织的公关活动。目的在于借助大众传播媒介向旅游者传递真实、权威、清晰的信息,树立良好的形象。如2010年在国务院新闻办公室新闻发布厅举行的《关于支持海南国际旅游岛建设的若干意见》新闻发布会。

新闻发布会流程主要包括:确定新闻发布会日期、地点、新闻点等;确定组织者与参与人员;发送邀请函和请柬;选聘主持人、礼仪人员和接待人员并进行培训和预演;检查一切准备工作是否就绪,制定意外情况补救措施;按计划开始发布会;监控新闻发布会媒体发布情况,整理发布会音像资料、收集会议剪报,制作发布会成果资料集;评测新闻发布会效果,收集反馈信息,总结经验。

3. 展览与展销

举办展览会与展销会是综合运用多种信息传播技术的专题活动。两者都是通过集中的实物展示和示范表演,配之以多种传播媒介的复合传播形式,来宣传旅游产品和旅游企业形象的专门性公共活动。但不同点在于,展览会是种公关宣传活动,而展销会是明确的经济活动,以推销旅游产品为主要内容。如中国国际旅游交易会是亚洲地区最大的专业旅游交易会,得到了世界各地旅游业界人士的关注。中国国际旅游交易会一年一届,从2001年起,每年分别在上海和昆明交替举办。

4. 对外开放参观

向社会各界开放,允许旅游者参观旅游企业的建筑设施和工作现场,是增进与社会各界往来,提高旅游企业透明度的一种方式。

(三)实施公共关系

实施公共关系就是在公共关系计划被采纳确立后,将设计的工作内容付诸实现的活动过程。首先是实施的准备阶段,它包括设计实施方案,制定行动、沟通计划;其次是实施的执行阶段,按照已经设计好的实施计划,落实各项事宜;最后是实施的结束阶段,为效果评估做好相应的准备。

（四）评估公共关系的效果

在整个公共关系的活动过程中，有效的评估应该贯穿于整个过程的始终，并成为其中的重要内容。在准备过程中，要分析公共关系计划与预定的目标是否一致，成功的几率有多大；在活动实施过程中，要分析所发出的信息是否到达目标市场和目标客户，是否按照设计的程序在进行；在结束后，分析公共关系活动是否达到预期效果。

任务四　旅游营业推广

案例导入

2010年杭州新春好客月活动精彩纷呈

经征集西湖风景名胜区、之江旅游度假区和各区、县（市）旅游局2010年新春期间旅游节庆活动安排，杭州市整合推出2010年新春好客月活动，让更多的中外游客前来杭州"观光、休闲、度假、过大年"，领略杭州丰富的旅游资源，展示"东方休闲之都·生活品质之城"，"中国最佳旅游城市"的良好形象，促进杭州旅游的又好又快发展。

一、活动主题

杭州，让您的世博之旅更精彩——2010年杭州新春好客月活动

二、活动时间、地点

2月初至3月底，杭州及周边区、县（市）部分景区

三、活动项目

1. 2010"江南绝色·吴越经典——杭嘉湖绍新年旅游优惠月"活动

活动内容：四城市市民凭市民卡、身份证、户口簿、学生证等有效证件，在参加优惠月活动的各景区（点）售票窗口购票，或在参加优惠月活动的宾馆登记入住时，即可享受旅游项目优惠。

2. "六和祈福步步高"大型公益系列活动

活动内容：百家讲坛——六和敬与中国和文化；邀请名家书法"福"字进杭城；2月13日～14日举行"钟响六和，福满人间"主题活动，初一至十五在六和塔下开展丰富多彩的民俗活动。

3. 灵峰探梅

活动内容：杭州植物园梅海霞蔚展，梅开闹新春，梅桩盆景展等。

4. 2010年除夕夜灵隐新春佛教文化旅游活动

活动内容：灵隐飞来峰景区新春祈福佛教旅游活动。

5. 越剧、杭剧大汇演

活动内容：：黄龙洞福园大舞台越剧《碧玉簪》、杭剧折子戏《小姑贤》、《断桥》等。

6. 2010年宋城新春大庙会

活动内容：南宋皇宫新春仪典——《猛虎开年》；宋皇千人敬香大典；新春祈福活动；观看勾栏绝技表演，七十二行老作坊；民俗大游行（武侠剧"燕青打擂"、飞云高跷、王小姐抛绣球、越剧表演等）；大型歌舞《宋城千古情》。

7. 南宋御酒——清河坊开坊仪式

活动内容：杭州市清河坊历史街区管委会南宋御街开坊仪式；大宋坊、天香楼、状元馆、梧桐九号御酒品评会等。

8. 南宋御街——清河坊新春年俗活动

活动内容：妆点老街、喜迎新春；皇帝拜年、品御宴、饮御酒，新春送礼，开市迎财神；五虎闹新春，御街赏灯会等。

9. "繁华时尚品质下城"2010年元宵灯会活动

活动内容：西湖文化广场"瑞虎祥龙祈福"百米大型立面壁画及灯谜活动；文艺演出；各特色街区猜灯谜活动。

10. 第五届西溪探梅节

活动内容：曲水寻梅迎新春系列活动，主要包括梅花展——300亩梅林，19 000株梅树，几百盆梅景；民俗活动——在三深大会堂、将相公祠、深潭口大樟树下水面、河渚塔广场表演越剧、拳船、杂艺，每天4场；开展打年糕、星光游乐园、曲水寻梅、梅花三弄、品梅聚餐、梅字猜谜等活动。

11. "运河之春——虎跃生辉"元宵灯会

活动内容：新香积寺全新亮相，对市民开放祈福烧香；突出"一线二区三会"主线，展示运河两岸五彩景观（一线）；开放运河文化广场主题灯区和桥西民间灯区游览（二区）、举办2010运河元宵音乐会，民间研讨会、精品展示会（三会）；胜利河美食街经营杭州和全国各地名优小吃及海鲜排档；大关夜市、登云路夜市经营服装、百货小商品，成为游客购物的好去处。

12. 杭州新城过大年，丁兰故里孝老宴活动

活动内容：在中国传统24孝之一"丁兰刻木"主人公丁兰故里——丁桥，举行"赏千桃园，访龙居寺、品孝老宴"等系列活动。10余家农家乐、生态园成自驾游的好去处。电话预约游客，可免费获得7寸全家福3张。

13. 四季青特色街区冬季促销活动

活动内容：服装大促销、大展示、大优惠活动。

14. 滨江迎春活动

活动内容：浦沿、长河、西兴街道开展送春联活动；滨江射潮广场向市民放映迎春电影周；元宵灯会活动，在星光大道步行街，滨江公园开展赏灯、文艺演出、猜灯谜等活动。

15. 海底新春大联欢活动

活动内容：奇趣海底"春晚"，企鹅大巡游；海底12生肖展及海狮大拜年等。

16. 红红火火"福慧吉祥"祈福节

活动内容：头香祈福，观音赐福，燃灯旺福，撞钟得福等系列活动。

17. 幸福相亲会

活动内容：激情快乐，浪漫邂逅；幸福对对碰，钻石碰出来；全家总动员，爱"拼"才会赢；吉祥四虎拜大年等活动。

18. 第三届城山庙会

活动内容：迎新春大型舞龙、舞狮、旱地龙舟等民俗表演；湘湖首届斗鸡表演；民间杂技、魔术艺术表演；迎新春戏曲表演；传统水上婚礼秀表演；"为爱祈福"首届湘湖燕儿园新年祈福会；湘湖雅集、书画作品展；元宵灯展等。

19. 第二届中国超山梅花节

活动内容：超山梅花节，以发展文化创意产业，打造旅游产业为切入点，展示现代产业成果，弘扬宗教、金石、书画三大文化；发行吴昌硕首日封，实施中日韩书画名家梅花书画作品展、梅花摄影大赛、精品盆景展示、超山民俗风情活动等。

20. 特色动物庙会

活动内容：金虎迎宾开门红；万灵祈福大庙会；祥虎彩车大巡游；瑞虎献礼、金条贺岁等活动。

21. 龙门古镇迎新年活动

活动内容：大型民俗表演；滚铁环、丢沙包、转陀螺——童玩乐翻天；风情古镇寻宝游等。

22. "百虎迎新春潇洒游桐庐"系列活动

活动内容：瑶琳仙境、红灯笼乡村家园、天目溪漂流、大奇山国家森林公园、严子陵钓台、富春江小三峡、桐君山等景区，共同推出：(1) 凡属虎游客，凭有效证件享受买一送一优惠；(2) 在校学生，凭学生证享受门票半价优惠；(3) 困难家庭，凭低保证享受门票半价优惠；(4) 桐庐籍在外创业者，可享受门票半价优惠；(5) 桐庐籍现役军人，凭有效证件享受门票全免优惠。

23. 第二届新安江—中国草莓节

活动内容：开幕式文艺演出、舞龙表演；草莓摄影展；杨村桥、下涯、航头草莓精品园采摘活动。

24. 千岛湖自驾车网上操作正式运营

活动内容：千岛湖推出"全国自驾游示范基地"，春节期间对自驾游客户（凭车牌号注册为会员）门票8.8折和住宿优惠。

25. 千岛湖迎新年系列活动

活动内容：撞新年钟；挂平安锁；走幸运桥；逗吉祥龟；吃有机鱼；打高尔夫；看猪头赛；学跳竹马；尝农家菜等。千岛湖丰富的节日项目值得中外游客前来体验。

26. "赏山过虎年、欢乐在峡谷"系列活动

活动内容：浙西春联节，"虎年春联一百对"，"送春联到农家"；赏冬景，拍"虎照"，新增猛虎雕塑威猛异常；跳竹马、舞龙灯，放花炮，让游客全方位参与其中；白云人家喜迎三千正月客，农家菜，火烧柴，铜汤酒、张灯结彩等你来。

27. 神龙川新春系列活动

活动内容：进山祭山神；打年糕、磨豆腐；舞龙灯、滑龙梯；赏梅花、烤火塘、跳竹竿舞等。

28. 金沙湾"疯狂一日"活动

活动内容：集野外拓展、餐饮、住宿、会务、烧烤、棋牌、KTV于一体，为企事业单位精心打造新年套餐。彩弹射击、真人CS（反恐精英）野战、拓展训练、商战特训、军事训练、高空攀岩等。

29. 太湖源头"五大奖"活动

活动内容：猜灯谜奖、金点子奖、最佳猴照奖、神枪手奖、最快攀岩奖。

（资料来源：浙江省旅游信息中心 http://travel.sina.com.cn）

1. 杭州为什么要举行新春好客月活动？
2. 这些活动可以归纳为哪些形式？

一、旅游营业推广的概念和特征

(一) 旅游营业推广的概念

旅游营业推广是指旅游目的地国家、地区、旅游组织或旅游企业在某一特定时期与空间范围内，采取一系列促销措施和手段，刺激和鼓励交易双方，并促使旅游者尽快购买或大量购买旅游产品及服务的活动。

(二) 旅游营业推广的特征

1. 非常规性和非周期性

旅游营业推广不像广告、公共关系和人员推销等常规性的旅游促销活动，具有非常规性和非周期性，即只在特定的时间和空间范围内，通过激励旅游中间商和旅游消费者产生购买行为。旅游营业推广着眼点在于解决具体的促销问题，承担短期内具有特定目的的任务的促销工作。

2. 针对性强，灵活多样

旅游营业推广的方式多种多样，能从不同角度吸引有不同需求的旅游产品购买者和消费者。如针对旅游中间商可采取批量折扣等方式进行旅游促销，而以赠送纪念品、抽奖等方式对旅游消费者进行旅游促销。

3. 短期效益比较明显

为了使旅游中间商和旅游消费者在短期内大量购买旅游产品，旅游目的地或旅游企业会采用多种渠道和多种方式，强化旅游产品购买者对促销信息的理解，促进消费者迅速产生购买需求和购买行为。因此旅游目的地和旅游企业必须给购买者以最大的刺激，在短期内取得明显的效果，迅速地增加旅游目的地与旅游企业的销售额，巩固和提高旅游目的地或旅游企业的市场占有率，在市场竞争中取胜。

二、旅游营业推广的类型与方式

(一) 旅游营业推广类型

旅游营业推广类型主要包括：针对旅游者的营业推广、针对旅游中间商的营业推广、针对旅游销售人员的营业推广。

(二) 旅游营业推广方式

1. 针对旅游者的营业推广

① 为旅游者提供优惠项目：在旅游产品原有价格基础上进行优惠或给予一定的折扣。这

是最实在、最吸引旅游者的营业推广方式。可以采用的方式有：直接降价、办理会员卡、老客户优惠等。

② 增加新的旅游项目：原有的旅游产品价格不变，但是额外增加一些新的项目。如一些旅行社的线路在价格不变的基础上，增加一些景点或一些原来是自费的旅游项目改由旅行社支付。

③ 免费赠送礼品、宣传品和旅游纪念品：赠送旅游目的地有代表性的小礼品、土特产品或赠送有旅游企业名称和标识的物品，让旅游者对旅游目的地或旅游企业留下良好的印象，并向亲友进行推荐。如旅行社通常会为旅行团成员赠送遮阳帽、旅行包等。

④ 抽奖：旅游者购买一定数额或特定的旅游产品可以获得抽奖券，凭券可进行抽奖获得奖品或奖金。为达到促使旅游消费者积极购买的目的，奖品和奖金的设置应有足够的吸引力，并且要保证旅游消费者能及时兑换奖品和奖金。

⑤ 竞赛活动：利用消费者的好胜、竞争和寻求刺激等心理，通过举办富有趣味的竞赛和游戏等推广活动，吸引旅游者购买旅游产品。

⑥ 直邮推广：通过直接向旅游消费者寄送产品的有关宣传信息，达到促销的目的。这些宣传信息可以是宣传册、明信片、日历、信件等，里面可对一些优惠活动和优惠措施进行简要说明和介绍。

⑦ 服务推广：通过提供个性化或优质的服务来提高旅游目的地和旅游企业的声誉，增加旅游者的好感和认知度。

⑧ 组合营业推广：是一种综合的促销手段。包括旅游目的地、旅游企业或相关企业的联合促销，可以把营业推广与广告、公关、事件等配合促销，把免费、优惠、竞赛、抽奖等种类促销手段进行综合运用与搭配，如举办"旅游年"、"旅游节"等活动。

阅读资料

3人海南游就有免费港澳游

某旅行社推出了"去海南旅游——送港澳游"活动。该旅行社的海南四星纯玩5日游，报价为2 800元。如果3人以上（包括3人）报名送1个港澳游名额，6人同时报名，就赠送2个名额，上不封顶。目前，该旅行社港澳5日游一条线路的报价为2 500元。这么一算，用2 800元可以既玩海南又可以游港澳。因此，吸引了大量消费者前来预订。

 该旅行社为什么要推出此项活动？

2. 针对旅游中间商的营业推广

主要形式有价格折扣、提供旅游宣传品和给予推广津贴、举办旅游交易会等。

① 价格折扣：主要是针对长期合作或销售业绩较好的旅游中间商给予一定的折扣，可采

用批量折扣、现金折扣和季节折扣等。

② 提供旅游宣传品：旅游目的地和旅游企业可以免费为中间商提供一些旅游宣传品或纪念品，中间商可以用来吸引旅游消费者购买旅游产品。

③ 推广津贴：为鼓励旅游中间商经营旅游产品，可以支付给中间商一定的推广津贴。可采用的方式有销售补贴、广告补贴、降价补贴等。

④ 旅游交易会和展览会：旅游目的地和旅游企业通过参加旅游交易会和展览会，发布旅游产品信息，让中间商了解产品信息，并可就销售中的问题进行沟通，促使旅游中间商在短期内大量购买。

3. 针对旅游销售人员的营业推广

对旅游销售人员的营业推广，目的在于激励其销售行为，特别是淡季的销售和积极寻找潜在购买者。可采取的方式有：

① 销售奖励：规定专业销售人员的销售指标，对在一定时间内超额完成指标的销售人员按一定比例给予奖励，以鼓励销售人员积极推销旅游产品。

② 销售竞赛：通过在专业销售人员中进行销售竞赛，激励销售人员的积极性，扩大产品的销售量。

三、旅游营业推广方案策划

（一）确定旅游营业推广目标

旅游营业推广通常是与广告、公共关系等促销工具组合使用，受到旅游企业营销目标的制约。营业推广目标的确定，就是要明确营业推广的对象是谁，要达到的目标是什么。因此，应针对不同目标市场的特征，确定相应的旅游营业推广目标。

（二）制定旅游营业推广方案

1. 选择营业推广工具

旅游营业推广的目标确定后，需要通过一系列的手段来实现。可以采用免费赠送、降价、竞赛、抽奖，或组合营业推广方案。每种营业推广工具都有各自的特点和适用范围，应结合实际灵活运用。

2. 确定营业推广的时间

旅游营业推广的市场时机选择很重要，如季节性产品、重大节日、赛事等，必须提前做好营业推广工作。推广的时限应合适，如果营业推广时间持续过长，会造成开支过高，新鲜感和刺激感也会相应降低，对消费者的吸引力减弱，不能达到最佳效果；如果营业推广期过短，效果则无法发挥，众多潜在消费者尚未完成购买，难以获得预期的收益目标。

3. 选择营业推广的对象

营业推广前要选定目标市场，不同的目标市场具有不同的特点，决定了营业推广所采用的方式。营业推广对象的选择将直接影响方案的实施。

（三）旅游营业推广方案实施与控制

在旅游营业推广实施的过程中，旅游目的地和旅游企业应密切关注市场的反应和动向，及时根据市场变化来调整营业推广的范围、方式和力度。

（四）旅游营业推广方案效果评估

旅游营业推广活动完成后，要对效果进行评估，以此来检验旅游营业推广是否达到预期目标以及促销费用是否带来预期收益。通过比较营业推广前后旅游企业的相关统计资料，可以分析出旅游营业推广所达到的效果及存在的问题，能够为以后的推广活动提供决策依据。

营业推广的效果可分为长期效果和短期效果。长期效果的评价通常难以衡量，因此，多侧重于进行短期效果的评估。短期效果的评估主要以经济效益作为主要指标。常用的方法是把营业推广前、营业推广中、营业推广后的销售情况进行比较，以此判断营业推广的效果。

任务五　旅游人员推销

 案例导入

旅游推介会：名城魅力绽放，风景这边独好

2012年5月下旬，由泉州市旅游局联手漳州、金门、厦门旅游部门组成的旅游推介团，奔赴福建龙岩、广东梅州和江西赣州、吉安四地，召开四场旅游推介会，共吸引了300多家当地及周边地区的旅行社参加。泉州市旅游企业与4个客源地的多家旅行社达成了多项合作意向，宣传推介达到预期效果。

此次推介活动，形式灵活多样、别具一格，既有图片展示、视频介绍、资料发放、优惠措施发布、业内人士对口业务洽谈、新闻媒体采访报道，又有抽奖、颁奖等活动，引起了业界人士的极大兴趣。

每场推介会都反响热烈，不仅当地旅行社悉数到场，还吸引了周边地区不少旅行社、景区。在江西赣州的推介会现场，到会人数大大超过预期，座位加了又加，推介材料更是供不应求。在广东梅州举行的推介会，潮州中旅等旅行社也前来与泉州同行对接洽谈。

通过此次旅游推介会，泉州钟灵毓秀的自然风光，星罗棋布的名胜古迹，魅力独特的民俗风情，绚丽多姿的戏曲艺术，蜚声中外的名牌产品和美味可口的地方小吃，异彩纷呈的泉州旅游特色产品，被众多客源地旅行社所认识。参加推介会的同行一致认为泉漳金厦联手推介旅游，时间虽短，但信息量大，效果极佳，许多旅行社表态将组团前往泉州旅游。

（资料来源：泉州网—泉州晚报，2012年06月11日，http：//fj.qq.com/a/20120611/000262.htm）

 思　考
1. 旅游推介会属于哪种旅游促销工具？
2. 泉州召开旅游推介会的目的是什么？

一、旅游人员推销的概念

旅游人员推销是指旅游企业的从业人员直接与旅游者或潜在旅游者接触、接洽,宣传介绍旅游产品,以达到促进销售目的的活动过程。

二、旅游人员推销的特点

(一)信息传递的双向性

旅游人员推销作为一种双向沟通的促销形式,一方面可以直接向旅游消费者介绍旅游产品的质量、功能和用途,为旅游消费者提供旅游产品的信息,让消费者了解、依赖并最终购买旅游产品。同时,在推销过程中,与旅游消费者的交谈,也可以了解其对旅游企业、旅游产品及推销人员的意见和要求,旅游企业和销售人员可据以改进旅游产品。

(二)推销目标有针对性

针对不同的消费者,旅游推销人员可以采取不同的、有针对性的推销手段。

(三)推销过程的灵活性

旅游推销人员与旅游消费者通过面对面的接触,能在交谈中判断消费者的喜好和购买意向,掌握消费者的购买心理,可以从旅游消费者感兴趣的角度介绍旅游产品。并且可以根据消费者的需求,对旅游产品的组合、价格等进行调整,吸引旅游者尽快做出购买决策。

(四)推销效果明显

旅游人员推销由于具有双向互动性,在推销的过程中不仅可以推销旅游产品,同时也能解决购买者对旅游产品存在的疑虑和问题,促使消费者迅速做出购买决策。因此,通常可以在推销后立即成交,效果明显。

三、推销的基本形式

(一)派员推销

旅游企业派专职推销人员携带旅游产品或服务的说明书、宣传材料及相关材料走访客户进行推销的方式。

（二）营业推销

旅游产品或服务各个环节的从业人员接待每位旅游者、销售产品时的推销方式。在旅游活动各个环节从事旅游接待服务的人员都肩负着推销的任务，如酒店预订员、餐厅服务员、旅行社门市接待员等都承担着向旅游者推销的任务。

（三）会议推销

旅游企业利用各种会议介绍和宣传旅游目的地或旅游企业的旅游产品和服务来进行推销的方式，如各种旅游交易会、旅游博览会、旅游产品订货会等。这种方式的特点是：接触面广、推销群体集中、省时省钱、成交量大、推销阻力小、对目标群体的影响大。

四、旅游人员派员推销的步骤

（一）寻找潜在消费者

推销人员首先可通过多种渠道寻找推销对象——即潜在的旅游消费者，如可通过旅游供应商、旅游中间商、潜在消费者的行业组织、电视、网络、报纸杂志等。有了潜在的旅游消费者，还要进行筛选，锁定具有旅游消费欲望和购买倾向的消费者进行推销。

（二）做好各项准备工作

推销人员在访问潜在消费者前要做好各项准备工作，制定好推销计划，准备好旅游产品宣传单等相关材料。如果推销对象是个人的话，应搜集其姓名、年龄、职业、购买水平、兴趣、爱好、有无决定权等情况；如果推销对象是机构，除了要了解受访人员的个人资料，还要搜集其所在公司的基本情况、主要负责人、公司财务状况、信用状况、付款流程等。除此以外，还需确定访问时间和方法，合适的时间对推销成功有很大的影响。访问方法可采用电话访问、通讯访问（如传真、网络通讯工具等）和面谈访问等。

（三）实施推销

推销时，首先要向客人介绍自己、自己所在的旅游企业及旅游产品的特色，形成客我之间的信任感，建立良好的沟通关系。在客人开始对产品发生兴趣时，应进一步介绍产品的详细信息，并在沟通过程中，通过交流，鼓励、诱导客人发表看法，以便全面了解客人的真实想法。当发现客人仍然心存疑虑时，应耐心解答客人的问题，强调产品给客人带来的好处。当客人有购买意向时，应抓紧时机，促使客人进行购买。

 阅读资料

旅行社门市接待的两个案例比较

案例1：
工作人员：您好，欢迎光临，请问您想去哪旅游吗？
顾客：啊，是的，有什么好的线路吗？
工作人员：新疆旅游最近比较热，您不妨试试。
顾客：去新疆旅游太贵了。
工作人员：那去北京吧，伟大的首都，而且价格便宜。
顾客：北京没什么好看的，我都去了好几次了。
工作人员：那海南怎么样？价格适中还有新推出的线路。
顾客：那里多热啊，人多又拥挤，孩子受不了。
工作人员：还有小朋友呀，那您不妨去广州，可以去海洋馆看海底世界，小朋友们都喜欢。
顾客：广州这么近，完全可以自己去……我还是到其他地方看看吧
工作人员：……（无言以对）

案例2：
工作人员：您好，欢迎光临，请问我可以为您做点什么？
顾客：我想趁暑假出去旅游，放松一下。
工作人员：您是和家人一起去享受快乐的假期吧？
顾客：对，我们一家三口。
工作人员：看起来先生一家经常外出旅游。都去过哪些地方呢？
顾客：本省我们都已经去过了，北京、上海等许多大城市也去过了。现在我对都市旅游已经不太感兴趣了。
工作人员：现在是夏天，天气炎热。去亲近山水是个不错的选择，您说呢？
顾客：有道理。
工作人员：那您看，我们这里有几条适合夏季旅游的线路，四川九寨沟、内蒙古草原之旅、江西庐山、湖南张家界、福建武夷山等。价格适中，行程也比较轻松，适合家人一起出游。您可以了解一下这条线路的具体情况，这里有线路介绍的小册子，还配有精美的图片。
顾客：那白水寨怎么样？
工作人员：非常漂亮，而且是消夏避暑的好选择。这里有我们的旅游团在白水寨的旅游的录像资料，我给您播放一下
顾客：真的非常漂亮。
工作人员：……
顾客：就是白水寨了，既清凉避暑，距离又近，不至于让孩子感觉疲劳。
（销售成功）

（资料来源：周艳春. 旅行社运营操作实务 [M]. 上海：上海交通大学出版社，2011）

 思 考　为什么第一个案例销售没有成功，而第二个却销售成功了？

（四）应对异议

旅游推销人员在向客人进行推销时，当客人不了解产品的情况时，通常会提出疑虑，推销人员要耐心地介绍产品。有的客人已经做出了购买决定，还会继续提出旅游产品价格、服务等方面存在的问题，以此要求推销人员提供更多的优惠。推销人员要善于应对各种异议。同时，要对本企业和旅游产品有详细的了解，并且充满信心。同时，面对客人的反对意见，不直接反驳，而是可以通过列出产品的价值、展示产品的性能等来说服客人。

（五）达成交易

旅游推销人员应善于把握时机，把客人的购买意向转化为实际购买行为。双方可签订购买协议，并对优惠、折扣、付款方式、附加条件等达成一致的意见。

（六）后续工作

双方签订购买协议后，推销工作并没有完全结束。推销人员需要把产品的详细情况进一步告知，并把交易情况反馈回所在企业，以使各部门可以配合好为客户服务。对客户进行追踪，以了解客户对旅游产品是否满意。同时，建立好客户档案，争取更多的"回头客"。

知识链接

推销技巧

1. 良好的仪容仪表

仪容仪表是留给客人的第一印象，对推销成功与否有着极大影响。首先，推销人员应重视自己的着装。着装应符合个人的身份、年龄、性别、环境，总体要大方得体，不要过分华丽和时髦，应能体现出专业人员的气质。女性妆容尽可能清淡，指甲干净，不涂指甲油。给人以干净、整洁、值得依赖的印象。

2. 举止大方得体

推销人员对待客人的态度应诚恳、热情、友好、谦虚，让客人感到舒服、愉快和被尊敬。与客人谈话时，应直视对方，目光柔和，手势坦然，能让客人产生较好的印象。如果东张西望，坐立不安，表现出紧张等，可能会导致推销失败。

3. 较强的语言表达能力

推销人员应具有较强的语言表达能力，富有感染力和说服力。在推销产品时应注意声音大小合适，让对方听清，但又不能让人反感，声音抑扬顿挫，能引起客人的兴趣。应当针对客人的理解水平，不说一些过于专业的词汇。语言表达流畅，加强客人对自己的信任感。

4. 具备好的心理素质

在对客人进行推销前，应该做好可能遭到拒绝、谈判可能失败的心理准备。充分的心理准备加上娴熟的业务技巧，是谈判成功的必备条件。有良好的心态和充分的思想准备，能在谈判中不断进行自我调节，同时影响客人的情绪以占据主动地位。

5. 熟悉自己的产品

推销人员在推销产品的过程中，需要向旅游消费者介绍产品，如果对产品不熟悉，无法具体描述企业的产品优势和特点、无法把相似产品进行比较，就很难取得消费者的信任、并最终购买产品。

项目小结

旅游促销是旅游营销者将有关旅游企业、旅游产品及旅游目的地的有关信息，通过各种宣传、吸引和说服的方式，传递给潜在购买者，促使其了解、信赖并购买自己的产品，以达到扩大销售目的的一种活动。旅游促销的根本目的在于激发目标旅游者的购买欲望，最终导致购买行为发生。

旅游促销的方式有很多种，它们各自发挥着不同的作用。但对于一个旅游企业或一个旅游产品而言，单一的促销方式往往是不够的，需要把不同的促销方式配合使用，把多种促销方式有机结合加以使用的促销方法称为促销组合。旅游促销组合的工具有：广告、公共关系、营业推广和人员推销。

广告是一种大众化的传播方式，营业推广是一种短期内刺激销售的活动，公共关系是一种促进与公众建立良好关系的方式，人员推销是一种与消费者面对面促销的方式。本项目分别对旅游促销组合的四种工具的概念、特点、具体实施做了详细的介绍。

综合能力训练

基本训练

一、名词解释

旅游促销　　旅游广告　　旅游营业推广

二、选择题

1. 旅游目的地邀请明星担任"旅游形象大使"等活动属于旅游促销中的（　　）。
   A. 广告　　　　　　　　　　B. 公共关系
   C. 营业推广　　　　　　　　D. 人员推销
2. 以下属于旅游促销组合的是（　　）。
   A. 广告　　　　　　　　　　B. 营业推广
   C. 人员推销　　　　　　　　D. 公共关系

三、判断题

1. 拉式策略是指主要通过以人员推销为主导的促销组合来影响中间商，最终达到强化消费者购买动机，使之迅速购买。（   ）
2. 根据直接目的不同，广告一般可分为宣传、劝导、提示三种类型。（   ）
3. 旅游推销人员在向旅游消费者宣传旅游产品信息的同时，也能收集信息、反馈信息。（   ）

四、简答题

1. 简述旅游促销组合策略的实施过程。
2. 简述各类广告媒体的优缺点。
3. 旅游公共关系的活动方式有哪些？
4. 简述旅游人员推销的步骤。

五、案例分析

旅游促销宣传精彩纷呈

2011年，重庆黔江先后举办了碧水花海旅游节、"万名长者黔江行"、"峡谷峡江之城·清新清凉之都——五一黔江旅游新闻发布会"等宣传促销活动十余次；在成都、西安、广州、呼和浩特市分别举办了旅游推介会活动；参加了市旅游局组织的中国国内旅游交易会、第二届西旅会、2011台北两岸观光博览会和在四川成都、德阳、绵阳、内江等地开展的"旅游大篷车走进四川"等活动。各种活动的开展，为全区旅游产品提供了对外营销的平台，有效推动了旅游产业的发展。

除了依托各种活动，全区还积极利用各种媒介，采取多种形式的宣传，形成立体宣传效果。一是在各刊物上发表宣传黔江旅游的新闻及图片，特别是在《国家人文地理》、《重庆旅游》、《驾游天下》以及《重庆日报》等报刊上推广旅游产品，进行专题宣传；二是邀请央视七套《乡土》栏目赴黔江摄制并播出了《山珍海味的诱惑》和《哭比笑好的喜事》两期旅游专题片；三是在重庆交通广播电台进行多角度、全方位、广覆盖的宣传；四是广泛发放形象折叠页、宣传扇子等宣传品；五是在首都机场"LED"显示屏播放黔江旅游广告宣传片及投放旅游宣传页；六是在渝湘高速公路上发布"T"形户外广告宣传；七是在渝湘高速路黔江段和黔江出口设计制作了21块新的旅游标识标牌；八是在重庆卫视推出黔江旅游形象广告；九是出台《黔江旅游宣传促销政策》，全力拉动团队游，拉动和促进自驾游。

问题：

1. 黔江旅游促销活动采用了哪些方式？
2. 你认为这些促销活动对黔江旅游的发展会带来什么影响？

技能训练

一、任务名称
酒店开业广告方案策划

二、任务目标
1. 使学生能够了解不同的广告媒体。
2. 开发学生的思维，形成良好的广告创意。

三、任务实施
1. 对所教班级进行分组，6~8人为宜。
2. 小组通过查询资料、形成初步构想。
3. 小组讨论，确定最终的广告方案。
4. 制作PPT，在课堂上以小组形式进行汇报。

四、成果考核
1. 广告策划方案：1 500字左右。
2. 教师根据学生表现及策划方案计分，纳入平时成绩。

模块三 旅游市场营销管理及应用

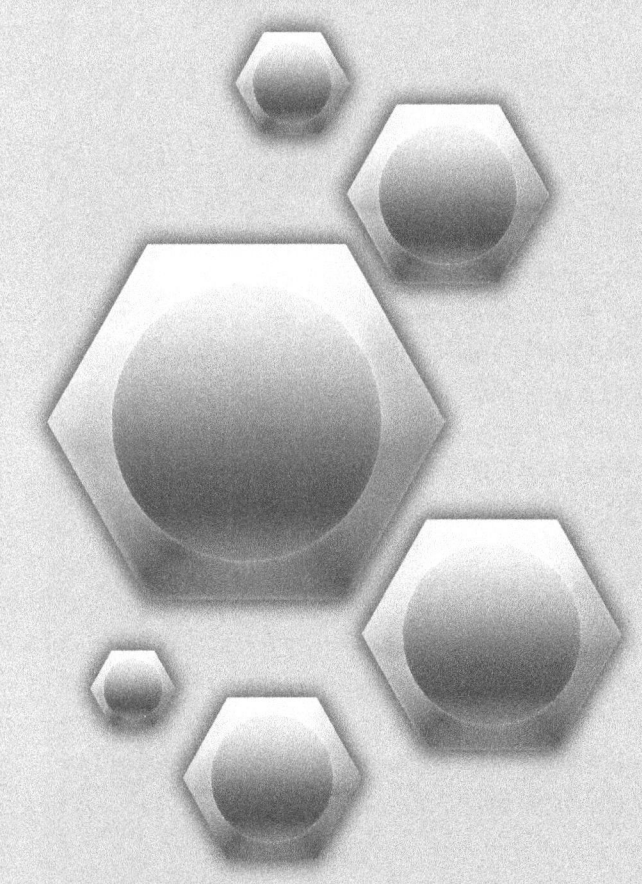

项目十
旅游市场营销管理及应用

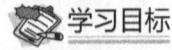 学习目标

通过本项目学习，你应该能：
1. 了解旅游市场营销管理的过程
2. 了解旅游市场营销组织的形式
3. 掌握旅游市场营销计划的主要内容
4. 理解旅游市场营销控制的程序及内容
5. 掌握如何编写旅游营销策划书

任务一　旅游市场营销管理

 案例导入

"肯德基"如何打入中国市场

肯德基炸鸡店是继麦当劳快餐店之后的世界上第二大快餐连锁店，它以其独特的肯德基家乡鸡风味和方便迅捷的服务享誉全球。自 1987 年肯德基炸鸡分店在北京开张以来，仅一年时间，其营业收入和利润总额便遥居各国肯德基分店之首，创造了世界饮食业史上的又一奇迹。

肯德基在开业之前，就中国发展美式快餐的市场前景进行了可行性论证。他们在考察了变化中的中国社会经济背景和中国人饮食习惯文化背景特质之后认为：肯德基家乡鸡口味上非常接近中国食品，进餐时间和方式都顺应当代中国人，尤其是中国青年人追求现代意识的心态，因此具有广阔的发展前景。

他们把第一家中国分店选在北京，一是因为北京是中国政治、经济、文化和交通中心，最具现代意识，最能迎合新潮，对外来饮食文化也最易接受；二是因为北京拥有 1 000 多万都市人口和上百万流动人口，市场容量极大；三是因为北京拥有众多的外国驻华办事机构和公务、商务旅游者，肯德基炸鸡店的开业可以满足他们对早已习惯的西方食品的思念之情。

在选址时，他们进行了大量的事前调查。在王府井、西单、前门等主要商业繁华中心地带进行了人流量的测定和人流结构分析。经测定和分析，他们发现前门地区每天人流量为 80 万，且大多是外地来京经商人员和旅游者，对在外就餐需求量很大，客源充足。因此，一系列具有吸引力的数字促使他们选定前门作为肯德基炸鸡店的理想店址，为日后的经营成功奠定了基础。

开张第一天，北京的天空飘着雪花。尽管这家餐厅上下有三层，营业面积总计达 1 500 多平方米，是当时世界上最大的一家肯德基连锁店，不过，由于有很多人拖家带口来尝试美国式的炸鸡，因而需要 2 小时才能等到一个座位。最后"门口排队的人群快要挤爆了"，工作人员不得不"夸张"地打电话求助公安人员来帮忙维持秩序。餐厅最多一天接待了 8 000 人，销售炸鸡 2 300 只，座位周转率高达 16 次。

（资料来源：赵西萍. 旅游市场营销学［M］. 北京：高等教育出版社，2002.）

 1. 肯德基家乡鸡是如何打开中国市场的？
2. 本案例对你有什么启示？

旅游企业的市场营销活动涉及诸多因素。为保证企业的市场营销目标最终得以实现，旅游企业就必须对其市场营销的各种因素进行有效的控制与调整，而这一控制的过程就是对旅游企业进行营销管理的过程。因此，旅游企业营销管理是旅游企业为了实现一定的营销目标，对市场营销活动的各个环节及各种营销资源进行一系列管理活动的过程。这一过程主要由以下五个步骤组成：分析市场营销机会、研究和选择目标市场、制定营销战略和策略、制定营销计划、实施控制营销计划，其过程见图 10-1：

分析旅游市场营销机会 → 研究、选择目标市场 → 制定营销战略和策略 → 制定营销计划 → 实施、控制营销计划

图 10-1 旅游市场营销管理过程示意图

在旅游市场营销管理过程中，企业在对市场进行分析、研究的基础上进行目标市场的选择，同时制定相应的营销战略和策略，随后进行旅游市场营销计划的制定、实施和控制。其中制定旅游市场营销计划是营销管理系统中的核心部分，计划的控制是营销目标的实现保证。因此，我们将从旅游市场营销组织的构建、旅游市场营销计划的制定、计划的实施和控制等几个方面来进行阐述。

一、旅游市场营销组织

旅游市场营销活动是一种全体员工共同参与的活动，为了实现市场营销目标，企业的所有部门和全体员工必须围绕这一目标进行有效的合作和分工。因此，合理有效的市场营销组合是旅游市场营销成功的基础和保证，是为了实现市场营销目标而从整体上对企业的全部市场营销活动进行平衡协调的有机器官和核心。

（一）旅游市场营销组织的定义

旅游市场营销组织是指旅游企业负责计划、指挥、监督、协调市场营销工作的机构。其组织形式受宏观市场营销环境、企业自身所处阶段等多种因素的影响，经历了单纯销售部门、兼有附属职能的销售部门、独立的市场营销部门、现代市场营销部门、现代市场营销企业几个主要的发展阶段。

（二）旅游市场营销部门的组织形式

现代市场营销部门的组织形式都是以体现旅游消费者为中心的市场营销为指导思想。按照

市场营销活动的职能、地理、产品和旅游消费者四个方面的基本要求，旅游市场营销部门的组织形式有以下几种：

1. 职能型组织形式

这是最常见的旅游市场营销组织形式，即按不同的旅游市场营销活动功能而建立相应的职能部门，每一个部门负责特定的营销职能，在市场营销副总裁（或副总经理）的统一领导下，协调各职能部门的活动。这种组织形式简单易行，便于管理，效率较高。但缺陷在于各营销部门往往没有全局观念，每个职能部门都强调自己功能的重要性，相互竞争，这极不利于旅游企业内部的协调。当旅游企业规模不断增加时，这种组织结构则不太适合。其组织形式如图10-2所示：

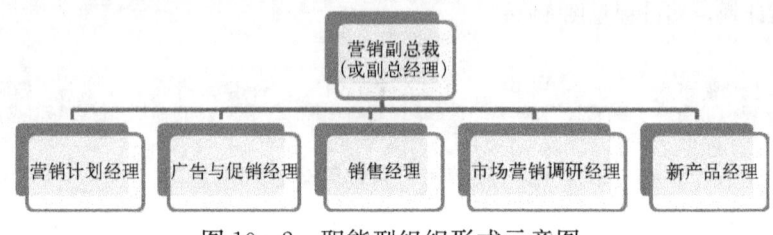

图10-2　职能型组织形式示意图

2. 地区型组织形式

旅游企业的市场营销范围通常是跨地区的，因而旅游企业常以地理区域安排自己的市场营销组织，从较大区域依次到较小地区设置，按一定的管理幅度来确定销售人员，形成一个严密的销售网络。在企业的销售范围较大，推销任务复杂，推销人员对企业的营销目标影响极大的情况下，这种营销组织形式的优越性就越明显，但它易于形成区域间的割据，人力资源浪费较大。其示意图如图10-3所示：

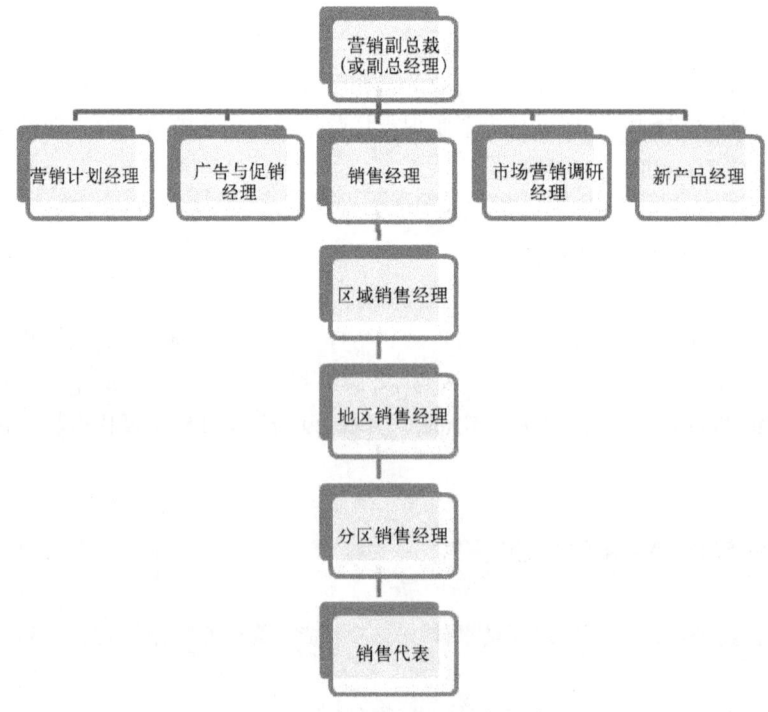

图10-3　地区型组织形式示意图

3. 产品管理型组织形式

这种组织形式是在一个总产品经理下面，按产品大类设产品线经理，在每一个产品大类经理下面再设产品大类中特定产品的产品经理，对产品实行分层管理。这种组织形式适用于经营多种产品的旅游企业，由于有专人负责所有产品的营销计划，所以产品经理可协调所负责产品的营销组合策略，及时反映产品在市场营销中可能出现的问题，而且所有的产品均有人负责，易于全面促进产品的销售。但是，这种组织形式由于过多强调产品销售的个人负责制，有时会造成销售部门与其他部门间的矛盾；另外，由于产品销售人员增加，会在一定程度上提高销售成本。其示意图如图10-4所示：

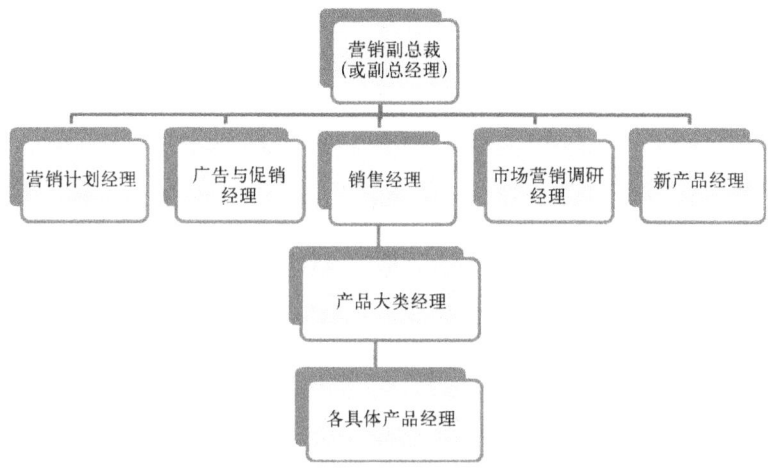

图10-4　产品管理型组织形式示意图

4. 市场管理型组织形式

针对不同需求特征的客户设立相应的营销部门。即由企业负责人统一领导，协调各职能部门的活动，其中包括市场主管经理监督管理若干个具体的市场经理。这种组织形式适合于各个目标市场的客户的购买行为及其对产品的偏好，以及其他方面存在较大差异的企业。其突出优点在于：企业能够针对不同客户群体的需求实施营销，有利于了解客户的需求和需求的满足状态，有利于培养顾客的忠诚度。但这种组织形式仅使企业把营销重点放在客户需求上，而不是集中在营销职能、销售地区或产品本身。其示意图如图10-5所示：

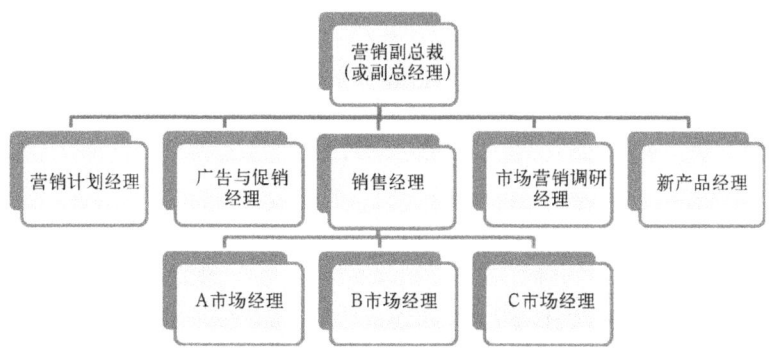

图10-5　市场管理型组织形式示意图

 阅读材料

客户的困惑

某国际旅行社在 S 市共有 6 个市场部,每个市场部都相对独立核算,独立招揽客人。一次,某外资公司拟组织 50 余名业绩突出的员工去外国旅游。该国际旅行社 A、B 两个市场部分别从不同渠道得知这一信息,先后派人访问该公司的高层主管。上午 A 市场部营销人员访问该公司时,受到热情接待,几乎没费什么周折就同对方达成了组团意向。而 B 市场部却不了解这一情况,下午又派营销人员去该公司,该外资企业高层主管不解地问:"你们与上午 A 市场部是不是同一家公司?"此时 B 市场部人员才知道 A 市场部人员已占先机,但为了本市场部利益,还是希望能争取这家客户,于是提出了更为优惠的方案。外资企业高层主管感到十分困惑,心中纳闷:"他们这是怎么了?"

讨论:请问这家国际旅行社采用的是哪种组织形式?有何利弊?

除了上述几种旅游市场营销组织形式以外,有些面向不同市场、生产多种不同产品的旅游企业,采用既有产品经理,又有市场经理的产品/市场型组织形式,形成一种矩阵组织形式,其中产品经理负责产品的销售利润和计划,为产品寻找更广泛的销售对象;市场经理负责开发现有和潜在的市场。这种组织形式适用于对旅游企业而言特别重要的产品和市场,但不足之处主要是管理费用高,另外,权限的交叉在决策时容易产生内部矛盾和冲突。

二、旅游市场营销计划

(一)旅游市场营销计划的概念

旅游市场营销计划是指企业根据其经营方针和策略,确定一定时期的销售目标以及为实现这一目标所要进行的各项营销活动所作的具体安排,并对其进行管理、控制和调控的行动方案。市场营销计划是企业总体计划的一个组成部分,它在企业各项计划的制订和执行过程中起着十分重要的作用。

(二)旅游市场营销计划的内容

旅游企业的市场营销计划并没有统一的固定模式,但大多数的企业营销计划包含的主要内容都基本相同,大致包括以下内容(表 10-1):

表 10-1 旅游市场营销计划的内容

项目名称	目的
内容概要	为使管理者迅速了解所提供计划的简要概述
当前营销状况	提供与市场、产品、竞争、分销和宏观环境有关的背景数据
机会和问题分析	概括主要的市场机会与威胁、优势与劣势以及在计划中须处理的问题

续　表

项目名称	目的
目标	确定计划想要达到的关于销售量、市场份额、利润额等目标
营销战略和策略	描述为实现计划目标而采取的主要营销战略和策略
行动方案	回答怎样实施计划，即为实现计划而制定的具体措施
预期的损益表	概述计划所预期的财务收益情况
控制	说明将如何监控该计划

三、旅游市场营销计划的实施

旅游市场营销计划的制定与实施是一个系统工程的两个部分，前者解决"做什么"和"为什么这样做"的问题，而后者则是解决"怎样做"的问题。从影响旅游市场营销计划的诸多因素出发，成功地实施旅游市场营销计划，一般要经过以下几个步骤：

（一）制定详细的行动方案

详细的行动方案实际上是旅游营销计划的具体执行计划。除在此方案中明确营销计划实施的关键性要求和任务外，还要将这些活动的责任落实到个人或作业单位并明确具体的时间表，在时间上要有严格的规定。

（二）建立营销组织机构

旅游市场营销组织机构是营销计划和营销战略贯彻实施的主要力量，建立和强化市场营销组织，对推动旅游市场营销活动的开展起着决定性的作用。建立营销组织机构应保证与企业的营销计划、营销战略一致，与企业自身的特点、要求和环境一致，这样才能保证计划的顺利实施，达到预期目的。

（三）设计科学的管理制度

为实施旅游市场营销计划和战略，必须设计相应的管理制度，做到奖勤罚懒，以形成激励机制。同时还必须制定贯彻实施旅游市场营销计划的薪酬制度，以调动企业员工的积极性。

（四）建设旅游企业文化

企业文化已成为企业的重要战略资源，成为市场竞争中的重要竞争手段，它对企业的经营思想和领导风格，对员工的工作态度和作风等方面都有很大的影响。因此，旅游企业应该通过

企业文化的建设，逐渐形成共同的价值标准和基本信念，以保证旅游市场营销计划在相应的企业文化和管理风格的氛围中得到强有力的支持。

（五）开发旅游企业人力资源

旅游市场营销计划的实施，最终要通过全体员工的推动和努力来实现。营销计划的执行在不同程度上涉及人的因素，因而必须充分调动职工的积极性，努力开发旅游企业人力资源，实现各尽其能，才可以顺利实施营销计划。

总之，以上几个方面必须协调一致，相互配合，才能有效地实施旅游市场营销计划。

四、旅游市场营销计划的控制

随着旅游市场的影响因素日益复杂，其变化也日益频繁，因而，在针对未来不确定的市场环境拟定旅游市场营销计划时，就难免与实际情况有一定的出入和偏离。通过旅游营销控制，旅游企业可以发现营销计划中存在的问题并据此提出改进旅游市场营销方案的措施（图10-6）。

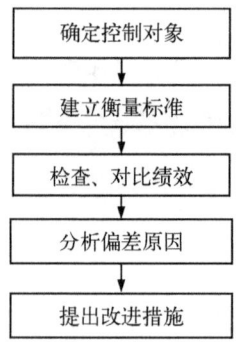

图10-6 旅游市场营销控制的程序示意图

（一）旅游市场营销控制的程序

1. 确定控制对象

旅游企业营销控制的内容十分广泛，如销售收入、销售成本、市场调查、营销组合、产品质量和服务质量等。因此实施有效的营销控制，首先要选择评价的范围和对象，把握主次，重点突出；其次要注意使控制成本小于控制活动所带来的效益，否则得不偿失。

2. 建立衡量标准

衡量标准是考核旅游企业营销业绩的尺度，一般应设立具体的量化指标。建立这一指标体系既要考虑营销工作的效果，又要考虑营销工作的效率。效果体现了营销工作达到的程度，如销售额达到多少，市场占有率提高多少，顾客满意度增加多少。效率则体现了完成营销工作所付出的代价，如营销费用占销售额的百分比。

3. 检查、对比绩效

检查营销绩效可以采用直接观察，也可以采用收集资料。将检查结果与衡量标准进行对比，找出差距，发现问题。

4. 分析偏差原因

经过比较，对实际结果出现偏差的营销活动进行分析，找出症结所在。通常导致出现偏差的情况有：衡量标准制定不合理，标准太高或太低，营销人员不努力或工作失误，外部环境不可控因素的影响。

5. 提出改进措施

在分析的基础上，可根据不同情况提出相应的纠偏措施。

（二）旅游市场营销控制的内容

1. 企业决策层对营销的控制

营销部的各项活动及其成效，直接影响企业的生产、财务、人事等部门的活动和成效。因此，最主要也是最重要的营销控制问题就是企业决策层如何对营销部门的活动和成效进行最有效的控制。

2. 营销部门对企业其他部门的控制

企业营销部门的工作必须得到其他部门的密切配合和支持，才能顺利地进行。这就需要营销部门完善与其他部门间的沟通系统，从而促使企业的各部门都能致力于企业的整体利益，朝同一方向发展。

3. 营销部门对外界中间商的控制

中间商的行为不一定总是有利于企业的销售活动，因此，营销部门就会碰到如何对中间商进行有效控制的问题。例如，对于那些对企业贡献大的中间商，企业给予适当的奖励；相反，对那些不守信用的中间商，应考虑放弃，或采取必要的惩处措施。

4. 营销部门对营销人员的控制

企业营销总监还会碰到如何对营销人员（如销售人员、公关人员等）进行控制的问题。营销总监可以通过建立有效的权责关系、预算制度等来执行营销控制工作。

5. 营销部门对营销计划成效的控制

由于旅游营销环境中的各种因素如市场、竞争、需求等的不断变化，导致旅游营销计划的实际成效和预期成效偏离，因此，营销总监就需要对营销计划执行结果加以控制。

6. 营销部门对营销方案的控制

这种控制与销售部门所采取的营销方案，如饭店新产品的开发计划、市场开拓等有关，它属于如何在预定和预期计划内实施这些方案的问题。

（三）旅游市场营销控制的方式

1. 年度计划控制

年度计划控制的目的是确保年度计划中所确定的销售额、利润和其他目标的实现。在实施年度计划控制时，由旅游企业的最高管理者制订一年的销售目标和利润目标，然后将这些目标分解成较低层次管理者的具体目标，从而确定每项产品需要达到的销售水平和成本水平。最高管理者定期对计划执行效果进行检测评估，找出偏差原因并制定相应对策。其中，检测计划执行情况的方法主要有销售分析、市场份额分析和营销费用销售分析。

（1）销售分析

① 销售差异分析：主要用来衡量导致销售目标执行中形成偏差的各种要素所起的作用。通过分析这些作用的差异，旅游企业可以确定引起偏差的主要因素，然后根据这些因素，适当调整营销活动内容。

② 分类销售分析：分别从产品、销售地区、客源类型及其他有关方面考察旅游企业没能完成目标销售额的原因，并通过比较不同的产品或地区完成销售计划的百分比，确定造成企业没能实现预计目标的主要问题产品或地区，以及时调整产品市场策略。

（2）市场占有率分析

市场占有率分析有三个步骤：首先，确定运用哪种市场占有率衡量标准。常用标准有两种，即绝对占有率和相对占有率。然后，寻找资料。最后，正确评价市场份额的变动，即根据影响市场份额变动的关键因素，进行调整，优化控制。

知识链接

绝对市场占有率和相对市场占有率

旅游市场绝对占有率=（一定时期某经营主体接待的旅游者人数/同期目标市场上存在的旅游者人数）×100%

旅游市场相对占有率=（一定时期某经营主体接待的旅游者人数/同期同一目标市场上最大竞争者的市场占有率）×100%

相对市场占有率大于1，表明该企业是市场领导者；若等于1，说明该企业与最大竞争者实力相当；若小于1，说明该企业落后于其最大的竞争者。

（3）营销费用—销售额比率分析

营销费用—销售额比率指旅游企业完成一定数量的销售额与所耗用的营销费用的百分比。由于受各种因素的影响，该比率经常会有一些可以忽略的小波动，即允许存在一个正常的偏差值。但当波动超过正常范围时，就应引起营销管理者的重视，以及时发现不正常波动，找出偏差大的销售地区或产品。

2. 利润控制

除年度计划控制外，旅游企业还需要衡量各种产品在不同地区、顾客群、分销渠道的获利能力，其测定结果将直接影响企业的营销组合决策。

盈利能力分析就是通过对财务统计数据的一系列处理，把所获利润分摊到诸如产品、地区、分销渠道等营销实体，从而衡量出每一因素对于企业最终获利的贡献大小。这项工作主要通过编制各种营销损益表来完成，其目的在于找出妨碍企业获利的因素，以便采取相应措施排

除或削弱这些不利因素的影响。

3. 效率控制

赢利能力分析揭示了旅游企业在若干旅游产品、地区或市场方面的赢利情况，而效率控制则要解决的问题就是，是否存在更有效的方法来管理销售队伍、广告、促销和分销等绩效不佳的营销实体活动。

（1）销售人员效率

销售人员效率直接影响旅游企业的赢利，监控销售人员效率已成为旅游营销管理的重要内容。各级销售主管可以通过以下几项主要指标来分析、评价销售人员效率：每个销售员每天平均销售访问次数，每次平均访问时间，每次销售访问的平均成本和收益，每次销售访问的招待成本，每百次销售访问预定购买的百分比，每个期间增加的新顾客和流失的顾客数，销售人员费用对总销售额的百分比等。通过这些指标评估，可发现其中问题，改进销售人员工作。

（2）广告效率

旅游企业广告效率控制的前提是分析本企业旅游广告的效果，主要有三个指标。一是能否吸引受众对本企业或旅游产品的注意力；二是受众对本企业广告的心理反应状况如何；三是能否使受众产生对旅游产品的购买意愿，以及广告投放前后游客对旅游产品的态度变化。其具体措施内容有：每一广告媒体工具接触每千名目标顾客所花费的广告成本，顾客对广告内容和效果的意见，顾客在广告前后对产品态度变化的测量，受广告刺激而引起的访问次数等。旅游企业通过分析广告效率，可以采取针对性的措施来改善不良状况。

（3）营业推广效率

营业推广效率主要分析实施营业推广措施的成本费用与销售效果。比如，由于优惠而促进销售的百分比；展览会、交易会的陈列成本和效果；赠券收回的百分比；因某种营业推广而引起询问的次数等。旅游营销人员应注意观察比较不同营业推广方式的效果，从中选出最佳方式。

4. 战略控制

战略控制是高层次的企业控制活动，其目的是通过对整体营销效益的回顾评价确保企业目标、经营政策、战略措施与市场营销环境相适应。评价的方法主要有两种：一是营销效益等级评核；二是营销审计。对旅游企业而言，营销审计是对企业营销环境、目标、战略和活动诸方面所作的独立的、系统的和定期的审查，它有助于企业挖掘市场营销机会，发现营销工作中的不足并提出具体的改进意见和行动计划，以供企业决策层参考，从而提高企业的营销业绩。

任务二　旅游市场营销策划

案例导入

　　7月下旬，酷暑难耐。北京大学东门外，长长的队伍排出了近百米。家长为身边的孩子摇着扇子，一位等了40多分钟的家长探身望着队伍的起点，无奈地说："进北大的排队时间都赶上参观世博园了。"

许多参观的家长都抱着让孩子感受名校氛围的想法，而北大、清华两所名校几乎成了所有学生旅游团的必到之处。他们或是散客游，或是跟团游，也有没有家长陪伴独自参加夏令营的孩子。据统计，每日慕名而来的游客竟有1.6万余名。

家长们对于清华、北大的那种憧憬，让旅行社很快就发现了这个市场。市场被开发起来后，旅行社推出了"高校游"，用"清华"、"北大"等字眼去吸引游客。因为游客本身有意愿，北京又是高校比较集中的地方，"清华北大游"就这样被加到了旅行社列出的北京旅游行程中，招揽着来自全国各地的游客。

（资料来源：《北大清华校内游调查：进校市场被垄断》，网易新闻，http：//news.163.com/11/0725/14/79QLIP3500014AED.Html）

1. "清华北大游"为何会受到如此追捧？
2. 如果你是旅游企业的营销人员，你将如何进行营销策划？

一、旅游市场营销策划概述

（一）旅游市场营销策划的概念

旅游市场营销策划是旅游企业为了达到特定的营销目标，运用科学的理论，充分发挥策划人员的主观能动性，依据企业现有的资源对企业未来一段时间内的营销活动做出事先的设计、安排、规划的过程。

（二）旅游市场营销策划的特征

1. 超前性

策划是对未来环境的判断和对未来行为的安排，是一种超前行为。凭借实际掌握的各种资料，进行抽象思维，通过一定的逻辑推理和创意，形成对未来的预测，同时应对营销方案执行过程中可能遇到的障碍和难点有所估计并事先考虑好应变的对策。

2. 系统性

由于营销策划活动会牵涉到整个营销活动的方方面面，某个相关细节的疏忽可能导致整个活动的失败，这就要求我们考虑全面周到。设计出来的方案要环环相扣，互相协调。

3. 动态性

由于市场策划是一种超前行为，是事先决定做什么、如何做、由谁做、何时做。不可能详尽未来的一切因素，必然会出现新的情况超出我们的"预想"。所以，任何策划方案都要保留一定的余地，以便在实施过程中做出相应的调整，并与现实保持动态的平衡。

4. 创造性

策划不同于计划的地方在于，计划是很普通的日常活动，按部就班就行，带有较大的常规性。营销策划要具有鲜明特色，要想在公众心目中留下深刻印象，就必须有出奇制胜的创造力。

5. 可操作性

营销策划既要回答企业在现实的市场营销活动中提出的各种疑难问题，还要回答为什么会这样。所以，市场营销策划就是在创新思维的指导下，为企业的市场营销拟定具有现实中可操作的方案，提出开拓市场的时间、地点、步骤及系统性的策略和措施。

（三）旅游市场营销策划的基本程序 （图10-7）

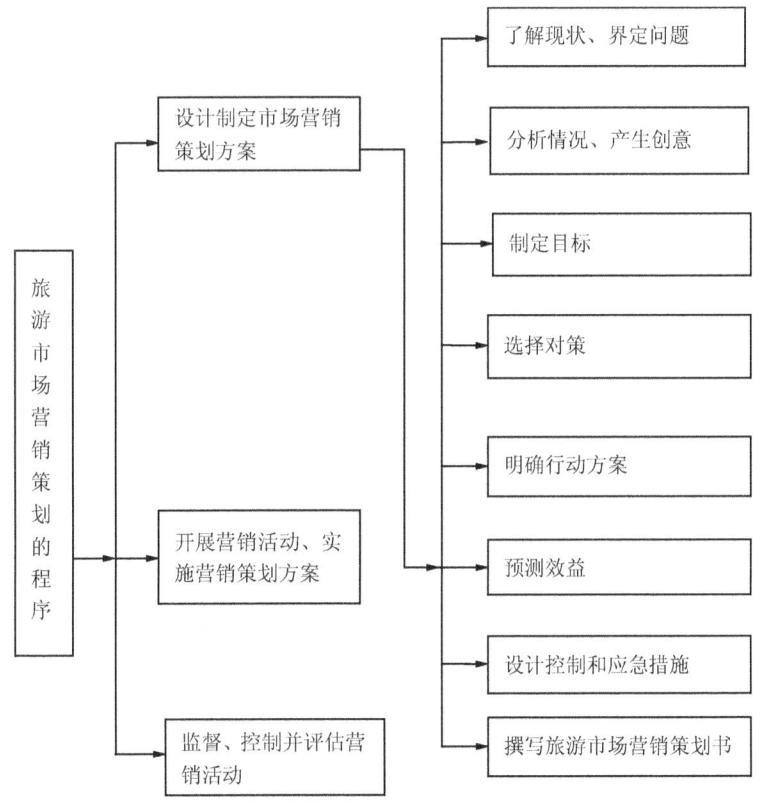

图10-7　旅游市场营销策划基本程序示意图

（四）旅游市场营销策划书的撰写

市场营销策划活动的最后一个环节就是撰写营销策划书，将策划的思路、工作步骤等用策划书的形式体现出来。

1. 营销策划书的结构及内容

营销策划书是实现策划目标的行动方案,它没有一成不变的格式,依据旅游产品或营销活动的不同要求,在策划的内容与编制格式上也有所变化。但是,从营销活动一般规律来看,策划书的结构与策划过程的顺序大体是一致的,通常旅游企业营销策划书大致包括以下几个方面:

(1) 封面

策划书的封面应该提供如下信息:策划书的名称、委托方、策划机构或策划人的名称、策划完成日期及本策划适用时间段、编号。

(2) 前言

前言是对策划内容的高度概括性表述,前言的文字一般控制在 500 字之内。前言的具体内容包括策划的目的、宗旨及背景,策划的必要性等。

(3) 目录

目录记录策划方案各个章节的编目及其页码,以便于查找。

(4) 概要

概要是对营销策划书的总结性陈述,使阅读者可以通过概要对营销策划内容和策划结论有非常清晰的概念,便于阅读者理解策划者的思路、意图和观点。通过概要可以大致理解策划内容的要点。概要的撰写要求简明扼要,概要不是简单地把策划内容予以列举,而是要单独成为一个系统,因此其行文要仔细斟酌、准确到位。

(5) 正文

正文是营销策划书中最为重要的部分,具体包括以下几个方面内容:

① 营销策划的目的:主要是对本次策划活动所要实现的目标进行全面的描述。

② 市场状况分析:它主要有以下内容:

a. 宏观环境分析:包括政治、经济、文化、法律、科技和自然等宏观环境分析。

b. 产品分析:主要分析本企业旅游产品的优劣势、竞争力、在旅游消费者心目中的地位、在市场上的销售力和占有率等。

c. 竞争者分析:分析本企业主要竞争者的有关情况,包括竞争产品的优劣势、竞争产品的营销状况、竞争企业的整体情况等。

d. 旅游消费者分析:主要包括旅游消费者的年龄、性别、职业、消费习惯、文化层次等。

③ 市场机会与问题分析(SWOT 分析):主要是归纳以上市场状况分析的优势与劣势、机会与问题,进行具体深入的分析,然后找出企业存在的真正问题和潜力。

④ 确定营销战略:清楚地表述旅游企业所要实行的具体战略,并进行全局性的、方向性的部署,包括市场细分、目标市场和市场定位战略。

⑤ 确定营销组合策略:就是旅游企业根据自己的营销目标和资源状况,针对目标市场的需要,对自己可控制的营销策略(产品、价格、渠道、促销)进行优化组合、综合运用。

⑥ 确定具体营销方案:针对营销中问题点和机会点的分析,提出达到营销目标的具体营销方案。营销方案需要确定以下内容:做什么?谁来做?建立什么样的组织机构?谁来负责?何时开始?何时完成?在何地?需要何种方式的协助?如何布置?实施怎样的奖酬制度?需要哪些资源?

(6) 预算

这一部分说明的是整个营销方案推进过程中的费用投入,包括营销过程中的总费用、阶段费用、项目费用等,其原则是以较少投入获得最优效果。

(7) 进度表

把策划活动起止全部过程列成时间表,具体到何日何时要做什么都标注清楚,作为策划进行过程中的控制与检查。进度表要尽量简化。

(8) 人员分配及场地

此项应说明具体营销策划活动中每人负责的具体事项及所需物品和场地的落实情况。

(9) 结束语

结束语应与前言呼应,使策划书有一个圆满的结束。

(10) 附录

与本策划方案有关的必要说明和各种附件,比如收集到的原始数据和引用的数据等。

2. 旅游营销策划书范例

参见下面的"阅读材料"。

阅读材料

承德市旅游市场营销策划书

摘要:旅游业作为社会性、综合性很强的第三产业,涵盖吃、住、行、游、购、娱六大要素,其发展迅速,已成为国民经济的支柱产业。承德避暑山庄作为世界文化遗产,以其"集传统文化之大成"的主题形象展示于人。本策划方案通过对目前国内外旅游市场现状及承德避暑山庄现有营销策略的分析,进一步明确了避暑山庄的主要竞争对手,通过有效的 SWOT 分析,根据所确定的营销目标,制定了避暑山庄的 STP 策略和 4P 策略,最后通过两个主题活动策划方案的实施,为把避暑山庄打造成为国际旅游知名品牌奠定了一定的基础。

1. 市场现状分析

国际旅游市场现状分析:国际旅游业的增长率不仅高于世界经济平均增长速度,而且还远远高于汽车、石油、钢铁、能源等产业的增长,已发展成全球最大的经济产业。

国内旅游市场现状分析:在国际旅游市场迅猛增长的同时,我国迅速成为世界上重要的客源输出国和世界主要旅游接待国,而且有望成为世界最大的旅游市场。我国的旅游业长期地保持了 7% 的年增长率,已成为国民经济新的增长点。

承德旅游市场现状分析:目前承德市形成了一批旅游精品(正式开放的旅游景区 50 余处,其中世界文化遗产 2 处,4A 级以上旅游区 5 处,国家旅游风景名胜区 1 处,国家级森林公园 4 处,国家级自然保护区 2 处,省级森林公园 10 处),旅游交通条件得到明显改善(京承高速、承朝高速的修建),旅游接待能力不断提高(有各类旅行社 114 家),旅游队伍日益壮大(从事旅游接待工作的有 4 万人,间接从事旅游工作的人员有 20 万人,且年均以 8% 的速度增长)。

2. 主要竞争对手分析

避暑山庄的竞争对手众多,如北京八达岭长城、北京明清故宫、沈阳故宫、西安秦始皇陵兵马俑、山东曲阜孔庙、甘肃敦煌莫高窟等。其中,北京距承德仅 256 公里,北京故宫与承德避暑山庄既同属于文化景观又同属 5A 景区，北京故宫和避暑山庄是清朝的两个政治中心，又称为"冬宫"、"夏宫"。所以北京故宫为避暑山庄的主要竞争对手，直接影响到避暑山庄的旅游市场。

3. 营销策略

(1) 目标市场分析

京津地区：北京、天津两市是全国综合实力排名前十的城市，京津地区也是承德最大的客源地之一。由于该地区人均收入高、闲暇时间零散，多采取散客自驾游的出游策略。这种策略的灵活性可以满足他们自由来往的需求。

(2) 市场定位

市场定位："避暑山庄·和合承德"。避暑山庄既是国内最大的皇家园林、世界文化遗产，更代表了承德辉煌的历史和厚重的文化，并渐渐成为承德市的代名词。而"和合承德"之中的"和合"体现了中国传统文化的最高境界，是传统文化中最富生命力的体现。它强调城市、自然与人之间和谐共生的关系，并与当下国际国内倡导的低碳、绿色、可持续发展理念相吻合。

(3) 营销组合

产品策略：主要体现产品大环境优势、产品区位优势、产品资源优势。成立承德旅游营销联盟，整合旅游资源，形成完整的旅游产品。

价格策略：采用低价策略，旅游淡季实行折扣定价（如避暑山庄淡季 90 元/人，旅游旺季 120 元/人）。

分销策略：采取办事处、合作制、代理制三种方式来整合渠道资源。

促销策略：促销方式包括人员促销和非人员促销两类。具体有展会促销、广告促销、免费媒体、人员促销、联合促销等方式。

4. 行动策划方案

活动一：

主题：新还珠格格　新避暑山庄

活动安排：从丽正门出发，步行到烟雨楼，主要活动是联想当年拍摄情形，对比避暑山庄的今昔变化，欣赏荷花；接下来乘船到热河，期间介绍热河的由来及其历史，活动场地可扩大到御瓜蒲，请活动人员入瓜园品尝瓜果；然后坐观光车到文津阁，欣赏"日月同辉"奇观、承德十大名山缩影景观、介绍文津阁的历史，赠送每人一部《四库全书》简装本，盖纪晓岚印。最后，坐观光车出避暑山庄，途经水流云在、如意湖畔，活动结束。

活动二：

主题：皇家文化之旅

河北皇家旅游资源丰富，联合全国最大的清代皇家寺庙群——外八庙，清代皇家狩猎场所——木兰围场，中国现存规模最为宏大、体系最为完整、保存最为完好的帝王陵墓建筑群——遵化清东陵，中国历代帝王陵墓建筑群最高水平建筑——易县清西陵，举办"皇家文化之旅"活动，感受清代皇家文化、领略皇家建筑和园林的风采。

活动时间：2012 年 6 月

活动地点：承德避暑山庄

活动预算：人民币 2 500 万

在本策划方案的实施过程中，我们对旅游市场运用现代营销理念，有计划、有步骤、有创造性地开展旅游市场营销工作，争取使承德旅游接待人数增长率保持 30% 的速度，年旅游综合收入突破 2 亿元人民币大关!

（资料来源：李学芝，宋素红主编. 旅游市场营销与策划——理论、实务、案例、实训 [M]. 大连：东北财经大学出版社，2012.）

项目小结

旅游企业营销管理是旅游企业为了实现一定的营销目标，对市场营销活动的各个环节及各种营销资源进行一系列管理活动的过程。作为营销工作的一种全程管理，其目的就是要促进营销目标的实现，并以较小的耗费取得较大的效益。这一过程主要由以下五个步骤组成：分析市场营销机会、研究和选择目标市场、制定营销战略和策略、制定营销计划、实施控制营销计划。

旅游市场营销组织是旅游企业负责计划、指挥、监督、协调市场营销工作的机构，包括职能型、地区型、产品管理型、市场管理型和产品/市场型组织形式。

旅游市场营销计划是企业指导、协调市场营销活动的主要依据。旅游市场营销计划的内容包括内容概要、当前营销状况、机会和问题分析、目标、营销战略和策略、行动方案、预期的损益表和控制。

旅游市场营销控制包括年度计划控制、赢利控制、效率控制和战略控制。

旅游市场营销策划是旅游企业为了达到特定的营销目标，对企业未来一段时间内的营销活动做出事先的设计、安排、规划的过程。具有超前性、系统性、动态性、创造性和可操作性的特征。营销策划书的内容主要包括：封面、前言、目录、概要、正文、预算、进度表、人员分配及场地、结束语及附录。

综合能力训练

基本训练

一、名词解释

旅游企业营销管理　　旅游市场营销组织　　旅游市场营销计划　　旅游市场营销策划

二、选择题

1. 职能型组织形式的优点是（　　）。
A. 简单易行　　　　　　　　　　B. 有利于旅游企业内部的协调
C. 便于管理　　　　　　　　　　D. 效率高

2. 旅游市场营销策划的特征包括（　　）。
A. 动态性　　　　　　　　　　　B. 系统性
C. 超前性　　　　　　　　　　　D. 可操作性

三、简答题

1. 旅游市场营销管理过程由哪些步骤组成?
2. 旅游企业市场营销组织有哪些形式?
3. 简述旅游市场营销控制的内容。
4. 简述旅游市场营销策划的程序。

四、案例分析

七夕节的钱,旅行社如何赚到手

商家不断炒作五花八门的节日,年轻人也趋之若鹜。往年的七夕节,是商场、酒店唱重头戏,今年旅游业也加入了"抢钱"战团。8月6日至7日这个周末,省内各大景区因为七夕节迎来一次堪比小长假的旅游高潮。而另一方面,省内不少旅行社却收益平平。

七夕节的"一热一冷",为四川旅游市场提出了一个崭新课题:面对如七夕节等非官方节日,旅行社如何才能与商场、景区有同样的营销水平,从而打开一片新市场?

8月6日,Jazz的准时开场拉开了"夏日复苏乐动宽窄"2011年宽窄街头音乐会的第三场,这场专门为七夕准备的音乐会让宽窄巷子景区热闹非凡。同样是8月6日,安仁古镇的"2011摩登时光风情季"系列活动第二场特意安排了"浪漫七夕专场",许多情侣身着怀旧服饰,登台对唱经典情歌;成都欢乐谷则上演了一场以"激情欢乐谷七夕来相会"为主题的大型相亲交友活动,七夕鹊桥会、爱情抱抱团等互动游戏让参与的游客兴奋无比。

在七夕节这个非官方节日,因为契合主题的情人节主题活动,成都欢乐谷、峨眉山、西岭雪山、宽窄巷子、安仁古镇等多家景区的游客数量都比其他周末大幅提升,提升幅度为30%~40%。

今年的七夕节正逢周末,省内各旅行社纷纷对部分线路"瘦身提速",根据两天往返的时间安排调整行程,将长途汽车团改为快去快回的飞机团。

但是,有些线路走得很清淡。台风"梅花"光临东部沿海,省内很多旅行社的华东线路都被迫取消或暂停;游客出行主要选择了城市周边近郊游,出游方式多为散客的自驾游和自助游。8月6日七夕节当天,在成都新南门旅游集散中心,虽然很多旅行社都打出"黄龙溪一日游"、"洛带古镇一日游"等广告,但几乎无人问津。

问题:

1. 七夕节旅游,景区和旅行社"一热一冷"说明了什么?
2. 非官方节日营销应不应该引起旅行社注意?为什么?

◇◇◇◇◇◇◇◇◇◇◇◇ 技能训练 ◇◇◇◇◇◇◇◇◇◇◇◇

一、任务名称

撰写营销策划书

二、任务目标

1. 通过分组讨论和完成调研活动,培养学生的探究、合作精神。
2. 通过撰写营销策划书,使学生掌握编写营销策划书的步骤和组成要素,培养学生分析问题、解决问题的能力。

三、任务实施

1. 对所教班级进行分组，每组 6～8 人为宜。
2. 教师事先拟定需要进行营销策划的主题。
3. 每组学生根据旅游市场营销策划的程序围绕主题来进行讨论、设计、调研，并进行分工。
4. 每组根据营销策划书的格式，撰写营销策划书。
5. 选派一名代表发言汇报，要求主题突出，简明扼要，表达清晰流畅。
6. 教师适时指导。

四、考核结果

1. 每组形成一份营销策划书，字数 1 500 字左右。
2. 教师根据学生表现及营销策划书计分，纳入平时成绩。

参考文献

[1] 赵开华,张满林. 市场营销 [M]. 北京:中国经济出版社,2010.
[2] 吴金林. 旅游市场营销 [M]. 北京:高等教育出版社,2007.
[3] 王喜雪. 休闲旅游策划与营销 [M]. 上海:上海交通大学出版社,2011.
[4] 王秀村,王月辉. 市场营销管理 [M]. 北京:北京理工大学出版社,2009.
[5] 张念萍. 旅游市场营销实务 [M]. 北京:中国旅游出版社,2011.
[6] 宋宁. 旅游市场营销 [M]. 青岛:中国海洋大学出版社,2011.
[7] 孙全治. 市场营销案例分析 [M]. 南京:东南大学出版社,2004.
[8] 鲁峰. 旅游市场营销学 [M]. 北京:中国科技出版社,2008.
[9] 刘剑飞,陈幼君. 酒店市场营销 [M]. 长沙:湖南大学出版社,2010.
[10] 郑凤萍. 旅游市场营销 [M]. 大连:大连理工大学出版社,2002.
[11] 严伟,葛怀东. 旅游饭店市场营销 [M]. 上海:上海交通大学出版社,2010.
[12] 吕化周. 市场营销学教程 [M]. 上海:立信会计出版社,2004.
[13] 丁宗盛. 旅游市场营销 [M]. 南京:东南大学出版社,2007.
[14] 刘晓明. 旅游市场营销 [M]. 上海:上海交通大学出版社,2011.
[15] 赵西萍. 旅游市场营销学 [M]. 北京:高等教育出版社,2002.
[16] 李伟清. 旅游经济学 [M]. 上海:上海交通大学出版社,2011.
[17] 周艳春. 旅行社运营操作实务 [M]. 上海:上海交通大学出版社,2011.
[18] 洪帅. 旅游学概论 [M]. 上海:上海交通大学出版社,2011.
[19] 冯若梅,黄文波. 旅游业营销 [M]. 北京:企业管理出版社,2000.
[20] 谢苏,韩鹏. 旅游企业公共关系新编 [M]. 上海:上海交通大学出版社,2011.
[21] 苟自钧. 旅游市场营销学 [M]. 郑州:郑州大学出版社,2005.
[22] 杜靖川,吕宛青,张车. 旅游市场营销学 [M]. 昆明:云南大学出版社,1997.
[23] 于刃刚. 网络营销 [M]. 石家庄:河北人民出版社,2000.
[24] 彭萍. 旅游市场营销 [M]. 北京:高等教育出版社,2011.
[25] 徐春波,刘晓杰. 旅游市场营销学 [M]. 北京:中国纺织出版社,2009.
[27] 黄继元. 旅游市场营销 [M]. 重庆:重庆大学出版社,2009.
[28] 雍天荣. 旅游市场营销 [M]. 北京:对外经济贸易大学出版社,2008.
[29] 李学芝,宋素红. 旅游市场营销与策划——理论、实务、案例、实训 [M]. 大连:东北财经大学出版社,2012.
[30] 奉承敏,王常红. 旅游市场营销与策划——理论、实务、案例、实训(学生手册) [M]. 大连:东北财经大学出版社,2012.